신
무기
돈

신무기돈

무엇이 권력을
만 드 는 가

에우젠 키로비치 지음 | 김은영 옮김

GODS
WEAPONS
AND MONEY

더난출판

권력의
진화로
읽는 세계사

2000년대 중반, 나는 절친한 친구의 초대로 유럽의 한 대학에서 열린 학술 세미나에 참석했다. 그 세미나에서 젊은 경제학자 스물네 명은 이런 질문을 받았다. "누가 세상을 지배하는가?" 답을 내놓는 방식에 어떤 제약도 없었음에도 이 질문은 그들에게 상당한 동요를 일으켰고, 그들을 불편하게 했다. 30분쯤 흐르자 익명으로 작성된 답안지들이 책상에 쌓이기 시작했다.

질문에 대한 답으로는 미국, 국제통화기금(IMF), 세계은행그룹(미국의 영향력 아래 합병된 두 기관), 유럽연합(EU), 그 밖에 다양한 비밀정보기관 등이 거론되었다. 참석자 대부분은 믿음의 크기는 다를지언정 그리스도교 신자였음에도 세상이 이를테면 하나님의 신성한 계획에 따라 통치된다고 언급한 사람은 없었다.

사실 문화나 독서 취향, 또는 종교에 따라 사람들의 답은 다양하다. 세상이 범죄조직이나 프리메이슨[1], 빌더버그 그룹[2], 혹은 우리보다 기술적으로 훨씬 앞서 있는 외계 문명에 의해 만들어진 다양한 신비주의 그룹이 지배한다고 믿는 사람들은 아직도 많다.

　제법 거창해 보이는 이 질문의 답은 결코 간단하지 않다. 아니, 어쩌면 아주 간단할 수 있다. '아무도 세상을 지배하지 않는다'는 것이다. 세상에는 대통령도 있고, 정부도 있고, 의회도 있고, 장군과 백만장자도 있다. 하지만 다른 어떤 지역보다 특별히 더 중요한 지역을 지배하는 사람은 없다.

　그러나 참가자 중 누구도 이런 답을 내놓지 않았다. 우리는 모두 세상 어딘가에 지배를 통해 많은 사건에 영향을 끼치는 어떤 힘이 어느 정도 존재한다고 본다. 이 현상은 항상 보이는 것이 전부가 아니라는 생각, 또는 지배의 중심에 있는 것처럼 보이는 사람이 실제로 실력을 행사하는 사람이 아닐 수도 있다는 생각에서 비롯된다. 우리는 세상에는 더

---

1. Freemason. 16세기 말에서 17세기 초에 발생한 인도주의적 박애주의를 지향하는 친목 단체. 세계적으로 약 600만 명의 회원이 있는 것으로 추정되며, 비밀결사적 성격을 띠고 있거나 분야를 막론한 세계 유명인들이 포진하고 있다는 등의 이유로 세계를 배후에서 조종하는 거대 지하조직이라는 음모론이 꾸준히 제기되고 있다.

2. Bilderberg Group. 서구의 극소수 엘리트들로 구성된 국제 비밀 조직

교묘한 형태의 권력을 쥔 사람들이 있고, 권력을 쥔 사람은 정치적이든 경제적이든 상징적이든 상관없이 그 힘을 주변 모두에게 행사한다고 믿는다. 이런 사람들이야말로 진정한 리더다.

답이 무엇이든 그 답을 찾기 위해서는 스스로에게 더 많은 질문을 던져봐야 한다. '글로벌 리더십'이라는 것이 존재하는가? 존재한다면 그것은 특정한 사람, 집단, 국가, 기관이 국제적 수준에서 권력을 행사할 수 있다는 의미일 수도 있다. 질문을 좀 더 정확히 하자면 이렇다. 권한을 가진 사람이 자신이 이론적으로 이끌어간다고 할 수 있는 기관 또는 제도의 내부에 감춰진, 비록 색채도 냄새도 없지만 분명 관료주의에 내재된 힘에 실제로 어느 수준까지 의존하는가? 공식적인 권력과 비공식적인 권력은 각기 무엇을 의미하는가? 이 두 가지 유형의 권력이 공개적으로 또는 비밀리에 행사되는 방식에는 어떤 차이가 있는가? 그리고 현대 세계에서 우리는 권력을 어떻게 정의하는가?

혼자서 독립적으로 존재하는 권력이란 없다. 권력은 그것이 타인에게 미치는 영향을 고려함으로써만 합리적으로 정의될 수 있다. 권력을 가진 자가 실질적으로 그 힘을 행사하지 않는 것은 메달을 딸 가능성이 충분한 운동선수가 올림픽 출전을 고사하는 것과 같다.

권력에서 인간의 한계는 무엇인가? 다양한 형태의 권력을 행사할 수 있는 특정 분야들은 어떻게 상호작용을 하는가? 한 분야의 권력(예를 들어 군사 분야)이 다른 분야의 권력(예컨대 경제 분야)과 문제 해결에 대한 전략적 관점이 다르다면 어떻게 될까? 어느 쪽의 관점이 더 잘 관철될 수 있을까?

권력을 '어떤 목표를 설정하고 잘 진행될 수 있도록 영향력을 행사하는 능력'이라고 정의한다면, 우리는 권력을 가진 자가 윤리와 도덕을 따라야 하는지 아닌지에 대해 자문해볼 수도 있다.

영국 철학자 칼 포퍼(Karl Popper)의 말처럼 주먹을 휘두를 자유는 상대방의 코앞에서 끝난다. 그러나 르완다의 후투족은 대부분 그의 책을 읽지 않은 모양이다. 무기력하기만 한 국제사회의 눈앞에서 100만여 명의 투치족을 아무렇지도 않게 학살한 것을 보면 말이다. 이런 일이 일어난다는 것은 때때로 경천동지할 일도 충분히 일어날 수 있다는 증거가 아닐까?

우리는 왜 그 뒤에 감추어진 냉소적 논리를 낱낱이 드러내고 싶은 충동을 느끼는 걸까? 우리는 현대 세계의 일관적인 단일 체제 안에서, 캐나다의 의료보험 체제나 옛 유고슬라비아의 인종 청소, 르완다 대학살 같은 것들을 어떻게 해석하며, 정확히 어디에 위치시키는가?

우리 모두가 이론적으로 똑같은 권리를 누리며 산다고 가정한다면 스웨덴이나 미국의 시민들에게 권력은 어떻게 작용하는가? 우즈베키스탄이나 인도의 시민들에게는 어떤가?

세상에는 독립적 규율을 가진 여러 '세계'(1960년대의 유명한 용어 '제3세계'는 한 저널리스트가 만들어냈다)가 있고, 그러므로 실질적인 권력이나 리더십을 논할 수도 없고 이들의 시너지 효과를 국제적인 사안들에 집중시킬 수도 없는 것인가? 따라서 성난 반세계화주의자들은 G8이나 IMF 정상회담에서 애먼 사람들을 비난한 것인가?

그런 비전과 전략은 존재하는가, 아니면 모든 것은 우연일 뿐인가? 권력자들은 다양한 이념, 신념, 종교적 동기를 감춘 채 잔인하게, 노골적으로 힘없는 자들을 지배하는 것인가? 권력에는 고유의 목적이 있는가? 다시 말해 어떤 수단을 이용하더라도 권력을 영속화하는 것이 권력의 유일한 동기인가, 아니면 권력은 언제나 더욱 고도로 계산된 목표를 수반하는가?

미국의 버락 오바마 대통령이 재선에 성공하기 위해 군대를 파병한 것과 도미니카의 독재자 라파엘 트루히요가 자신의 지위를 공고히 하기 위해 저지른 범죄의 차이는 목적이 아닌 수단에만 있는 것인가? 다시 말해 합법적으로 얻은 오바마의 권력과 범죄를 통해 얻은 트루히요의 권력에는 아무 차이가 없는가?

분명 트루히요는 오바마가 미국에서 누린 권력보다 카리브 해의 '왕국'에서 실질적으로 훨씬 큰 권력을 누렸다. 미국 대통령은 자신의 권력을 그에게 반대하는 자들이 목소리를 내는 의회뿐 아니라 독립적인 사법 체계, 강력한 로비 단체들, 펜타곤, 정보위원회 등과 나눠 가지기 때문이다. 이들 모두는 때로 국가 안의 국가처럼 움직인다. 하지만 트루히요는 공산주의의 팽창을 두려워한 미국 정부가 도덕적 비난을 감수하고 전폭적으로 지원해줌으로써 자신이 만들어낸 악몽의 제국에 갇힌 죄수였던 반면, 오바마의 권력은 헌법적 제한에도 불구하고 가장 거대한 힘인 미합중국을 대표했다. 그런 면에서 오바마의 권력이 더 공고하다고 할 수 있다.

이 책에서 우리는 권력이라는 복잡한 퍼즐을 가능한 한 정확히 풀어나가 보고자 한다.

차례

1장

권 력 의
퍼　　즐

영향력과
권력의 차이

'목표를 설정하거나 결정을 내리고 그 목표를 실질적으로 달성할 수 있도록 하는 능력'을 권력이라 정의한다면 우리는 권력의 두 가지 요소를 간과하는 셈이다. 그 요소들은 서로 합쳐질 수도 있고, 별도로 존재할 수도 있다. 먼저 영향력과 권력을 명확히 구분하고 넘어가자.

이를 위해 블라디미르 레닌[1]과 장 자크 루소[2]라는 두 역사적 인물을 살펴보자. 우선 루소는 『사회계약론』 등의 저서를 통해 계몽주의 시대를 열었다. 그의 사상은 프랑스의

---

1. Vladimir Il'Ich Lenin(1870~1924). 러시아의 혁명가, 정치가이자 소련 최초의 국가 원수. 차르 체제가 무너진 후 러시아에서 볼셰비키 당이 세력을 펼칠 때 당을 이끌었다. 소련의 초대 총리가 된 후 1918년 암살 시도가 있었지만 살아남았고, 1924년 심장발작으로 사망했다.

2. Jean Jacques Rousseau(1712~1778). 프랑스의 작가, 사상가. 계몽주의 시대의 가장 유명한 인물 중 하나. 1762년 『사회계약론』을 출간했다.

새로운 사회적, 정치적, 경제적 패러다임에 결정적인 영향을 끼치며 유럽과 그 너머로 퍼져나갔다. 그러므로 이 위대한 사상가의 개관이 한 가지 형태의 권력을 상징해왔다고 말해도 과언이 아니다. 다만 이 권력은 앞에서 언급한 정의의 첫 번째 부분, 즉 관점과 전략, 그리고 목표를 창출하는 능력을 포함할 뿐이었다. 루소는 매우 비참하게 살았다. 당시의 기준으로 보면 변방의 인물에 지나지 않았다. 파리의 레 알르에 있던 가게조차 제대로 운영하지 못할 정도였다. 그는 가난했고, 기억해주는 이도 없었으며 자살한 것으로 추정됐다.

레닌은 자신의 목표와 비전에 따라 마르크스주의를 활용할 줄 알았다. 작가로서 자신의 작품(질보다 양으로 승부한)과 별개로 혁명에 활발히 참여하기도 했다. 그는 이제 막 고개를 들기 시작한 정적들의 싹을 잘라버렸고, 백러시아(벨라루스)를 상대로 암울한 전쟁을 벌여 승리를 거뒀으며, 혁명의 수출을 주도했다. 러시아가 동맹국들과의 평화협약에도 불구하고 제국주의적 야망을 버리지 않았음을 보여준 셈이었다(그는 이 야망에 새로운 이념적 성향을 불어넣었을 뿐이지만). 또 그는 차르 체제와는 너무나 이질적인 공산당의 정치국과 차르 체제의 잿더미 위에서 태어난 거대한 국가 기구들을 장악하는 데 성공했다.

레닌은 권력의 첫 번째 요소인 목표를 설정했을 뿐 아니라 자신이 직접 열정적으로 그 목표를 달성할 능력을 증명해냈다. 레닌은 루소보다 훨씬 강력한 인물이었다. 그러나 두 사람을 도덕과 윤리의 잣대로 보면 루소는 역사의 긍정적 인물로 남는 반면, 레닌은 역사상 가장 극악무도한 범죄자가 된다.

또 한 가지 예로 독일의 대문호 요한 볼프강 폰 괴테를 들 수 있다. 그가 1772년 『젊은 베르테르의 슬픔』을 출판하자 독일에서 자살이 유행처럼 번졌다. 수많은 젊은이가 권총 손잡이를 만지작거리며 그 소설을 읽다가 자기 머리를 날렸다. 결국 괴테는 의도치 않게 빅토리아 시대의 찰스 디킨스나 신생국 미국의 마크 트웨인 같은 당대의 소설가들은 물론 일반인들에게도 지대한 영향을 끼쳤다. 그들은 사람들의 성격과 사고방식을 변화시킨 뛰어난 오피니언 리더였다.

그 영향이 다른 군사적, 정치적, 경제적 리더들이 준 영향보다 훨씬 컸음은 의심할 여지가 없다. 그러나 그 영향력은 상징권력 또는 그 어떤 형태의 인정받을 만한 권력으로도 전환되지 못했다. 더 최근의 사례로는 앙드레 말로[3]가 있다. 그는 천재적 소설가이자 충격적 저작물의 작가였고 강력한 정치적 신념을 가진 사람이었다. 그는 소설을 포함한 여러 작품을 통해 자신의 신념을 국내는 물론 해외로도 널리 전파하는 데 주저하지 않았다. 그리고 나중에는 프랑스 문화 장관이 되었고, 파리의 기념비적 장소들을 정비하겠다는 파격적인 결정으로 새로운 생태 환경을 만들어냈다. 다른 작가들과 비교하면 괄목할 만한 수준은 아니지만, 그는 자신의 영향력을 일종의 권력으로 끌어올리는 데 어느 정도 성공했다.

이제 좀 더 많은 질문을 해볼 필요가 있다. 앞서 언급한 권력에 대한 정의에 따르면 인류 역사상 얼마나 많은 권력이 존재해왔는가? 그 권력들은 어떻게 시작되었고 상호작용했으며 어떤 변화를 거쳐왔는가?

일반적으로 세상은 세 가지 형태의 권력을 인정해왔다. 첫째는 군사권력으로, 강제력을 수반하며 안보를 보장한다. 둘째는 경제권력으로, 물질적 자원을 소유하고 창출하며 배분할 권능을 갖고 있다. 셋째는 가장 복잡한 형태의 권력이라 할 수 있는 상징권력이다. 이 세 가지 권력은 전략과 전

---

3. André Malraux(1901~1976). 인도차이나와 중국을 여행하는 등 모험으로 가득 찬 젊은 시절을 보냈다. 이때 경험은 소설 『정복자』『왕도』『인간의 조건』 등을 쓰는 데 바탕이 되었다. 탁월한 문학적 업적 외에도 왕성한 정치 활동과 언론 활동을 펼치고 『반회고록(Antimémoires)』 출간 10년 후인 1976년 사망했다.

술을 통해 행사되었으며, 권력자들 사이에서 다양한 비율로 배분되며 점유되었다. 어떤 시기에는 세 가지가 하나로 뭉뚱그려지거나 정도와 방법을 달리하며 상호작용해왔다. 그 상호작용은 때로는 파괴적으로, 때로는 건설적으로 일어났다. 일종의 권력 투쟁을 통해 한 가지 형태의 권력이 다른 형태의 권력을 누르는 일도 있었다.

가장 오래되었으나
가장 짧게 끝나는 힘

군사권력은 아마도 가장 오래된 형태로서 가장 쉽게 이해할 수 있는 권력일 것이다. 군사권력을 가진 사람은 한편으로는 폭력을 행사하고 다른 한편으로는 복종의 대가로 안전을 지켜주면서 타인들에게 자신의 목표를 강요한다. 힘이 없는 사람은 권력을 가진 자가 과시하는 잠재적 폭력에 어떤 식으로든 위협을 느낀다. 어떤 형태의 위협도 존재하지 않는 세상이라면 군사권력은 무용지물이다. 역사를 통틀어 어떤 개인도 타인의 재산을 탐하지 않고 어떤 부족도 다른 부족을 위협한 적이 없었다면 애초에 군사권력은 발생하지 않았을 것이다. 지금과 같은 어마어마한 수준에 이르지도 않았을 것이다. 그러나 인류가 만든 최초의 가공물이 도구와 무기였다는 사실과 인류 역사가 거의 항상 갈등 상태에 있었다는 사실만 봐도 지리적 위치와 상관없이 군사 권력은 인간이 만들어낸 최초의 권력임에 분명하다.

타인에게 영향력을 행사하거나 타인을 지배하려는 몇몇 인간의 타고난 욕망과 더불어, 다양한 수단을 동원해 이들에게 대항할 수밖에 없는 사람들의 욕망도 존재해왔다. 아리스토텔레스는 인간을 '정치적 동물(zoon politikon)'이라고 정의했다. 하지만 인간은 지독하게 영리하고 전투적인 동물이기도 하다. 『구약성경』에 나오는 카인과 아벨의 신화나 고대 이집트의 오시리스(Osiris)와 세트(Seth) 신화는, 폭력을 행사할 수 있는 인간의 능력이 때때로 제어되지 않아 살인을 일으키기도 한다는 사실을 분명히 보여준다.

인류 역사의 초기 시절, 상대적으로 규모가 작은 제국들의 역사는 극단적 폭력의 역사였다. 수메르인, 아시리아인, 바빌로니아인들은 공격을 위한 만반의 준비가 된 암살 흰개미 군단 같았다. 역사적 증거에 따르면 이들이 이웃나라에 행한 폭력적 군사 행위에는 어떤 종교나 이념적 이유도 없었다. 심지어 경제적 이유도 없었다. 그들에겐 군사적 권력 그 자체가 목적이었으며, 이 전투기계들을 이끄는 자의 힘을 세상에 증명하는 것이 폭력의 유일한 이유였다. 거기엔 복종과 멸망이 있을 뿐이었다. 신으로 추앙받는 지도자에게 바치는 공물이나 제물도 전투기계 유지를 위한 경제적 물자보다는 상징적인 성격이 더 컸던 것으로 보인다.

초기의 군사권력은 다른 형태의 권력, 즉 경제권력과 상징권력을 철저히 제거한 것이 특징이다. 군사 지도자는 영향권 내의 모든 물자에 대해 실질적인 소유권을 가졌다. 적어도 이론이나 법의 관점에서 보면 경제 전체를 통제했다. 그뿐 아니라 상징권력을 가진 사람, 이를테면 가장 지배적인 종교 집단의 사제까지 자신의 직속 휘하에 두었다. 국왕 또는 황제, 즉 군사 지도자는 스스로 최고의 사제였다. 아니면 사제직을 가진 사람을 완전히 복종시켰다. 마법이나 주술을 금하는 법, 즉 소규모 공동체에서 상징권력을 갖곤 했던 샤먼의 직계후손을 억압하는 법은 인류 역사상 가장 먼저 만들어진 법 가운데 하나였다. 요컨대 군사 지도자에 오른 이가 가장 먼저 취하는 행보는 다른 형태의 권력에 대한 싹을 자르는 것이었다.

초기의 권력은 원시적이고 극단적인 폭력의 형태를 띠었다. 『길가메시 서사시』[4]의 주인공이 깨닫는 것은 자신이 불멸의 존재가 아니라는 현실이다. 그는 생물학적 소멸 때문에 영원하고 무제한적인 권력을 갖지 못한다.

군사권력은 세월의 흐름과 함께 변화를 겪으며 다른 두

형태의 권력과는 완전히 다른 방식으로 상호작용하기 시작한다. 그러나 오스만제국이나 현대의 구소련, 제3 독일제국을 살펴보면 절대권력을 탐하던 사람이 가장 먼저 한 행동은 다른 형태의 권력을 쥔 사람과의 결투라는 점에는 변함이 없다.

술탄은 오스만제국의 모든 물자의 정당한 소유자였고(시민은 무엇을 소유하든 술탄의 승인을 받아야 했다), 실질적으로 이슬람 성직자들보다 우위에 있었다. 볼셰비키는 교회를 억압하고, 종교적 절차(상징권력의 가시적 행사)를 공산당 선언으로 대체했다(종교 행사가 치러지는 동안 신자들 앞에 놓이던 성상들은 공산주의 지도자들의 초상화로 대체되었다). 아리아 인종을 우월시하는 신이단주의의 형태를 띤 나치도 그런 식이었다. 그리고 그 중심에는 그들이 총통이라 부르는 군사 지도자가 있었다.

거의 배타적으로 군사권력에만 의존한 제국(수메르, 바빌론, 아시리아, 알렉산더 대왕의 마케도니아, 로마, 몽골)

---

4. Gilgamesh Epoth, 고대 메소포타미아에서 쓰인 서사시. 인류 역사상 가장 오래된 문학 작품으로 평가받는다. 주인공인 영웅 길가메시는 전설로 내려오는 우루크라는 나라의 왕으로 기록되어 있다. 그는 가장 친했던 친구를 잃은 후, 존재의 유한함과 인간들이 겪는 극적인 사건들을 발견하게 된다.

은 모든 형태의 권력을 자연스럽게 통합한 제국(이집트, 힌두, 중국, 현대의 영국)보다 오래 지속되지 못했다. 오늘날에도 유효한 교훈으로 가득한 이 사실에 대해서는 다시 자세히 논의하겠다. 그전에 나머지 두 가지 형태의 권력에 대해서도 정의해보기로 하자.

자본을 지킬 수 있는 힘

경제권력은 어떤 천연자원이나 넓은 의미로서의 자원에 대한 금전적 가치의 소유권뿐 아니라 그에 대한 개발, 공급, 유지, 증가, 배분 능력까지 포함한다. 『천일야화』에서 알라딘이 두려워한 것은 우연히 손에 넣게 된 마법 램프를 누군가에게 들키는 것이었다. 자칫하면 램프를 지키지 못할 수도 있기 때문이다. 외국의 기술이 없었다면 중동의 석유 매장량은 활용될 수 없었을 것이다.

차르의 제국은 시베리아 횡단 철도 건설을 위해 뉴욕 주식시장을 동원하려고 했다. 천연자원이 풍부한 아프리카, 아시아, 남아메리카의 여러 나라는 첨단기술을 갖지 못했다. 더 강력한 힘을 가진 이웃 나라들의 군사적, 정치적 영향력도 있었다. 따라서 그 자원을 이용할 수 없었다.

어떤 자원을 물리적으로 소유하기만 한 나라는 경제권력을 충분히 행사할 수 없었다. 냉전시대에 마르크스주의의 환상에 젖은 정부가 지배했던 과테말라가 국영화를 통해 국내 자원 일부를 통제하고 유나이티드프루트컴퍼니(United Fruit company) 사의 이익을 침해하려 하자, 미국중앙정보국(CIA)는 민주적으로 선출된 과테말라 정부를 붕괴시키고 미국에 동조하는 반공 정부를 지원했다. 그리고 이 정부가 반정부 인사들에게 살인에 버금가는 숱한 범죄를 저질렀다는 것은 문제 삼지 '않았다. 따라서 자원의 소유권과 명실상부한 경제권력이 항상 함께하지는 않는다. 그런 측면에서 일본은 가장 인상적인 사례다.

훗날 독립전쟁을 치르고 미합중국이 된 북아메리카의 식민지들도 오랫동안 그런 운명을 겪었다. 막대한 자원을 가졌음에도 대영제국, 프랑스, 독일에서 '파티'를 즐기는 사람들에 비하면 그들은 명목상의 경제권력을 가졌을 뿐이었다.

자원에 대한 온전한 통제력과 배분권을 자유롭게 행사할 수 있어야 명실상부한 경제권력을 가졌다고 할 수 있다. 예컨대 롬바르드 가문의 은행가[5]들과 템플기사단[6]은 중세 유럽에서 한동안 상당한 경제권력을 갖고 있었다. 그러나 그들의 가상 약속어음은 갖가지 구실을 단 강압적 군사권력의 펜 놀림 한 번이면 무용지물이 될 수 있었고 그런 일은 실제로도 벌어졌다. 이들은 당대의 진정한 경제권력이었을까? 표면적으로 그들은 자본[7]을 갖고 있었으나 실질적으로는 그렇지 않았다. 자본을 확고히 지킬 수 있는 힘이 없었기 때문이다.

바빌로니아의 왕에게 경제적 자원을 마음대로 이용하기 위한 합법적 구실은 필요 없었다. 오로지 군사권력이 필요했을 뿐이다. 프랑스의 필리프 4세[8]는 롬바르드족, 유대인, 템플기사단이 기초를 닦아놓은 경제권력의 중심을 삼켜버린 것을 합법화하기 위해 교황 클레멘티와의 동맹을 이끌어냈다. 군사적이고 강압적인 권력을 상징적 권력, 그중에서도 종교적 권력과 결합한 것이다. 나중에 보게 되겠지만 넓은 지역을 오로지 군사권력만으로 지배하는 것은 불가능

---

5. 중세의 이탈리아 출신 롬바르드 가문은 유대인이라는 믿음이 널리 퍼져 있었으나 사실은 그렇지 않았다. 롬바르드는 당시의 중요한 은행가 가문이었다.

6. '그리스도의 가난한 기사단'이라고도 한다. 1차 십자군 전쟁(1096~1099) 이후 설립되어 예루살렘에서 그리스도교를 다시 확립했다. 1307년 해체되었고, 마지막 단장 자크 드 몰레는 1314년 파리에서 화형당했다.

7. 중세에는 물물교환과 제한적인 통화 발행으로 자본이 감소했다. 스페인이 현재 남아메리카의 일부 지역을 정복하고 그곳에서 금과 은을 채굴하면서 대량으로 통화가 방출되었고 상업 거래에서도 현금이 널리 쓰이게 되었다.

8. 필리프 4세(Philippe IV, 1268~1314)는 프랑스 카페 왕조(dynastie des Capetiens, 987~1328)의 왕으로, 템플기사단을 해체했다고 기록되어 있다. 그가 의문의 죽음을 맞이하고 그의 아들들마저 일찍 사망함으로써 발루아 왕조가 열리게 되었으나, 이는 '백년전쟁'으로 불리는 왕조 간 갈등의 빌미가 되었다.

하다. 여기에 상징권력이나 경제권력을, 혹은 둘 모두를 반드시 결합해야 한다.

경제권력 역시 매우 심각한 변화를 겪어왔다. 고대와 중세에는 토지 소유가 경제권력의 기반이었다면, 그 후로는 산업 자산과 자본이 실질적인 경제권력의 자원이 되었다. (지난 세기에는) 에너지와 혁신적인 자원들이 경제권력의 필수불가결한 요소로 새로이 등장했다.

마술적 사고와
고해실 안의 성직자

수천 년이나 더 늦게 등장한 경제권력을 군사권력의 막내 동생이라고 한다면, 상징권력은 군사권력의 쌍둥이 동생과 같다.

마르크스주의는 인간이 난해한 자연 현상을 설명할 능력을 갖추지 못한 데서 종교가 기인했다고 주장한다. 『종의 기원』에서 찰스 다윈은 창조론을 공격할 또 하나의 수단을 제시했다. 우주선이 날아다니고 인간 게놈이 해독되는 시대에 초월적 존재, 세상과 인간의 영혼을 만들어낸 창조주에 대한 믿음을 논하는 것은 오히려 논쟁에 도움이 되지 않으므로 더 이상의 설명은 불필요하다. '순수한' 다윈주의는 이미 신중하게 고민한 많은 과학자로부터 버림을 받았다. 그들도 자연선택설에 따라 어떤 대상이 실제로 다른 것으로 변해간다는 것을 입증하는 데 실패했기 때문이다.

심리학자들이 말하는 '마술적 사고(magical thinking)'는 전형적인 인간의 사고작용 중 하나다. 심리학자 중에서도 비교적 종교와 동떨어진 부류는 이 마술적 사고를 거대한 감각과 인지의 공장인 두뇌 안에서 벌어지는 복잡한 화학적 반응이라고 설명한다. 융과 아들러는 원초적 상징과 원형을 통해 나타나는 집단 무의식을 언급했는데, 우리는 이것을 우리가 사는 시대에 맞춰 해석하는 경향이 있다.

의심할 바 없이 인간은 초월적 존재를 믿으며 마술적 사고를 한다. 인류는 최초로 매장과 화장 의식을 하고 벽에 벽화를 그리기 시작하던 때부터 늘 그래왔다는 증거도 있다.

마술적 사고는 규모가 크든 작든 인류 공동체들이 공유하는 공통의 믿음을 통해 나타나며 자연스럽게 가시적인 표현 체계를 갖고 있다. 아시아, 아프리카, 라틴아메리카에는 현재까지도 부족의 샤먼들로부터 교황에 이르기까지 신과 특별한 관계를 맺은 사람 혹은 집단이 존재한다. 그 특별한 관계로 인해 그들은 자연스럽게 같은 믿음을 가진 사람들 사이에서 더 높은 대우를 받는다. 다시 말해 상징권력을 부여받는 것이다.

상징권력은 군사권력이나 경제권력처럼 뚜렷하게 드러나지 않지만 다른 권력과 마찬가지로 공고하다. '교황은 몇 개의 하위 권력을 갖고 있는가?' 하는 냉소적인 질문은 적절하지 않을 뿐 아니라 권력 용어에 대한 이해의 부족을 드러낸다. 교황은 어떠한 하위 권력도 필요 없다. 교황은 전 세계의 독실한 가톨릭 신자들로부터 지도자로 인정받으며, 신과의 연결고리라는 역할에 대해 누구에게도 의심받지 않는다.

수천 년 동안 상징권력은 오직 복잡한 종교와 신앙 체계 안에서만 유효했다. 그러나 지난 몇 세기를 거치며 종교 지도자들이 상징권력을 독점하던 시대는 끝났다. 애덤 스미스[9], 데이비드 리카도[10], 존 스튜어트 밀[11] 같은 세계경제의 아버지들로부터 마르크스, 레닌, 덩샤오핑[12] 같은 정치 지도자들, 프랑수아 라블레[13], 빅토르 위고[14] 같은 작가들, 현대의 대중문화 스타들, 장-폴 마라[15] 같은 시사평론가, 현대 매스미디어의 오피니언 리더에 이르기까지, 다양한 형태의 고해실 안 성직자들이 가진 배타적 특권을 표현하는 데 쓰였던 상징권력이 이제 크든 작든 그들에게도 부여되고 있다.

인쇄기술의 발명으로 지구의 많은 지역에서 문맹이 퇴치

되고 의사소통의 도구가 급속하게 발전함에 따라 상징권력이 세분화되는 과정에 가속도가 붙었다. 그러나 상징권력의 가장 중대한 변화는 대개 종교 권력에서 '국민국가'를 중심축으로 한 권력으로 변화했다는 점이다. 이는 20세기에 정점에 달했다.

인류의 탄생 이래로 권력은 주로 세 가지 형태를 띠어왔고 오늘날에도 변함이 없다. 다음 장에서 다루겠지만, 각 형

---

9. Adam Smith(1723~1790), 현대 경제학의 아버지 중 한 사람으로 일컬어진다. 대학 교수이자 사업가였으며 정치가이기도 했다. 1723년 스코틀랜드 출신. 저서 『국부론』으로 국제 통상의 기초를 놓았다.

10. David Ricardo(1772~1823), 영국의 경제학자. 『정치 경제와 조세 원리(Principles of Political Economy and Taxation)』의 저자로 자유주의를 주창했다.

11. John Stuart Mill(1806~1873), 당대 세계에 큰 영향을 끼친 영국의 철학자로 많은 저서를 남겼다. 대표작으로 『자유론』(1871)이 있다.

12. 鄧小平(1904~1997), 중국의 정치가. 1980년대 중국 경제를 부활시킨 포스트 마오이스트 경제개혁의 대표적 인물. '1국 2체제'라는 슬로건 아래 1당체제 아래서도 어느 정도의 시장경제를 도입했다.

13. François Rabelais(1494~1553), 모험으로 가득 찬 삶을 살며 『가르강튀아』 『팡타그뤼엘』 등의 명작을 남긴 프랑스의 작가. 의사인 동시에 탁발수사(프란치스코 수도회와 베네딕트 수도회를 거쳤다)였고, 여러 편의 소논문을 집필하기도 했다. 동시대인들은 그의 이름을 '천박한 언어와 상스러움'과 동일시했다.

14. Victor Hugo(1802~1885), 프랑스의 소설가이자 시인, 언론인, 화가. 1830년 오페라 〈에르나니〉를 무대에 올려 큰 반향을 불러일으켰으며, 프랑스 낭만주의의 탄생이라는 평을 받았다. 상원의원이자 학자로서 자신이 살던 사회에 독특한 영향을 끼치기도 했다. 대표작으로 『레미제라블』이 있다.

15. Jean-Paul Marat(1743~1793), 스위스 태생의 프랑스인으로 의사이자 철학자, 언론인이었다. 급진세력에 속해 있었고, 프랑스 혁명 첫해에는 지대한 영향을 끼쳤으나 최후에는 왕당파의 한 여성에 의해 암살당했다.

태의 권력은 다른 형태의 권력과 상호작용한다. 인류의 역사와 함께 각 권력은 중요한 변화를 겪어왔으며, 미래에도 비슷한 변화는 계속될 것이다. 권력의 작동원리를 이해하는 열쇠는 두 가지다. 어느 분야에서 어떻게 권력이 상호작용하는지 파악하는 것, 그리고 세월이 흐르면서 일어난 변화들을 분별하고 이해하는 것이다.

2장

통치자가
필요로
하는 것

신의 이름으로
지켜낸 돈과 무기

———

수메르의 왕들이 신의 후예임을 자처하고 로마의 황족들이 고대 그리스 신전에서 훔쳐온 신들에게서 가문의 기원을 찾은 이래, 지도자들은 세 가지 권력을 통합하려고 해왔다. 사람의 몸으로 태어난 오시리스로 추앙받다가 사후에는 오시리스가 되어 백성들을 굽어살피는 파라오에서 교황에게 성유 축성을 받은 메로빙거(Merovingian) 왕조의 클로비스[1]에 이르기까지, 그들은 추종자들의 충성심을 유지하기 위해서는 권력의 통합이 필요하다는 것을 알았다.

칼만으로는 권력을 오랫동안 보장받을 수 없었다. 타인

———

1. Clovis(482~511년 재위), 살리족을 중심으로 한 프랑크 왕국을 지배한 메로빙거 왕조의 개창자. 좀 더 넓은 의미에서 보면 프랑스의 개창자라고도 할 수 있다. 500년 그리스도교를 받아들이고 왕위에 올랐다.

에게 위협을 가하는 것밖에 생존의 방법이 없다면 인간의 존엄성을 무자비하게 빼앗는 것도 정당화될 수 있었다. 이러한 교훈은 오늘날 지배적 성향과 신체적인 힘, 지능을 가진 남성들 사이에서 벌어지는 끊임없는 주도권 싸움과 흡사한 일이 자주 벌어졌던 부족 시대부터 학습되어왔다.

로마제국의 율리우스 카이사르도 성스러운 조상에 대해 그다지 관심 없던 극렬 공화주의자들에게 암살당했다. 그들은 신성성을 가진 조상은 논쟁의 여지가 없는 사실(율리아 가문 사람들은 자신들이 비너스의 후손이라고 주장했다)이라기보다 사회적 합의라고 생각했다. 카이사르는 암암리에 자신에 대한 신격화가 이미 시작된 상황에서 시민의 신분으로 암살당한 것이었다.

로마제국은 경제권력을 얻은 후에도 언제나 군사권력만을 행사했다. 그들은 로마의 풍요로움을 보존하기 위해 정복한 지역의 자원을 체계적으로 약탈했다. 로마제국의 풍요는 때때로 피정복민들에게도 환영을 받을 정도로 성과와 일관성이 있었으며 지속적인 행정체제를 만들어냈다. 그러나 로마제국의 상징권력은 언제나 미약했다. 로마 시민이 되려는 사람은 로마 시민의 지위와 함께 따라오는 군사적 안전과 경제적 이득을 원했을 뿐 상징권력을 따른 것은 아니었다. 로마인들에게는 그들이 창조한 신이 없었다. 그리스에서 빌려와 이름만 바꾼 신이 있을 뿐이었다.

신에 대한 로마의 개념은 고대 그리스인들보다 한참 뒤처져 있었다. 로마인들은 자신들이 멸망시킨 카르타고인들과 달리 상징권력을 이용해 시민들을 위협하지 않았다. 경제권력과 군사권력만으로도 충분하다고 생각했다. 신적 상징들은 로마제국 전체에 수없이 많은 중심지를 두고 다양하게 분화되어 있었다. 이런 관점에서 보면 로마인들은 아직 원시적인 샤머니즘 단계에 머물러 있었다.

여기에 태양신 미트라에 대한 숭배 같은 피정복민들의 상징권력이 로마의 심장부까지 깊이 침투하여 로마제국의 상징권력을 더욱 허약하게 만들었다. 그리스도교가 로마제국이라는 이질적 공간에 놀라운 속도로 전파된 것도 우연이 아니었다.

결국 로마제국은 군사권력이 내리막길을 걷기 시작하자 붕괴를 맞았다. 경제적인 자원 역시 함께 줄어들었고, 행정체제마저 과도한 관료주의와 부패에 찌든 상황에서 군사권력과 경제권력의 몰락을 상쇄할 만한 상징권력이 없었던 탓이다.

동로마제국은 콘스탄티누스 대제[2]를 통해 상징권력과 다른 권력을 통합해야 할 필요성을 깨달았고, 그리스도교를 그 기반으로 선택했다. 서로마제국이 낡은 관습에서 벗어나지 못하고 몰락한 데 비해 동로마제국은 1000년이나 이어졌다. 콘스탄티누스 대제는 그리스도교를 선택했을 뿐 아니라 325년의 니케아 공의회[3]를 통해 상징적으로 흡수하기까지 했다. 니케아 공의회는 콘스탄티누스 대제의 묵인 아래 특정 종파를 지원했고, 이 종파는 나중에 다른 종파들을 차례로 제거했다. 이로써 상징권력의 통합이 확립되었고, 선택받은 종파의 완전한 헌신이 보장되었다.

갑자기 발견된 중동의 유적지에서 장대한 성소피아 성당의 건축에 이르기까지, 상징권력은 계속 스스로 체계화하고 구조화했다. 그리고 점차 군사권력을 대체하게 되었는데, 군사권력은 번성기에 비해 축소되는 것을 피할 수 없었다.

적어도 한동안 동로마제국은 서로마제국이 꿈도 꾸지 못할 비장의 무기를 갖고 있었다. 군사권력과 경제권력에 상징권력을 통합한 것이다. 동쪽에서 온 튀르크족 군대가 침입하기 전까지, 서쪽에서 새로운 권력의 중심이 일어설 때

---

2. Gaius Flavius Valerius Constantinus(306~337년 재위), 312년에 그리스도교로 개종하고 이듬해 밀라노 칙령을 공표하여 그리스도교에 대한 박해를 금지했다(그리스도교가 공식적으로 국교로 받아들여진 것은 391년에 이르러서였다).

3. 신학적인 의견차를 해소하기 위해 소집된 회의. 여기서 새로운 종교의 교회법 기반이 만들어졌고 교의가 선택되었으며, 현대 종교가 탄생했다. 이때 정해진 교의적 기반은 오늘날까지 정교의 틀 안에서 바뀌지 않았다.

까지 동로마제국이 몰락하지 않고 남아 있을 수 있었던 것은 그 덕분이었다. 그런데도 동로마제국의 상징권력의 일부는 1054년 처참하게 종말을 고했다.

『메로빙거 왕조 시대 이야기(Stories from the Time of the Merovingians)』 같은 역사서를 읽어본 사람이라면 니벨룽겐의 전설을 지어낸 사람들에게 영향을 준 패러다임이 어떤 것이었는지 알 수 있다. 극단적인 잔인성, 자의성, 끊임없는 음모, 부족 간의 전쟁이 디스토피아적인 서구 세계를 특징짓는 말이었다.

서로마제국의 멸망으로 세상에는 세 가지 형태의 권력이 한꺼번에 부재하게 되었다. 어떤 부족도 다른 부족을 지배하기에 넉넉할 만큼 강하지 못했고, 신흥 강자들의 침략은 이제 막 싹트기 시작한 조직의 형태를 무참하게 짓밟았기 때문에 군사권력이 형성되지 못했다. 사람들은 호전적이고 일관된 행정체제를 유지하지 못했으므로 경제권력도 생겨날 수 없었다. 다시 물물교환이 성행했고, 노동 생산성 측면에서 경제는 형편없이 허약해졌다. 아주 나중에야 이탈리아의 요새 도시들이 고대의 사례를 따라 최초의 금화를 주조하기 시작했다.

상징권력이 생겨나지 못한 것은 사람들이 샤머니즘 시대에서 벗어나지 못했기 때문이었다. 대유행처럼 그리스도교로 개종하던 카롤링거 왕조 시대 이전까지는 유럽 전역에서 수천 개의 이교 집단들이 자신들의 종교를 펼치고 있었다. 이러한 시대 상황에 종지부를 찍은 인물이 바로 클로비스 1세였다. 500년 무렵 대주교는 그의 머리에 왕관을 씌웠다. 150여 년 전 콘스탄티누스 대제가 했던 대로 따라 한 것이다. 클로비스 1세는 그리스도교를 통해 상징권력을 키웠다.

그러나 그리스도교 내부에서도 영향력을 쟁탈하기 위한 음모와 다툼이 빈번했다. 그리스도교 세계를 지배하는 교황의 권위도 확고하지 못했다. 교황은 이미 멸망하여 탐욕스럽고 불평 많은 여러 부족의 수중에 떨어진 로마의 주교에 지나지 않았다. 교황이 성직자로서 지녀야 할 지도력을 내세워 권력을 확립하기 위해서는 군사권력과 경제권력과의 장기적인 연대가 필요했으나 그는 그 어떤 권력과도 연대할 수 없었다. 메로빙거 왕조의 프랑크 왕국은 취약점이 많았음에도 교황이 연대할 수 있는 유일한 대안이었다. 클로비스 1세는 오늘날 극악무도한 살인자들이라 불러 마땅한 집단의 후예였고, 아마도 세례를 받을 때 그의 머리에는 이가 들끓었을 것이다. 군사권력과 경제권력은 목적을 달성하는 과정에서 '폐해'가 있더라도 목적이 그 폐해를 정당화한다.

클로비스 1세는 자신이 속한 메로빙거 왕조의 창시자 메로베치의 탄생을 신화(바다의 신으로부터 태어난 반인반신)로 포장했다. 그가 세례를 받은 후, 이 신화는 그리스도교적으로 올바르고 성스러운 전설로 바뀌어야 했다.

샤를마뉴[4], 또는 샤를 대제는 오늘날 우리가 서유럽이라 부르는 지역을 확립한 후 800년경 교황의 손으로 대관식을 거행했다. 그럼으로써 자신의 군사권력에 상징권력을 보탰다. 샤를마뉴의 대관식은 300년 전 클로비스 1세가 만든 영화를 훨씬 큰 규모로 더 세련되게 재현한 것과 같았다.

두 개의 권력, 즉 서로마제국의 교황권과 비잔티움 제국의 그리스정교가 각각의 상징권력으로 분리되는 것은 시간 문제였다. 상징권력의 중심부에서 일어난 이 싸움은 군사권력의 분열보다 앞서서 일어났다.

두 교회 사이에서 일어난 대분열로부터 두 세기가 지난 후, 서유럽의 십자군이 콘스탄티노플을 무자비하게 약탈했다. 콘스탄티노플의 정교가 상징권력으로부터 더는 보호받지 못하게 된 직후의 일이었다. 서유럽의 교회는 콘스탄티

---

4. Charlemagne(768~814년 재위), 프랑크 제국의 황제이자 현대 유럽의 아버지 중 한 명. 800년 교황 레오 3세에 의해 '그리스도교 황제'로 황위에 올랐다.

노플의 정교를 더는 진정한 그리스도교로 인정하지 않고 오히려 위험한 배교자로 간주했다.[5]

투탕카멘의 아버지로 잘 알려진 파라오 이크나톤 4세(기원전 1379~1362년 재위)는 2000년 이상 흥망성쇠를 거듭해온 제국에서 종교개혁을 시도했다. 이집트가 그렇게 오랜 세월을 견딜 수 있었던 것은 세 가지 형태의 권력, 즉 군사, 경제, 상징권력의 통합을 유지해왔기 때문이다. 오시리스의 현신인 파라오는 군사권력과 상징권력의 결합이었다.[6]

그러나 백성들의 마음을 조종하는 데 능숙했던 부유한 성직자들의 권력이 점점 커지면서 마침내 파라오를 포로로 만들어버렸다. 군사권력이 상징권력에 제압당한 것이다. 평시에 군사권력은 아무 쓸모가 없는 반면, 상징권력은 어떤 영향도 받지 않는다. 상징권력은 신성과의 연결을 약속했으므로 어떤 시대에나 누구에게나 꼭 필요한 것이었다. 게다가 상징권력은 인적, 물적 규모를 유지하기 위해 때때로 비

---

5. 4차 십자군 전쟁에서 있었던 1204년의 콘스탄티노플 약탈은 서구의 가톨릭이 동방의 정교를 사실상 버렸음을 보여준다.

6. 신화 속의 이집트 왕 오시리스는 형제인 세트에게 암살당했지만, 아내인 이시스와 아들 호루스에 의해 부활한다. 고대 이집트에서 이 신화는 파라오를 신격화하는 토대였다. 파라오는 오시리스가 연속해서 부활한 존재이며 한 생을 다하여 이 세상을 떠나서는 이집트를 보호하고, 또한 초월적인 다른 세상으로 들어갈 수 있게 된다.

이성적일 정도로 물자를 소비해댔다. 막아내야 할 적이 없는 상태에서 군대를 유지하기 위해 세금을 부과하는 정책은 백성들로부터 결코 환영받을 수 없었다. 신과 간편하게 관계를 맺음으로써 자신의 존재를 보호하고 영생을 얻기 위해 세금을 내는 것은 누구나 쉽게 수긍했다. 따라서 물적 자원과 경제권력은 종종 군사권력보다는 상징권력이 더욱 쉽게 포획했다(오늘날에도 이 단순한 진리는 여전히 통한다. 가톨릭의 한 분파인 오푸스데이[7]는 창시되고 몇십 년 동안 아주 풍요로웠다. 사이언톨로지와 통일교는 막대한 부를 축적했다. 반면 미국의 참전 용사들은 경제적으로 매우 궁핍한 삶을 살고 있다).

역사상 처음으로 유일신을 받들고자 했던 이크나톤의 종교개혁은 아톤을 숭배하는 모양새를 띠었는데, 나중에 모세와 유대주의에 의해 한층 현실화되었다. 종교적 패러다임을 바꿈으로써 이크나톤은 성직자들을 합법의 테두리에서 배제했다. 성직자의 재산을 몰수하는 정책을 수반한 혁명은

---

7. Opus Dei, '하느님의 사역'이라는 뜻의 가톨릭 조직. 1928년 호세마리아 에스크리바 데 발라게르(Josemaría Escriváde Balaguer)라는 사제가 창시했다. 9만 명의 평신도와 2000명의 사제로 이루어져 있으며, 1980년대 이후 이 조직에 대한 여러 혐의가 제기되면서 논란이 일고 있다.

종교 집단의 경제권력을 빼앗아갔다.

이크나톤이 시도한 종교개혁은 그가 살아 있는 동안에만 지속되었고, 본인의 의사와는 상관없이 '아톤'이 아닌 '아문'의 총애를 받으면서 이크나톤으로부터 왕위를 이어받은 어린 파라오는 다시 탐욕스러운 성직자들의 꼭두각시 신세가 되었다. 또한 이 가여운 파라오가 암살의 희생자가 되었음을 보여주는 믿을 만한 증거도 있다. 이보다 훨씬 훗날, 알렉산더 대왕[8]의 후계자들이 세운 고대 그리스 프톨레마이오스 왕조에 이르러서야 상징권력은 그 힘을 되찾았다. 그것도 성직자까지 포함하여 반대자들을 탄압하는 데 주저함이 없었던 군사권력 덕분에 가능한 일이었다.

알렉산더 대왕의 후계자들이 프톨레마이오스 왕조를 세웠지만, 알렉산더의 제국은 로마제국이 가진 것보다도 보잘것없는 상징권력을 가진 두 제국 가운데 하나였다. 사실상 알렉산더는 상징권력의 중요성에는 전혀 관심을 두지 않았다. 나머지 하나는 칭기즈칸[9]의 몽골제국이었다.

마케도니아의 군대는 알렉산더의 부왕인 필리포스 왕이

---

8. Alexander the Great. 기원전 336~323년 재위한 마케도니아의 왕. 정복 전쟁으로 당시까지의 역사에서 가장 큰 제국을 일으켰다. 33세에 사망(독살로 추정)할 때까지 그리스, 이집트, 페르시아와 인도의 일부까지 정복했다. 그의 사후, 제국은 그의 휘하에 있던 장군들에 의해 나누어졌다.

놀라울 정도로 잘 훈련시킨 전쟁기계였지만 경제권력으로부터 도움을 받지 못했고 상징권력과는 아예 상관이 없었다. 풍요로운 지중해 일부를 다스렸지만, 효율적인 행정체제가 없었던 마케도니아에는 중요한 경제권력이 부상하지 못했다. 마케도니아의 상징권력은 훗날 로마제국의 그것보다도 미미했다. 어디서 누구로부터 비롯되었는지도 알 수 없는 스무 가지 이상의 종교 집단들이 곳곳에 흩어져 공존하고 있었다. 그 자체로 치명적인 전쟁무기였던 팔랑크스(밀집 대형의 장창 보병대)의 병사들은 10여 가지의 서로 다른 우상을 섬겼다. 약탈자의 본능을 초월하는 전략적 또는 이상적 통일성과 시너지를 이끌어낼 상징권력은 존재하지 않았다.

사실상 마케도니아는 역사적 운명도 갖지 못한, 그저 어쩌다 생겨난 제국이라고 부를 수도 있었다. 군사적으로 전무후무한 능력을 갖춘 한 개인에 의해 창조된 군사권력이 전부였다. 그들의 군대는 강을 건너고 산을 넘었으며 사막

---

9. 1206~1227년 재위한 몽골제국의 황제. 유목 부족들을 통일하고 경이로운 기병대를 조직하여 아시아 대륙 전체를 정복했다. 그의 사후, 이 제국은 잠시 유지되었고 몽골인들은 무슬림이 되었다. 이후 앙카라 전투에서 바예지드를 물리친 티무르에 의해 정복의 새로운 시대가 열렸다. 그러나 셀주크제국이 일어서자 몽골(또는 타타르)족은 더는 유럽에 위협이 되지 못했다.

을 가로질렀다. 지나가는 길목에 있는 모든 것을 철저히 파괴하면서 인도에 이르렀고, 당시 강력한 힘을 가졌던 페르시아 제국도 무릎을 꿇렸다. 지중해의 강자로 군림하며 수세기 동안 그리스를 위협했지만, 결국은 카리스마 넘치는 군사적 천재 알렉산더의 죽음과 함께 사라지고 말았다.

알렉산더의 서슬 퍼런 칼이 정복한 모든 것들은 즉시 작은 영토로 분할되어 부하들 소유로 넘어갔으며, 그들은 아무 거부감 없이 피정복지의 종교와 상징적인 패러다임을 받아들였다. 프톨레마이오스 왕조는 그들 이전에 서로 핏줄이 다른 수많은 왕이 그랬듯이 스스로 파라오가 되었다.

역사상 가장 거대한 제국(영토의 관점에서 보면)을 이루었던 칭기즈칸의 몽골제국 역시 크게 다를 바가 없다. 몽골제국은 유례없이 빠른 속도로 영토를 확장해갔다. 칭기즈칸은 다른 정복자들처럼 정복을 멈추는 전략을 쓰지 않았기 때문이었다. 그는 점령하는 땅마다 불태우고, 학살하고, 약탈한 뒤 곧바로 다음 목적지를 향해 달렸다. 절정기에는 상상을 초월할 정도로 광대한 영토를 확보했던 이 제국도 결국 카리스마 넘치는 지도자의 죽음 뒤 부하들의 권력 쟁탈 속에서 종말을 고하고 말았다. 알렉산더와 마찬가지로 칭기즈칸도 상징권력은 어디에도 전파하지 못했다. 지리적으로 한없이 영토를 확장할 수 있었을지는 몰라도 그 기세는 칭기즈칸의 죽음과 함께 끝났다. 칭기즈칸 본인도 유일신 종교를 받아들이지 않았다. 그는 뼛속 깊이 원시적인 샤머니즘의 옹호자였다.

앞서 우리는 군사권력과 상징권력이 서로의 입지를 공고히 해주거나(비잔티움 제국, 카롤링거 제국), 일정 기간 서로를 파괴한 예(이집트)를 살펴보았다. 수세기 동안 존재하며(그리스도교는 콘스탄티누스 대제와 클로비스 1세가 동맹을 결정했던 시점보다 수세기 전부터 이미 존재하고 있었다) 고도로 세련되지는 못했어도 최소한 암암리에 발전해온 상징권력과 이미 놀라울 정도로 강력해진 군사권력에 대해서 논의한 바 있다. 로마제국은 많은 장군의 전략이 녹아 있는 군사력을 수백 년 동안 자랑해왔고, 프랑크왕국은 게르만족의 대이동이 만들어낸 무시무시한 전사들을 보유하고 있었다. 이들의 경우 서로 다른 형태의 권력들이 서로를 강화했으며 다른 형태의 권력을 파괴하는 데 간여하지는 않았다.

그러나 어떤 형태의 권력도 없는 무권력의 상태에서 창조된 권력도 있다. 이슬람이 대표적인 사례다.

7세기 중반까지 예언자 무함마드의 예언은 주로 부족 사회에서 설파되었는데, 당시의 부족 사회는 통일성도 자기인식도 없었다. 또한 경제적 자원도, 군사력이 갖추어질 때 나타나는 확장주의 경향도 전혀 없이 지역적으로 고립된 영토에서 명맥을 유지하고 있었다.

무슬림을 수니파와 시아파로 두 동강 낸 내부 분열에도 불구하고, 한 세기 후 사막의 모래 위에서 생겨난 듯한 군대가 북아프리카 전체에 강력한 공격을 퍼부었다. 이 군대는 서고트에서 스페인까지 점령하고, 샤를 마르텔[10]에 의해 피레네 산맥 앞에서야 멈추었다. 카롤링거 제국이 무슬림 국가가 될 뻔한 위기일발의 순간이었다.

무함마드와 그 추종자들에게는 경제권력이나 군사권력이 거의 없었다. 그러나 『쿠란』의 메시지로부터 나온 막강한 상징권력과 유일신 종교로부터 생겨난 시너지가 무슬림의 여명기부터 뛰어난 전쟁기계를 양산할 수 있게 했다.

서로 다른 형태의 권력들이 서로를 간섭 혹은 강화한 예를 두 가지 더 들어보자. 그 두 가지 사이의 차이를 강조해보려는 것이다. 레콘키스타[11] 이후 스페인은 어느 모로 보나 허약한 나라였다. 경제권력도 없었고, 백성들은 극단적

---

10. Charles Martel(719~741). 프랑스 카롤링거 왕조의 창시자. 메로빙거 궁정의 장군으로서 스페인을 정복, 서고트족에게서 빼앗은 뒤 피레네 산맥을 넘어와 유럽을 위협하던 아랍의 침략을 막아냈다.

11. reconquista, 8세기에서 15세기에 걸쳐 무슬림에게 점령당한 이베리아 반도 지역을 되찾기 위한 운동. 1492년 무슬림 최후의 거점이었던 그라나다를 함락함으로써 완결되었다.

인 이질성(그리스도교도보다 무슬림과 유대인이 수적으로도 많았고 교육도 더 많이 받았다)을 갖고 있었다. '귀족'들의 군사권력은 그들이 섬기는 가톨릭의 최고 성직자들을 심각하게 위협했다. 스페인의 통치자인 국왕들은 모든 것을 걸고 단 한 가지를 얻기 위해 분투했다. 바로 교회로 대표되는 상징권력이었다. 그리하여 그들은 '교황보다 더 가톨릭적인' 신앙심을 과시했다. 스페인 국왕들과 교회 사이에 맺어진 암묵적인 계약에 따라 국왕들은 자신들의 노력에 대한 대가로 교회의 지지를 받았으며 누구도 이의를 달 수 없는 권위를 인정받았다. 대신 국왕은 교회에 지구상의 다른 어떤 지역에서도 꿈꿀 수 없는 특권을 주었다.

프랑스, 잉글랜드 또는 게르만 '로마'제국(독일은 900년경 오토 1세가 '튜튼족의 왕'으로 성유 축성을 받으면서 탄생했다)에서는 상징권력(교회)과 군사권력(왕실)의 공생이 그다지 오랜 세월 밀월 관계를 유지하지 못했다. 세금과 재산권 문제 그리고 고위 성직자(주교) 임명 등을 둘러싼 다양한 문제 때문에 폭력을 감춘 팽팽한 긴장감이 고조되었다. 독일 황제가 한겨울 목에 밧줄을 감고 교황으로부터 용서를 받을 때까지 사흘간이나 눈밭에 서 있었던 '카노사의 굴욕'은 아무도 간과할 수 없었다. 그 사건은 상징권력이 얼마나 강한 힘을 가졌는지 여실히 보여주었다. 필리프 4세가 교황청의 재산을 완전히 몰수한 사건이나 그보다 한 세기 전 레이몽[12]의 막대한 군사적 지원을 등에 업고 즉위한 교황 우르반 2세의 경우도 기억해야 할 사건이었다.

그러나 스페인에서는 달랐다. 스페인 국왕이 교회에 부여한 권력은 그 한계가 전무후무한 것이었다. 프랑스 남부의 카타리파와 스페인 국왕 사이에서 벌어진 싸움을 배경으로 13세기 초 교황 이노센트 3세와 교회의 군사권력은 종교재판소를 통해 권력을 중앙 집중화했고, 난잡하고 폭력적이었던 귀족들을 단번에 제압했다. 누구든 이단이라는 낙인이 찍히면 어떠한 저항이나 변명도 통하지 않는 재판 끝에 화형을 당했다. 종교재판은 잘 짜인 전제주의 형태의 공포였고, 여기에는 대단히 합법적인 형태의 권력, 즉 상징권력이 개입되어 있었다. 만약 누군가의 재산을 훔치면서 자신의 행동을 정당화하는 폭군에 의해 이런 공포가 조장되었다면 정당한 저항이 일어났을 것이다. 재산권 침해는 대부분 사람에게 불안감을 안겨주고 그 불안감이 가해자에게 저항하는 데 사람들의 마음을 하나로 뭉쳐주는 구심점이

---

12. 툴루즈의 레이몽(Raymond)은 중세 프랑스에서 가장 강력한 권력을 가진 귀족 중 하나였으며, 동방과 서방의 향료 교역 루트를 연결하기 위해 트리폴리 항을 함락시키려고 시도했다. 그는 교황의 자리를 효과적으로 지배하는 데 있어서 1차 십자군 전쟁을 주도했던 프랑스 출신의 우르반 2세를 지지했는데, 당시 교황은 로마제국의 지배하에 있었다.

되기 때문이다.

상징권력에 의한 공포가 그대로 수용되었던 것은 각자 자신은 무죄라고 믿었기 때문이다. 따라서 백성들은 희생양들에 고통이 가해질 때도 자신들은 위협을 느끼지 않았다. 희생양들을 향한 혐의가 조작된 것이며 조작이 체계적으로 자행되었다는 것을 깨달을 때는 이미 늦었다. 미국의 매카시 위원회가 공산주의자들의 침투에 대해 국민의 관심을 환기한 데는 잘못이 없었다.[13] 그런 위험은 실제로 존재했다. 2차 세계대전의 연합군 측 일원이었던 소련은 정보 보안에 대한 인식이 부족했던 미국 행정부에 엄청난 숫자의 요원들을 침투시켰다. CIA의 전신이었던 전략정보국(OSS)은 히로시마, 나가사키에 원자폭탄이 투하된 후 폐쇄된 상태였다. 게다가 미국연방수사국(FBI)은 소련의 행동에 대응할 준비가 되어 있지 않았다. 매카시 위원회가 변질된 것은 그들이 국가 안보라는 이름 아래 권력을 남용하면

---

13. '매카시즘'이라는 말은 공화당 소속 위스콘신 상원의원 조지프 매카시(Joseph McCarthy)의 이름에서 연유되었다. 매카시는 미국에 반미활동 연구의 시대를 가져왔다. 1950년 이후 중국 공산당이 한국전쟁에서 우세를 보이고 소련 스파이들이 핵무기 관련 정보를 빼내가는 사건이 발생하자 미국에 병적인 반공산주의 열풍이 불었다. 1950년 2월, 조지프 매카시가 웨스트버지니아에서 행한 연설에서 공산주의자로 의심되는 200명 이상의 명단을 가지고 있다고 주장하면서 마녀사냥이 시작되었다. 매카시 돌풍은 1950년대 후반에야 가라앉았다. 오늘날 매카시즘은 정치적 탄압과 동의어로 쓰인다.

서였다. 자유를 가장 큰 이상으로 받들며 탄생한 사회에서 그들이 휘두르려 했던 무소불위의 상징권력은 용납될 수 없었다. 1964년 미국 상원은 표결을 통해 매카시 위원회의 활동을 종료시키고 더 이상의 권력 남용을 막았다. 그러나 봉건주의 시대 스페인에서는 군사권력을 등에 업은 상징권력의 남용을 막아낼 사람도, 조직도 없었다.

스페인은 똑같은 형태의 상징권력, 즉 십자가를 내세워 식민지 제국을 건설했다. 스페인이 정복한 땅의 백성들은 그리스도교도가 아니라는 이유로 가혹한 대접을 받았다. 콜럼버스가 처음 발견한 땅이자 훗날 아이티 공화국이 된 '히스파니올라'에서는 원주민이 학살되고 아프리카 노예들이 대거 이주되었다. 군사권력에 경제권력이 더해지면서 권력의 남용과 학대는 더욱 기승을 부렸다. 노예 노동이나 조직적 약탈 등이 성행했고 스페인의 창고는 황금으로 가득 채워졌다.

당시의 스페인은 유럽 최강의 국가였다. 어떤 나라도 넘볼 수 없을 만큼 깊고 넓게 세 가지 형태의 권력을 모두 거머쥐었기 때문이다. 군사적으로는 무적함대가 바다를 장악하고 있었고, 경제적으로는 아메리카 대륙으로부터 마르지 않는 금과 은의 강물이 흘러들었다. 상징적으로는 에스파냐의 초대 종교재판장 토르케마다 같은 인물을 앞세워 어떠한 학대 행위도 정당화할 준비가 된 공격적인 교회가 정치 권력을 떠받쳐주고 있었다. 르네상스 이후 이런 형태의 상 징권력이 중요한 의미를 잃고(남아메리카의 식민지에서는 18세기까지 종교 서적 이외에는 어떠한 책도 인쇄할 수 없 었다) 군사권력의 쇠퇴로 인해 경제권력이 축소되자(잉글 랜드 침공 실패는 해상 통제권 상실을 의미했다) 스페인은 순식간에 내리막길을 걸었다.

좀 더 나중에 지역 패권을 차지한 잉글랜드는 경제권력 과 군사권력을 공고히 통합하는 과정에서 약간 다른 형태 의 상징권력을 이용했다. 잉글랜드는 어떤 형태의 공포도 조장하지 않았다. 이 섬나라의 교회는 교황청의 감독에서 다소 자유로워서 더욱 포용적이고 협동적인 교회로 성장할 수 있었다. 그들은 상징적으로도 군사적으로도 공포를 이용 하지 않았다. 제국의 절정기였던 빅토리아 여왕 치세에도 국경 밖으로 출정한 군사는 2만 명을 넘지 않았다. 줄루족 이나 보어족을 상대로 전쟁했을 뿐, 군사권력을 동원하기보 다 현지인들에게 받아들여질 수 있는 수준으로 상징권력을 '수출'함으로써 식민지화를 달성했다. 잉글랜드는 본국 시 민 개개인의 행동 양식 면에서 식민지 백성들로부터 그들 보다 우월하다는 인정을 받았고, 거부할 수 없는 효율적인 행정 조직을 갖고 있었다. 경제 역시 번창일로에 있었으며,

기술적으로도 선봉의 위치를 확고하게 굳혔다. 대영제국의 힘이 스페인 제국보다 훨씬 오래 지속됐을 뿐 아니라 폭력이 아닌 합의에 의해 해체된 이유다.

'왕관의 보석'이라 불리던 인도가 독립을 원했을 때, 대영제국을 상대로 싸운 것은 무장 게릴라가 아니었다(인도는 지형적으로 무자비한 게릴라전을 벌이기에 안성맞춤이었다. 그러한 게릴라전은 일단 벌어지면 수십 년간 지속될 수도 있었다). 비폭력주의의 상징 마하트마 간디였다.[14] 하나의 상징권력이 또 하나의 상징권력으로부터 공격을 받았는데, 결국 후자가 우월한 것으로 판명 난 싸움이었다. 인도의 해방은 평화를 사랑하고 전쟁을 혐오한 왜소한 몸집의 한 지도자에 의해 이루어진 것이었다. 그는 '소프트웨어'는 처음 설치할 때와 똑같은 방법으로 해체해야 한다는 것을 간파할 만큼 영리한 사람이었다. 대영제국은 손에 쥔 것을 지키기 위해 극단적인 폭력을 쓰는 데 익숙지 않았고(미국의 독립에서 얻은 교훈에 따라), 상징권력이 더는 힘을 쓸 수 없게 되자 식민지를 포기하기에 이르렀다.

---

14. 인도는 1856년 동인도 회사에 저항하는 유혈 폭동이 일어난 후 총독이 통치하는 영국 식민지가 되었다. 1차 세계대전 이후 인도 의회는 자유를 위한 투쟁을 시작했고, 마하트마 간디는 이 운동의 지도자가 되었다. 1947년 인도는 독립을 선언했고, 1950년 공화국이 되었다.

프랑스의 식민지 알제리를 예로 들어보자. 프랑스가 진정으로 공화주의, 국가주의를 표방했다면 상징권력 없이 군사권력과 경제권력으로만 군림했던 아프리카 여러 나라의 독립을 받아들일 수 없었을 것이다. 인도에 대한 상징권력의 지배가 간디를 통해 다시 상징권력의 공격을 받았듯이, 알제리에 대한 군사권력의 지배는 잔혹하고 무자비한 도시 게릴라들이 생겨나면서 군사권력의 공격을 받게 되었다. 이 게릴라들은 대도시에서 똑같이 극렬한 폭력을 일으켰고 결국 대재앙을 불러왔다. 알제리는 독립을 쟁취했고, 해방 혁명으로부터 새로운 상징권력이 태어났다.

그러나 신생 권력 구조에 마르크스주의, 마오쩌둥[15]주의, 민족주의가 혼재하는 상황에서는 장기적으로 그 권력을 합법화하기에 역부족이었다. 이슬람교 또한 합법적이고 상징적인 권력의 형태로 수용되었다. 이슬람교의 자부심은 2차 세계대전의 재앙 속에서 단 몇 주 만에 독일의 전쟁기계 앞에 무릎을 꿇음으로써 큰 상처를 입었다. 그러나 프랑스는 식민지를 잔인하게 대했다. 아프리카와 인도차이

---

15. 毛澤東(1893~1976). 중국의 정치가. 중국 공산당 요직에서 활동하다 장제스가 이끄는 국민당과의 내전에서 승리한 뒤 베이징에 중화인민공화국 정부를 세웠고, 이후 문화대혁명을 일으켜 자신의 권력을 강화했다.

나 반도에서 그들은 순전히 무력으로 식민지를 지배했다. 두 지역 모두에서 프랑스의 식민지배는 훨씬 처참한 종말을 맞았고, 국제무대에서 상징권력의 상대적 손실이 컸음은 말할 것도 없었다. 알제리에서 행해진 체계적인 탄압 정책은 문화, 해방, 인권의 용광로라는 프랑스의 이미지에 부합하지 않았다.

대영제국은 상대적으로 평화롭게 식민지를 포기하고 연방체제를 구성함으로써 최소한 국가적 위신을 거의 온전하게 지킬 수 있었다. 영국의 상징권력 또한 해를 입지 않았다. 오늘날까지도 옛 식민지의 엘리트들은 영어로 공부한다. 영어가 현대판 라틴어가 된 것이다.

그러나 스페인은 자국이 가진 상징권력을 마구 휘두르고 의미를 멋대로 왜곡하면서 그 힘을 무자비하게 남용했다. 프랑스는 군사권력에만 치중한 채 자신이 가진 상징권력은 아예 무시했고, 영국은 상징권력을 적절히 정제해 만병통치약을 만들어놓은 뒤 또 하나의 상징권력이 나타나 영리하고 우직한 방법으로 맞설 때까지 그 약에 취해 있었다.

교황의 비호와
궤멸된 악마

———

지금까지 우리는 경제권력에 대해서는 그다지 자세히 다루지 않은 채 군사권력, 상징권력과의 상호작용에 초점을 맞췄다. 그러나 경제권력이 핵심 역할을 한 때도 있었다.

1096년 무슬림의 점령에 대한 저항으로 시작되어 1099년까지 계속된 1차 십자군 전쟁에 중요한 경제적 이해관계가 걸려 있었다는 것을 아는 사람은 많지 않다. 두 세기에 걸쳐 치러진 십자군 전쟁은 중동 지역에 그리스도교와 동방 왕국을 위한 토대를 닦는 계기가 되었다.

동방과 서방의 경제를 잇는 경로는 리비아의 트리폴리 항에서 시작되어 프랑스 남부를 통과해 중앙 유럽과 서유럽으로 이어졌고, 툴루즈의 막강한 가문이 이 경로를 통제했다. 십자군 전쟁의 정당성을 설파하던 사람은 우르반 2세였고, 우르반 2세가 로마에 대항해 교황의 자리를 걸고 전쟁을 치를 때의 가장 강력한 지지 세력은 툴루즈의 백작 레이몽이었다.

레이몽은 생전에 트리폴리 함락을 보지 못했지만 훗날 트리폴리는 그리스도교 휘하에 들어갔고, 프랑스 남부 프로방스의 문화는 중앙 권력보다도 높은 평가를 받는 경제권력을 손에 넣었다. 게다가(동방의 요소들로부터 영향을 받은 탓도 있겠지만) 툴루즈 가문은 심오하고 금욕적인 그리스도교 분파인 카타리파[16]의 신앙을 장려했다.

이미 대분열의 홍역을 치른 교황청은 유럽의 또 다른 반쪽을 그대로 잃을 수 없었다. 다양한 형태(알비파, 보고밀스파, 도미니크수도회)의 카타리파는 이탈리아 일부와 프랑스 일부는 물론 스페인 일부까지 잠식하고 있었다. '중앙'과의 싸움에서 툴루즈 가문의 경제권력은 가톨릭 신앙을 가진 프랑스 왕실과의 연합이 아닌 상징권력(카타리파)에 의해 정당화되었다.

교황청과 프랑스 왕실은 일종의 협정을 맺었다. 교황청은 완전한 상징권력을 갖고, 프랑스 왕실은 막강한 봉건 제후들(강력한 경제권력을 가진)을 제거한다는 내용이었다. 이렇게 하면 그들의 목표물은 세 가지 형태의 권력을 동시에 모두 잃게 된다. 교황청이 전례 없는 강성 발언으로 카타리파를 비난하고 악마주의로 규정함으로써 카타리파 신봉

---

16. Cathari. 신비주의적이고 난해한 그리스도교 운동. 11세기부터 주로 프랑스 남부 지방에서 확산되었다. 아직도 명쾌하게 설명되지 않는 신앙 체계 중 하나로, 근원지가 어디인지조차 논쟁의 대상이 되고 있다. 교황이 이단으로 규정한 뒤 진정한 '십자군' 운동의 대상이 되어 전투 중에 학살당하거나 처형된 사람이 수천 명에 이르렀고, 13세기 중반에 완전히 근절된 것으로 간주되었다. 그러나 그들의 의식은 16세기까지 중세의 문서에 규탄의 대상으로 나타났다.

자들의 상징권력은 사라지고 말았다(무슬림을 향한 비난도 평화로운 교파에 불과했던 카타리파에게 퍼부었던 비난만큼 강도가 세지 않았다). 프로방스가 중앙정부에 의해 약탈당하고 제압당함으로써 경제권력도 빼앗겼고 군사권력은 무력화되었다. 파리보다 세련되고 부유하며 더 발전된 프로방스의 패러다임은 더 강력한 군사권력을 갖지 못해 사라지고 말았다.

한 종류의 권력을 와해시켜 완전히 전멸시키는 이런 식의 동시 '공격'은 1307년 필리프 4세가 도모한 계획이었다. 뒤에 다시 논의되겠지만 몇 세기 후 아돌프 히틀러도 같은 전략을 사용했다.

템플기사단은 그리스도의 군대로서 세 가지 형태의 권력을 동시에 소유했다. 군대를 소집하려면 몇 달이 걸려야 했던 시대에 템플기사단의 지휘자들은 동방에서 쌓은 전투 경험을 토대로 전광석화와 같은 속도로 병사들을 소집했다. (1291년 예루살렘 왕국의 마지막 그리스도교 점령지였던 아크라의 세인트 존이 이집트를 장악한 맘루크[17]의 수중에 넘어가면서 크게 위축되기는 했지만) 이 기사단의 군

---

17. Mamluk. 9세기 이후 이슬람 세계에서 병사로 활약하던 노예들. '노예'라는 의미의 아랍어에서 유래했다. 군사력을 바탕으로 합법적인 정부를 붕괴시키고 권력을 차지하기도 했다.

사력은 토를 달 수 없을 만큼 정평이 나 있었다. 경험, 규율, 신앙이 하나로 융합된 템플기사단은 군사적 충돌 가능성이 있는 어떠한 상대에게도 위협적인 조직이었다.

창설 후 200여 년 동안 기사단은 유럽 전역에서 광대한 영토와 막대한 현금, 채권을 보유하며 어마어마한 부를 축적했다. 적어도 프랑스에서는 템플기사단이 롬바르드 가문과 함께 당대의 주요 채권자였다. 왕실의 자산이 파리의 템플기사단에게 저당 잡힌 셈이었다.

템플기사단은 중요한 상징권력도 갖고 있었다. 성 베르나르[18]가 저술한 기사단 규범에 따르면 단원들은 오직 교황에게만 고개 숙여 인사했고 세금도 내지 않았다. 그들의 존재와 행위는 무슬림에 대적해 동방에서 흘린 피로 정당화되었다. 그들을 향한 어떠한 공격도 교황에 대한 직접 모욕으로 간주되었으니, 곧 거룩한 공회를 모욕하는 것과 마찬가지였다.

한편 필리프 4세는 야심차게 권력 집중에 골몰했지만 세 가지 권력 모두에서 문제를 안고 있었다. 우선 재앙으로 끝

---

18. St. Bernard(1090~1153), 중세 유럽의 가장 중요한 영적 지도자 중 한 사람. 가톨릭교회의 이름 없는 조직이었던 시토 수도회를 개혁해 당대의 신학과 외교의 주요 근원지로 탈바꿈시켰다. 약 70개의 수도원을 세우고 2차 십자군 전쟁의 필요성을 설파했다. 템플기사단의 규범을 썼다.

난 여러 차례의 전쟁으로 국고가 바닥났다. 특히 프랑스군은 1302년 그 유명한 '황금 박차 전투'에서 정식 병사도 아닌 직조공들로 이루어진 플랑드르의 민병대에게 처참한 패배를 당했다. 그 결과로 경제는 인플레이션의 철퇴를 맞았고, 이는 곧 재무부에서 주조한 동전의 가치하락으로 이어졌다. 동전에 포함된 금과 은의 함량을 줄였던 것이다. 결국 파리 시민들은 폭동을 일으켰고, 시민들에게 폭행당할 위기에 처한 국왕은 앞뒤 잴 여유도 없이 템플기사단에 몸을 맡겨야 했다.

군사 면에서 국왕에게는 실전 경험이 없는 반은 공무원이고 반은 민병대인 무장 인력이 전부였다. 봉건 관습에 따르면 국왕은 최고 군주였고 봉건 제후들은 국왕이 부르면 군대를 보내야 했다. 그러나 탐욕스럽고, 불평 많고, 교활한 공작과 남작들이 군대를 소집해서 국왕에게 보내는 과정은 언제나 느려터지고 완수 가능성을 확신할 수 없는 의무였다.

상징권력도 쇠퇴일로에 있었다. 1309년 필리프 4세는 교황을 쥐락펴락할 생각으로 교황청을 자신의 영지인 아비뇽으로 옮겼다. 그러나 국왕과 교황 사이의 권력분할 비율은 언제나 불균형했다. 사람들의 눈에 국왕의 추종자들은 무능한 파락호로 비쳐졌는데, 필리프 4세가 죽자 그러한 추측은 사실로 드러났다. 그의 며느리가 저지른 간통 사건은 큰 오명을 남겼으며 그 사건에 연루된 여러 사람이 처형당하는 스캔들로 번졌다.

그러나 궁지에 몰린 듯 보였던 필리프 4세는 행동 면에서 기사단보다 한발 빨랐고, 결국 아주 신속하게 기사단을 파괴해버렸다. 그가 권력 투쟁에 훨씬 유능했기 때문이었다.

첫 번째 공격은 경제적인 것이었다. 국왕은 기사단에 점점 많은 빚을 짐으로써 기사단이 현실적으로 모든 달걀을 한 바구니에 담도록 만들었다. 왕은 왕실 재무장관을 기사단의 주요 고객으로 만들었다. 그리고 왕실과 기사단의 채무채권 관계는 모두 서류(약속어음)로 기록되었으며, 상당한 양의 현금이 이미 국왕의 수중에 들어와 있었다('템플기사단의 보물'을 찾는 사람들이 생각나는 대목이다).

상징권력에 대한 공격이 뒤를 이었다. 왕실의 사주를 받은 사람들이 템플기사단에 대한 유언비어를 유포했다. 마녀 혹은 이단 재판에서나 쓰일 법한 용어들이 난무하는 이야기였다. 평범한 농부 대신 병사이자 수도승인 기사들을 대상으로 한다는 점이 다를 뿐이었다. 그들은 기사들을 두고 양의 탈을 쓴 늑대라거나 복음서에서 예언된 거짓 선지자들이라고 했다. 또 기사들이 동방의 전쟁에서 비겁한 행태를 보였을 뿐 아니라 무슬림의 적에게 자신을 팔아먹었으며 무슬림들과 흉계를 꾸몄다고(그래서 해외의 자산을 잃은 것이라고) 했다.

필리프 4세는 돈을 갚아야 했으므로 세금을 올렸다. 그러자 백성들은 팍팍해진 삶을 템플기사단 탓으로 돌렸다. 이젠 동방의 왕국도 먼 옛날의 희미한 기억 속에 존재할 뿐이었고, 외인부대나 다름없는 기사단은 선량한 백성들의 피를 빼는 오만하고 비겁한 기생충일 뿐이었다.

이렇게 모든 조각이 하나하나 맞추어지는 동안에도 템플기사단은 자신들을 향해 침묵 속에서 진행되던 토벌 작전을 전혀 눈치 채지 못했다. 교황의 보호 아래 있는 자신들을 감히 건드릴 자가 없다고 생각했던 것이다. 템플기사단의 기사들을 전부 체포하는 데는 하룻밤도 걸리지 않았다. 형집행관들이 임무를 수행하고 고문이 진행되자 증언이 봇물 터지듯 쏟아졌다. 늙고 병든 교황은 목숨을 내놓을 각오를 하지 않고서는 기사단을 위해 할 수 있는 일이 거의 없었다. 그저 템플기사단을 해체하고 남아 있는 그들의 재산을 전부 요한기사단[19]에 귀속시킬 수 있을 뿐이었다.

---

19. 병상자의 구호를 목적으로 설립된 기사단. 구호기사단, 몰타기사단 등 상황과 시기에 따라 다양한 이름으로 불렸다.

세계 최강대국의
참패

방금 살펴본 사례에서 우리는 여러 교훈을 얻을 수 있다. 권력 투쟁에서 한쪽 권력의 중심이 다른 쪽 권력의 중심을 공격할 때 가장 치명적인 타격은 세 가지 권력에 대한 동시 타격이다. 경제적 공격이 적의 귀환, 반격, 저항에 필요한 자원을 빼앗듯 상징적 공격도 종종 군사력의 정신적 기반을 무너뜨린다. 경제적 봉쇄는 군사와 경제를 동시에 공격하는 한 가지 예다. 이 방법은 고대부터 오늘날까지 꾸준히 이용되고 있다.

상징적 공격과 경제적 공격이 사전에 잘 계획되어야 하는 것이라면, 군사적 공격은 훨씬 쉽게 시도할 수 있다. 그러나 막강한 상징권력을 가진 적을 치는 것은 무모한 행위다. 잉글랜드 플랜태저넷(Plantagenet) 왕조의 헨리 2세는 강한 권력에 지략까지 갖춘 인물이었으나, 캔터베리 대주교 토머스 베켓[20]을 암살하려고 함으로써 스스로 위신을 실추시켰다. 그는 암살에 연루된 자들을 처벌하고 공개적으로 참회하게 해야 했다. 무솔리니 같은 독재자도 교황을 체포하려는 시도는 하지 못했다. 바르샤바의 공산당 정부도 교황 요한 바오로 2세의 방문을 온갖 술책으로 막아보려 했으나 거리로 쏟아져 나와 교황을 향해 환호하는 신도들을 어쩌지 못하고 교황의 인기를 바라만 봐야 했다.

히틀러도 1933년 수상으로 임명된 후 반대파를 제거하고 권력을 장악하기 위해 똑같은 메커니즘을 활용했다. 정치적 측면에서 아직 미약했던(그는 겨우 의회의 3분의 1을 장악했을 뿐이었고, 그의 인기는 점점 시들해지고 있었다) 히틀러는 선제공격에 나서기로 했다. 그의 적 '템플기사단'은 유대인, 그리고 그들의 우호세력들이었다. 비협조적인 사업가들, 핵심 은행가, 그를 못마땅해하는 정치가 등이 이에 포함되었다. 이들 모두는 독일에 위해가 되는 음모를 꾸몄다는 혐의로 공식적으로 기소되었다. 히틀러는 독일이 세계대전에서 패하고 국운이 기운 것이 모두 그들 탓이라고 주장했다.

상징권력에 대한 공격도 치밀하게 계획되었다. 당시 막 보급되기 시작한 라디오는 문맹자들에게도 선전내용을 효과적으로 신속히 전파할 수 있는 도구였다. 국회의사당 방화사건으로 대표되는 상징적 차원의 행동은 모든 반대파와

---

20. Thomas Becket(1118?~1170), 캔터베리 대주교(잉글랜드 성공회의 지도자). 플랜태저넷 왕가의 헨리 2세에 의해 암살당했다. 주교를 교회 안에서 살해한 이 사건으로 그리스도교 세계 전체가 공포에 떨었다. 왕은 암살자들이 자신의 말을 오해해서 빚어진 일이라고 주장했으며, 그들의 참회를 책임져야 했고 그들을 처벌해야 했다.

최후의 논쟁을 촉발했다. 국회의사당은 그 자체로 국가의 상징이었다. 따라서 히틀러의 적들은 국가의 심장을 겨냥한 셈이었다. 그들의 행동이 불러올 대응이 가혹하리라는 것은 충분히 짐작할 수 있는 일이었다. 그리고 그런 일은 실제로 일어났다. 히틀러는 적들의 사유재산을 박탈함으로써 경제적 충격을 안기고, 군대를 동원해 적들을 직접 공격함으로써 군사적 행동에 나섰다. 그즈음 강제 수용소도 출현하기 시작했다. 히틀러는 적들에게 화살이 돌려지도록 갖가지 혐의를 조작해 그들의 상징권력을 훼손시켰다.

히틀러는 국내의 저항세력을 모두 물리치고 완전한 권력을 차지하는 데 성공했다. 그러나 영국을 공격할 때는 상황이 정반대로 돌아갔다. 히틀러는 프랑스를 무력으로 굴복시킨 뒤 홀로 추축국을 상대로 버티던 영국(동쪽에서는 일본으로부터 공격을 당하고 있었다)을 공격하고자 했다.

영국에 대해서는 상징권력을 무력화하기 위한 공격이 시도되지 않았다. 나치 정권의 선전마저도 영국의 앵글로색슨 혈통은 나치 정권이 그토록 환호해 마지않던 아리안족에 뒤떨어지지 않는다는 것을 부인할 수 없었다. 영국은 빅토리아 여왕의 치세에 절정에 이른 군주국이었고, 아무리 극렬한 선전으로도 그 상징권력을 흠집 낼 수는 없었다.

일관된 경제적 공격도 없었다. 영국은 상선의 규모와 해군력으로 (여전히) 제해권을 장악하고 있었기 때문에 효과적인 봉쇄는 불가능했다. 독일이 전략적 관점에서 매우 중요하게 생각했던 잠수함 전력도 그것을 어찌할 수는 없었다. 그러므로 경제적으로 영국을 굴복시킬 수는 없었다.

영국이 가진 상징권력을 훼손하는 것도, 경제적 타격을 주는 것도 불가능하지는 않더라도 매우 어려운 일이었으므로 직접적인 무력 공격이 유일한 대안이었다. 그리하여 바다사자 작전[21]이 시작됐지만 결국 처참한 실패로 끝이 났다. 영국 공습 작전은 영국 공군의 완강한 저항을 받았다. 영국 공군은 놀라운 전투력을 보이며 제공권을 장악했다. 독일 공군의 엘리트들은 파괴된 전투기와 함께 영국 해협으로 숱하게 추락했고, 그 여파는 동부전선까지 퍼져 독일은 결국 러시아에도 무릎을 꿇고 말았다.

독일은 영국의 비행선 추락사건[22]이 영국 공군으로 하여금 공군기 제작에 나서게 했다는 사실을 무시했다. 런던에서는 체펠린 비행선 회사의 시대가 저물어갔다. 베를린은

---

21. 나치 독일의 영국 침략 전투 작전명. 영국 남부에 신속히 상륙하여 수십만의 독일군을 영국 본토로 신속히 수송해 영국을 점령한다는 작전이었다.

22. 1930년 10월 영국 체펠린 사의 비행선 R101이 처녀비행 도중 프랑스 북부 상공에서 추락한 사건. 이로 인해 승객 54명 중 6명만이 살아남았다.

6년이 더 지나고 힌덴부르크 호 폭발사건[23]을 겪은 후에야 체펠린 사의 시대와 작별했다. 따라서 영국 공군은 독일보다 6년 앞서 새로운 비행체 개발을 시작했고, 그것이 군사적으로 결정적인 선택이었다는 것이 증명되었다. 앞으로 서술하겠지만 군사권력과 경제권력은 기술 발전에 점점 의존해왔다. 반면 상징권력은 기술에 좌우되지 않았다. 상징권력에는 기술이 전혀 필요가 없었다.

2차 세계대전을 치르는 동안 독일은 자국 시민을 공포로 제압하고 살아남은 소련이라는 적을 만났다. 볼셰비키가 백러시아를 몰아내고 굴라그[24]를 만들자 엘리트층이 대거 소련을 탈출했고, 우크라이나와 아제르바이잔의 집단 농장에서는 수백만 명이 아사했다. 한술 더 떠 스탈린은 과거 레닌주의 볼셰비키 엘리트들에게 거짓 죄명을 씌워 요식행위에 불과한 재판을 거친 후 학살했다. 재판의 형식을 빌린 대학살이었다. 모든 시민으로부터 혐오를 받아 마땅한 그런 정권이 독일과 전쟁으로 맞서는 데 필요한 시너지를 창출하

---

23. 독일 프랑크푸르트를 출발해 1937년 5월 6일 미국 뉴저지에 착륙하려던 비행선 힌덴부르크 호가 약 100미터 상공에서 폭발한 사건. 화염에 휩싸인 선체에서 64명이 구조되었으나 나머지 33명은 사망했다.

24. gulag. 사상범과 정치범을 수용하던 강제 노동 수용소

기에는 역부족으로 보였다.

소련은 경제와 군사 측면에서도 독일보다 나을 바가 없었다. 스탈린이 대대적인 재판을 거쳐 군사 엘리트들을 살해했다는 소문은 삼척동자도 다 아는 이야기였다. 러시아는 20세기가 열리자마자 일본에게 굴욕을 당했고, 1차 세계대전 때는 끔찍한 손실을 입었다. 볼셰비키가 굴욕적인 평화협정에 서명을 했기 때문이었고, 그 반동으로 내전이 일어났기 때문이었다. 경제 상황도 힘들다는 말로는 부족할 정도였다. 레닌이 주도한 신경제정책은 폐기되었고, 5개년계획은 비현실적이고 실현 불가능한 것으로 판명 났다. 집단농장이 거둔 유일한 결실은 굶주림뿐이었다.

독일은 군사, 지리, 경제 면에서 모두 절정에 올라 있었고, 단 1년 만에 유럽 전체를 굴복시켰다. 독일은 이질적 요소가 뒤섞인 데다 모든 형태의 권력이 허약한 소련을 공격했다(러시아를 탄생시키고 제국의 발전을 견인했던 구세주적인 범슬라브주의는 그와 동등한 위력을 갖게 된 반종교 체제에 의해 쓰레기처럼 버려졌다). 스탈린은 군사적 부담을 덜 수 있도록 두 번째 전선, 즉 서부전선을 구축하라고 서구 각국을 압박했으나 그 압박이 효과를 거둔 것은 노르망디 상륙작전(디에프 기습작전[25]은 암울한 헛소리로 끝났다)이 끝난 뒤였다. 소련은 혼자였다.

바르바로사 작전(독일의 소련 침공 작전명)의 군사 전략
과 병참 전략에 실수가 있었다고 주장하는 역사학자들도
상징권력에 대해서는 거의 거론하지 않았다. 자기들만의 왜
곡된 세계관의 희생자였던 독일 정권은 먼저 상징적(이념
적) 실수를 저질렀고, 다음으로 군사적 실수를 저질렀다. 독
일의 아리안족은 슬라브족을 열등 민족으로 간주했고, 그
들을 일종의 반(半)노예로 만들 계획을 세웠다. 영토 확장에
대한 히틀러의 정복욕에 따르면 동쪽은 '반드시 차지해야
할 공간'이었다(세 개의 전선을 통해 소련을 침공하는 것은
어려운 일이 아니었다). 히틀러는 수백만 소련인을 고대의
노예로 만들고자 했다. 점령지 사람들을 다루는 방법도 프
랑스에서와 달랐다. 포로를 살해하거나 고문하고 굶어 죽을
때까지 방치하는 일이 다반사였다. 볼셰비키에 우호적이지
않았던 소련 사람들조차 히틀러의 무자비한 정복정책에 저
항하는 선동 선전에 발 빠르게 반응하며 단합했다. 그들의
집단 무의식 속에는 여전히 범슬라브주의가 타오르고 있었

---

25. 1942년 8월, 동부전선에 가해지는 압박을 완화하기 위해서는 유럽에서 제3전선을 열어야
한다는 스탈린의 절박한 요구에 따라 영국이 프랑스 북부 디에프에 상륙을 시도했다. 그러나
이 상륙은 끔찍한 실패로 끝났다. 이 작전은 훗날 영국 사령부에 의해 진행된 단순한 기만작
전으로 해석되었다.

다. 인간이 인간 이하가 되는 것은 순식간이었다. 상징권력에 대한 공격은 그에 상응하는 반격을 불러왔다.

스탈린은 독일의 침공에 놀라면서도 전술적 관점에서 매우 빠르게 대응에 나섰다. 그는 소련을 잘 알았다. 그의 라디오 연설은 평상시의 첫마디인 '동지들' 대신 '형제자매들이여'로 시작되었다. 그는 일시적으로 볼셰비키의 언어를 버리고 어머니 러시아의 범슬라브주의로 돌아가 해방의 세월 동안 신성시되어온 것을 건드려 사람들의 심금을 울렸다. 독일의 공격 대상은 스탈린주의자나 볼셰비키 정권이 아니라 어머니 러시아와 어머니 러시아가 대변하는 모든 것이 되었다. 독일이 욕심내는 것은 정복이 아닌 섬멸이 되었다. 스탈린의 호소는 놀라운 시너지를 만들어냈다. 이미 한 세기에 걸쳐 고난의 역사를 겪으며 굴욕을 맛본 사람들은 갑자기 자신들에게 주어진 구세주적인 사명을 발견하고 단호한 의지로 싸움에 나섰다. 그러한 의지는 끝없이 샘솟는 믿음(그것이 어떤 형태의 상징권력이든)에 의해서만 생길 수 있었다.

포위된 모스크바를 떠나라는 권유가 빗발쳤음에도 스탈린은 그러지 않았다. 만약 그가 모스크바를 버렸다면 모든 것을 잃었을 터였다. 독일 총통 히틀러는 베를린에 있었지만 스탈린은 조국을 위해 싸우는 사람들 곁에 있었다. 포위

된 레닌그라드의 상트페테르부르크에서 버틴 900일은 상징권력이 군사권력과 경제권력을 통합하면서 제 역할을 다하면 어떤 일이 일어날 수 있는지 잘 보여주었다. 사람들은 가시 꼬챙이처럼 말라갔지만, 그래도 여전히 대포를 만들었다. 하루 만에 1개 사단 전체가 궤멸해도 다른 사람들이 묵묵히 그 자리를 채웠다. 이를 단순히 정치 관료들의 선동에 의한 결과라고 생각한다면 오산이며, 상징권력의 영향력을 무시하는 일이다. 히틀러 역시 상징권력을 무시하는 착오를 저질렀다.

스탈린이 독일과의 끔찍한 대치 상황에서 군사적으로 뛰어난 역량을 보여준 수많은 군인 영웅들을 처형한 것은 권력 집중의 가장 냉소적인 표현 가운데 하나였다. 이 행위는 붉은 지도자는 혼자여야 한다고 생각하는 국민들 앞에서 상징적으로 승인되었다. 외부의 위험이 사라지자 독재자 스탈린은 위대한 승리자의 자세를 취하면서 모든 정당한 반대파들을 제거하는 데 박차를 가했다.

군사적 관점에서 소련은 여전히 거인이었다. 그러나 독일의 소련 침공 실패보다 더 주목할 만한 실패는 압도적인 군사력 차이에 의해 일어났다. 그 실패는 다름 아닌 상징권력에 의한 것이었다. 그 첫 번째가 쿠바, 두 번째가 베트남이었다.

2차 세계대전 종전 후 소련이 서방의 가장 강력한 적이 되자 미국은 냉전이라 알려진 대결에서 논란의 여지가 없는 리더가 되었다. 전혀 손실을 보지 않고 오히려 성장하는 경제력과 그에 버금가는 군사력을 갖춘 미국은 공산주의의 위협으로부터 서유럽을 보호하는 역사적 역할을 자임했다. 막강했던 서구의 권력들은 전쟁으로 파괴되거나(독일은 두 개의 국가로 분단되었다) 경제와 군사력에 엄청난 피해를 입은 채 식민지와의 국제적 분쟁에 직면해 있었다(영국과 프랑스). 이런 상황에서 미국은 점점 팽창하는 공산주의에 맞서 싸움으로써 국제무대에서의 거대한 상징적 역할을 해야 한다고 생각했다.

그리하여 미국은 역사적 운명을 짊어지는 데 필요한 세 가지 형태의 힘을 모두 통합했다. 미국은 이미 세계 최강의 군사력을 지닌 나라였다(짧은 기간이었지만 미국은 유일하게 원자폭탄이라는 치명적 무기를 가졌다). 경제적으로도 가장 역동적인 활동을 보여주고 있었다(5년에 걸친 2차 세계대전과 전비를 증강하려는 전쟁 당사국들 사이의 노력으로 전 세계 금 보유량의 3분의 2가 켄터키 주의 포트 녹스에 보관되어 있었다). 또 점점 팽창하는 강력하고 새로운 적(공산당)에 맞서 서구의 가치를 지키는 데 가장 중요한 수호자임을 국제적으로 인정받았다.

그런데도 미국은 쿠바와 베트남에서 처참한 완패를 당했다. 한쪽에서는 게릴라들에게, 또 한쪽에서는 정글에 숨어 있던 농부들에게 무참히 두드려 맞았다. 어떻게 그런 일이 벌어질 수 있었을까? 독일이 소련을 공격했을 때처럼 미국도 상대방의 상징권력을 무시했기 때문이다.

미국이 카지노와 돈세탁, 밤낮 없는 파티의 땅으로 가장 이상적이라 여겼던 쿠바를 먼저 살펴보자. 쿠바는 미국의 오랜 우방이었음에도 남미의 다른 가난한 나라들처럼 쉽게 미국에 넘어가지 않았다. 계속 이어진 잔인한 군사정권이 가난에 찌들고 배우지 못한 국민을 반세기 이상 탄압해왔다. 경제는 사탕수수 경작과 오락산업(모험가들, 도박꾼, 성매수자, 그리고 금지된 쾌락을 찾아 문명세계에서 온 사람들을 싼값으로 유혹하는 사업)으로 겨우 연명하는 수준이었다.

풀헨시오 바티스타[26] 정권은 존재하지도 않는 공산주의자들로부터 국가를 보호한다는 미국 비밀 범죄조직 코사노스트라(Cosa Nostra)와 CIA의 오랜 친구였다. 친미 독재자였던 바티스타는 훔친 돈으로 뒷주머니를 채우거나 흥청망청 살 생각이었던 것 같다.

카스트로의 게릴라 조직이 만들어지기 시작할 무렵, 워싱턴DC의 분석가들은 그들의 활동이 제3세계 국가에서 벌어지는 또 하나의 작은 해프닝이라고 생각했다. 바로 그 게릴라가 라디오(쿠바 국민 대부분은 문맹이었으므로 신문이나 선언문은 무용지물이었다)를 활용하기 시작했을 때도 미국 국무부에는 여전히 빨간불이 켜지지 않았다. 바티스타는 모든 것을 자신이 통제한다고 호언장담했다. 명백한 거짓말이었다. 바티스타는 결국 쿠바를 떠났고, 쿠바의 권력은 산에서 내려온 남자들에게 넘어갔다. 그들이 원하는 게 무엇인지는 아무도 몰랐고 물어볼 생각조차 하지 않았다.

그들은 공산주의자였을까? 일부는 그랬다. 에르네스토 체 게바라는 의심할 바 없는 공산주의자였다. 그의 마르크스주의는 모스크바의 기준으로 보아도 확고하고 순수한 것이었다. 한편 카스트로 형제 같은 사람들은 반독재 투쟁이나 인민해방이라는 다소 모호한 주장 외에 어떠한 이념도 주장하지 않았다. 쿠바까지 뻗어온 모스크바의 긴 팔을 보고 싶어 하거나 공산주의자를 만들어내기라도 해야 한다고

---

26. Fulgencio Batista(1901~1973). 1933년부터 1940년까지 쿠바 군사령관이었으며 1940년 대통령으로 선출되어 4년간 재임했다. 1952년 다시 대통령이 되어 독재정치를 이어가다 1958년 카스트로 형제가 이끄는 마르크스주의 게릴라의 쿠데타로 실각했다. 대통령으로 재임하는 동안 정치범죄를 저지르고 쿠바를 카지노의 천국으로 만들어놓은 마피아와 연루되었다는 비난을 받았다. 아바나를 떠난 뒤 포르투갈, 스페인으로 옮겨가며 살다 1973년 심장발작으로 사망했다.

느꼈던 사람들, 그리고 중요한 투자 자산을 날릴 위기에 처한 사람들은 잽싸게 새 정권을 반대하는 줄에 섰다. 군사력과 경제력 측면에서 보면 이 새 정권은 매우 허약했지만, 상징권력의 관점에서 보면 카스트로 형제는 시몬 볼리바르[27]의 환생과 비슷했다. 경제 봉쇄, 새 정권의 지도자 암살 시도, 완패로 끝난 몽구스 작전, 미국에 망명했던 쿠바 출신 망명자들의 피그스 만 침공 등 미국의 카스트로 전복작전은 가뜩이나 카스트로를 기다렸던 소련의 품으로 그를 떠밀어 넣는 결과를 낳고 말았다. 소련은 쿠바를 미국 해안에 상륙할 수 있는 교두보로 삼을 수 있다는 계산으로 행복해했다.

결과적으로 피그스 만 침공 이후 카스트로의 상징권력은 정점에 도달했고 미국은 꼬리를 감추고 고개를 숙여야 했다. 그리고 소련은 중요한 전략적 위치를 확보하게 되었다. 쿠바는 핵기지로 탈바꿈하기 직전이었다.[28]

이 승리로 카스트로는 미국이 무시했던 상징권력을 얻었다. 만약 미국이 상대의 상징권력을 미리 간파했다면 든든한 우방을 얻었을 것이다. 마르크스주의, 삼바, 카리스마의 이상한 조합이 쿠바에서 생겨나는 일은 없었을 것이다. 쿠바는 경제적으로 번성하지도 못했고, 군사적으로도 중요한 역할을 하지 못했다. 그러나 카스트로는 자신의 상징권력을 어떻게 하면 유지할 수 있을지 잘 알았고, 그에게는 그것이 전부였다. 카스트로는 공산주의 세계와 소련의 붕괴에도 불구하고 꿋꿋하게 살아남았다.

베트남 공산주의 군사조직 베트콩(Viet Cong)의 지도자 호찌민은 조국을 황폐화하고 공산화한 전쟁의 끄트머리에서 1000년을 싸워도 미국은 결코 그 전쟁에서 이길 수 없다고 말했다. 그리고 "우리는 4000년 넘게 전쟁을 해왔다. 우리는 몽골제국을 세 번이나 물리쳤으며, 중국 앞에서도 고개를 숙이지 않았다. 누구도 우리를 정복할 수 없다"고 강조했다.

아무래도 미국의 지도자들은 역사에 정통하지 못했던 듯하다. 자신들이 누구를 상대하는지도 제대로 알지 못했고,

---

27. Simon Bolivar(1783~1830), 라틴아메리카에서 '해방자'로 불린다. 베네수엘라 육군 대령의 아들로 태어나 많은 유산을 상속받았다. 유복한 사회적 지위에도 불구하고 프랑스 혁명의 이념에 영향받은 그는 인간은 누구나 평등할 권리가 있다고 주장하며 식민지 정책의 멍에에서 라틴아메리카를 해방하기 위한 투쟁을 시작했다.

28. 1962년 가을의 미사일 위기는 단 며칠간이었지만, 금방이라도 3차 세계대전이 터질 듯한 위기감이 조성되었다. 이번에는 핵무기까지 동원될 수 있는 상황이었다. 이 위기는 소련의 지도자 흐루쇼프가 카스트로 정권이 통치하면서 소련의 우방이 된 쿠바에 핵미사일을 배치하려는 시도에서 촉발되었다(이 사실은 미군 당국의 첩보로 확인된 바 있다). 소련은 몽구스 작전(쿠바 반혁명 세력 인사들이 피그스 만에 상륙하려던 작전) 실패의 충격에 휩싸인 미국(경험 없는 젊은 대통령 존 F. 케네디가 이끄는)이 제대로 맹렬한 보복조치에 나서지는 못할 것이라고 판단했다. 그러나 케네디는 소련과 그 우방들에 단호하게 최후통첩을 보냈다. 소련은 결국 작전을 포기했다. 일부 관측가들은 소련이 미국을 상대로 단순하게 '인내력'을 테스트한 것이라고 생각했다.

원시적 군대와 빈곤이 만연한 나라 뒤에 엄청난 상징권력이 자리 잡았다는 사실을 간파하지 못했음이 틀림없다.

베트남의 크고 복잡한 지하 방어 시스템은 미국과 전쟁을 하면서 구축한 것도, 그전에 상대했던 프랑스와의 전쟁 중에 구축한 것도 아니었다. 그들의 게릴라전 경험은 일상이었고 주권 국가로서 그들의 생존은 1000년에 걸친 중국과의 갈등 속에서 꾸준히 다져진 것이었다. 네이팜탄으로도, 막대한 양의 폭탄(베트남의 정글에 투하된 폭탄의 양은 2차 세계대전 때 투하된 폭탄의 양보다 더 많았다)으로도 베트남 국민 사이에 형성된 기운을 무력화하지는 못했다. 프랑스 외인부대가 1954년 디엔 비엔 푸에서 이미 얻은 교훈이었다.[29]

미국의 군사적 지원과 정치적 지원에 기반을 둔 국민당 정부는 자국민에게 독재적이고 폭력적이었다. 따라서 어떠한 형태의 상징적 권위도 얻지 못했다. 그것이 치명적인 실수였다.

---

29. 1954년 베트남의 유명한 장군 보 응웬 지압(Vo Nguyen Giap)은 베트남 북서부의 디엔 비엔 푸(Dien Bien Phu)라는 도시에서 프랑스군을 대파했다. 이 전투에서 포로로 생포된 프랑스 병사 중 3000명이 영양실조와 학대로 사망했다. 그로부터 몇 년 뒤 미국은 이 지역의 분쟁에 점점 깊이 개입하기 시작했고 급기야 베트남 전쟁이 시작되었다.

역사를 더 거슬러 오르면 우리는 인류 역사상 가장 무시무시한 로마의 전쟁기계도 로마보다 작지만 상징권력에서는 그들을 압도한 작은 식민지를 굴복시키는 데 실패한 것을 알 수 있다. 그 식민지는 바로 '선택받은 민족' 유대인의 땅이었다. 유대는 로마의 식민지 중 가장 불안한 땅이었다. 유대인들에게는 오늘날의 프랑스에서 스코틀랜드에 이르는 지역을 차지했던 켈트족만큼 강한 군사력도 없었고, 끊임없이 펼쳐진 숲속에 숨을 수 있었던 게르만족처럼 지형적 이점도 없었다. 그러나 그들에게는 하나의 목표와 역사적 사명이 있었다. 신에 대한 서약이었다.

결국 로마가 선택할 수 있는 해법은 완전한 파괴, 즉 종족 전체를 섬멸해 남은 자들을 뿔뿔이 흩어지게 하는 것밖에 없었다. 로마는 유대의 사원을 파괴하고 농경지를 갈아엎었다. 하지만 물리적 파괴는 아무 효과가 없었다. 흔들리지 않는 믿음으로 표현된 상징권력은 유대인들이 어디를 가든 온전히 그들 마음속에 살아 있었고, 그 후로도 1000년 동안 생채기 하나 없이 보존되어왔다. 그 상징권력은 오늘날 그때 그 지역에서 막강한 군사력을 태동시켰다.

아무리 무자비한 폭군이라도 상징권력의 중요성을 간과할 수는 없다. 혹여 그랬다가는 얼마 지나지 않아 그 대가를 치러야 한다. 파파 독(Papa Doc)이라는 이름으로 더 잘 알려진 프랑수아 뒤발리에[30]는 아이티에서 인류 역사상 가장 무자비한 정권을 수립했다. 정치와 결탁한 비밀경찰과 냉혈한 암살자의 조합으로 악명 높았던 통통 마쿠트는 20년에 달하는 그의 통치 기간 동안 그에게 대항하는 수천 명의 시민을 고문하고, 살해하고, 신체를 절단해 불구로 만들었다. 그들은 어떠한 형태의 저항도 무력화했고, 어떠한 형태의 국제법도 무시했다(그들의 악행에는 외국인도 예외가 아니었고 국적은 아무 소용없었다). 유럽인이나 미국인에게는 이상하게 들리겠지만, 파파 독의 성공 요인 중 하나는 부두교였다. 부두교는 스페인의 노예선에 실려 와 남아메리카에 강제 이주된 노예들과 함께 건너온 서아프리카의 토속신앙이 가톨릭의 잔재와 원주민의 주술과 합해져 태어난 샤머니즘적 신앙이다. 외부 세계와 단절된 채 살아온 가난하고 배움 없는 사람들의 잘 짜인 샤머니즘은 수세기 동안 온갖 종류의 미신으로 발전했다.

파파 독은 국가의 수장일 뿐 아니라 비공식적인 부두교[31]의 대사제였다. 그가 내뱉은 저주 한마디도 치명적으로 받

---

30. François Duvalier(1907~1971). 1957년 아이티 공화국의 대통령으로 취임했다. 비밀경찰 통통 마쿠트(Tonton Macoute)를 조직해 시민 3만 명을 살해하고 수십만 명을 투옥했으며, 어떤 형태의 저항도 무참히 짓밟았다. 1964년에는 스스로 종신 대통령에 올랐으며, 아이티에서는 외국인도 안전을 보장할 수 없음을 공표했다.

아들여졌다. 케네디 행정부가 파파 독의 정권을 극심하게 비판했기 때문에 파파 독이 케네디를 저주했는데, 몇 달 후 케네디가 정말로 댈러스에서 암살당했다는 식이었다. 정치 경찰들에 의해 부추겨지고 오늘날까지도 막강한 상징적 힘을 지닌 좀비의 존재를 믿는 사람들이 그대로 믿는 이런 전설은 파파 독에게 상징권력을 부여했다. 사람들은 그가 평생 신의 위임을 받았을 뿐 아니라 그 힘이 그의 아들 베이비 독(Baby Doc) 장 클로드 뒤발리에에게 그대로 전해졌다고 믿었다. 그는 15년간 철권통치를 하다 민중봉기로 축출된 후 프랑스로 망명했다.

루마니아의 공산주의 독재자 니콜라에 차우셰스쿠는 짧은 재판에서부터 처형까지 2년 동안 모든 상징권력을 빼앗겼다. 1989년 군사법정에 선 그는 반역과 살인 혐의로 사형을 선고받고 처형당했다. 역사는 이 일을 1989년 12월 혁명으로 기록하고 있다. 처형에 앞서 진행된 재판은 대규모 민중봉기를 배경으로 했다는 공통점이 있다. 다른 많은 경우에도 군사적 일격이나 정보전에서의 일격은 주로 상징

---

31. François Duvalier(1907~1971). 1957년 아이티 공화국의 대통령으로 취임했다. 비밀경찰 통통 마쿠트(Tonton Macoute)를 조직해 시민 3만 명을 살해하고 수십만 명을 투옥했으며, 어떤 형태의 저항도 무참히 짓밟았다. 1964년에는 스스로 종신 대통령에 올랐으며, 아이티에서는 외국인도 안전을 보장할 수 없음을 공표했다.

권력에 대한 공격 다음으로 실행된다. 상징권력에 대한 공격은 군사적 공격보다 선행하며, 심지어 군사적 공격의 성공까지 좌우했다.

차우셰스쿠는 노동자 계급의 수호자를 자처하며 연설이나 회의 등에서 노동자들을 공개적으로 칭송하는 등 억지스러운 쇼를 했지만, 개인숭배정책과 탄압으로 지지도는 폭락했다. 그가 국민 대부분을 감시할 정도로 공포정치를 펼치자 1987년 마침내 루마니아 한가운데의 산업 대도시 브라쇼브에서 봉기가 일어났다. 봉기를 일으킨 사람들은 제국주의 스파이들이 아니라 굶주린 노동자들이었다.

차우셰스쿠는 공산당에서 오랜 세월 자신이 해온 활동들을 자랑하고 다녔다. 상상력이 돋보이는 대규모 선전 메커니즘의 지원을 받으며 겨우 열세 살 반 때부터 혁명활동을 시작했다고 한 적도 있었다. 부르주아들의 감옥에서 겪은 그의 고난은 모든 학교의 역사 교과서에 실리기도 했다. 그러나 그 모든 경험담은 여섯 명의 옛 공산당 지지자들이 가명으로 서명한 '6인의 편지'에서 차용한 것이었다. 그러므로 그가 자신의 것으로 삼고자 했던 상징권력으로부터 그의 정부는 공산주의 이념과는 손톱만큼도 관계가 없었다는 사실에 이르기까지, 그의 정부는 '붉은 옷'으로 위장한 1인 독재체제 그 이상도 이하도 아니었다.

직업군인과 거리가 먼 소수의 모험가를 이끌고 프란시스코 피사로가 남아메리카에 당도했을 때, 잉카제국은 1000만 명의 백성이 사는 넓은 영토를 다스리고 있었다. 피사로의 일행이 기술적으로는 원주민들보다 뛰어났다고 해도 수적으로 보면 건초 더미에 떨어진 바늘 한 쌈에 불과했다. 비록 조직적이지 못한 원시적인 수준이었지만 잉카제국의 군사력은 스페인과 비교해도 압도적이었다.

강력한 상징권력을 지닌 십자가의 영험함을 믿는 가톨릭교회는 피사로와 그 일행이 어떻게 잉카제국의 강인한 군대를 분쇄했는지 잘 보여준다. 1534년의 리마 포위 공격 당시 리마는 진흙 벽돌로 지은 오두막으로 이루어진 마을에 불과했다. 기병대로 무장한 그리스도교도들의 승리는 당연했다. 전투가 끝난 후 폭동의 우두머리는 살해당했고, 폭동을 일으킨 군대는 순식간에 와해되었다.

그것은 단지 기술력의 차이가 만들어낸 승리만은 아니었다. 잉카제국은 이미 죽음의 문턱을 넘어섰고, 아무 상징권력도 남아 있지 않았다. 잉카의 지도자들은 잔인한 폭군이었다. 스페인에서 온 정복자들이 넓은 영토를 다스리며 잉카의 지도층과 반목하던 부족들과 연합한 것은 당연한 일이었다. 잉카의 저항을 꺾은 것은 스페인군의 말과 총이 아니라 지역 부족 연합이었다. 제국 전체를 하나로 뭉쳐주던 상징권력이 사라지자 군사권력을 제대로 활용하지도 못한 채 몇몇 모험가들에게 쉽게 무너지고 만 것이다. 지역 유력가의 딸과 피사로의 결혼은 잉카제국 정복에 결정적으로 중요했던 정치적이고 군사적인 연합을 의미했다. 또한 잉카의 상징권력이 바다를 건너온 수염 난 사내에게 넘어가는 것을 의미했다.

남미의 두 제국 아즈텍과 잉카는 상징권력을 잃고 오직 공포에만 의존하던 지도자들 때문에 침입자들에게 굴복당하면서 붕괴했다. 유럽인들과 함께 외부의 연합 세력이 들어오자 탄압받던 부족들이 반기를 들었다. 이 두 제국은 군사권력이 아니라 상징권력으로 인해 가장 먼저, 그리고 가장 크게 패배한 것이다(군사권력에 의한 패배는 불가능한 일이었을 것이다).

신은 모든 것을 이긴다, 신만 제외하고

클로비스나 샤를마뉴를 돌이켜보면 지도자가 상징권력 못지않게 경제권력 또는 군사권력, 혹은 둘 모두에 대해 정당성을 인정받는 것이 얼마나 중요한지 알 수 있다. 그러나 그 반대도 반드시 성립하는 것은 아니다. 예를 들어 교황청에는 자체적인 군대가 없다. 경제적으로도 그리 큰 힘을 발휘하지 않는다. 교황청의 존재 목적과 목표는 상징권력을 완벽하게 보존하고 발전시키는 것 외에는 없다.

잉글랜드의 헨리 8세(1509~1547년 재위)는 자신의 이혼을 교황청이 승인해주지 않자 교황청과 심하게 반목했다. 튜더(Tudor) 왕조의 수장이었던 그는 반목의 이면에 자신의 군사적이고 경제적 경쟁자인 스페인이 있음을 꿰뚫어보고 있었다. 헨리 8세는 200여 년 전 필리프 4세가 교황청을 직접 공격했던 것과 다른 방법을 택했다. 그에게는 프랑스와 스페인이라는 강력한 동맹국을 끼고 있는 교황청과 맞설 만한 군사력도, 논리적 대응력도 없었다. 대신 그는 상징권력으로 교황청과 맞섰다.

마르틴 루터가 시작한 종교개혁을 비판한 것 못지않은 강도로 개신교를 옹호하는 사람들을 탄압하고, 심지어 마르틴 루터의 개혁 사상을 비난하는 팸플릿까지 쓰다가 그는 한 가지 큰 깨달음을 얻었다. 가톨릭의 성직자들은 부패했고 바티칸의 옥좌에 앉아 있는 인물이야말로 적그리스도였다. 그는 방향을 바꾸었다. 당시에 헛간 안이나 바깥의 숲속에서 비밀 예배를 올리며 가톨릭을 반대하던 사람들은 가장 열렬한 반 가톨릭 세력이었다. 헨리 8세는 적그리스도가 아니었다. 오히려 진정한 신앙의 보호자였다. 린치를 당하고, 대중들 앞에서 상징권력을 빼앗긴 사제들은 개신교도들이 산 채로 불태워졌던 바로 그 말뚝에 대신 묶였다. 가톨릭 예배당은 파괴되었고 예속되어 있던 토지는 몰수당하거나 축소되었다. 왕에겐 일석이조였다. 왕은 스스로 교회의 수장이 되었고, 따라서 바티칸의 통제에서 벗어날 수 있었다. 누구의 간섭도 받지 않고 결혼 문제도 해결할 수 있었다. 헨리 8세의 후계자들, 즉 엘리자베스 1세와 그 뒤를 이은 제임스 1세는 이미 세워놓은 상징권력의 체계를 다른 것으로 바꾸려 할 만큼 어리석지 않았다. 그들은 광신적 행위나 어떠한 형태의 고해도 거부하면서 가톨릭을 박해했던 것처럼, 지나치게 많아진 청교도(잉글랜드 개신교도 중 과격파)들을 다시 억눌렀다. 엘리자베스 1세 여왕이 국가의 수장으로서 군사권력과 함께 상징권력까지 거머쥔 것은 그 시대에는 매우 독특한 예였다.

당시 발루아 가문은 상징권력을 잃었기 때문에 왕좌를 잃었다. 앙주 공(公) 앙리 3세는 위그노(프랑스판 청교도)와 맞선 전투에서 혁혁한 공을 세웠지만 가톨릭 내부의 패권다툼에서 강력한 힘을 가졌던 로렌 지방의 공작들에게 패했다. 그들은 '가톨릭 동맹'을 구축하고, 개신교도들을 향한 이중적 태도에 대해 국왕을 비난하며 그에게서 '독실한 신앙의 후광'이라는 보호막을 빼앗아갔다. 그들에 대한 앙리 3세의 암살 시도는 어떤 문제도 해결하지 못했다. 베트남의 예에서 보았듯 상징권력을 향해 휘두른 폭력은 그 상징권력을 더욱 강하게 만들 뿐이었다. 얼마 후에는 한 광신도가 발루아 왕조의 마지막 왕을 암살하며 부르봉 왕조의 길을 터주었다. 발루아 가문은 부유했고, 당시 유럽의 주요한 군사권력을 장악하고 있었다. 그러나 상징권력을 빼앗기자 군사권력으로는 왕조를 지킬 수 없었다. 볼리비아에서 일어난 체 게바라 암살은 남아메리카 지역에서 아무런 문제도 해결하지 못했을 뿐 아니라 그를 그 지역에서 벌어진 '혁명적' 전투의 원초적 상징으로 만들어놓았다. 그것도 아주 오랜 세월 동안. 그전까지 그는 순진하게도 고집 센 농부들에게 혁명을 전파하려는 무모한 시도만 계속하던 몽상가였다. 순교가 갖는 상징권력도 그것을 요리할 줄 아는 노련한 수완가의 손아귀에 들어가면 원자폭탄 못지않게 위험하다는 명제는 인류 역사가 시작된 이래 늘 증명되고 있다.

이탈리아의 성채 도시들, 특히 베네치아와 제노바는 군사권력이나 상징권력 없이 경제권력만 막강했다가 차츰 군사권력과 상징권력까지 갖추게 된 예다. 이들 도시는 동방과의 거대한 무역의 요충지로서 지리적 강점을 가지고 있었다. 국제무역에서 거두어들이는 십일조와 강력한 상단(商

圖)의 이점을 등에 업은 베네치아인들과 제노바인들은 지중해의 대부분 지역에서 무역을 장악했다. 992년에는 비잔티움 제국의 심장 콘스탄티노플에 식민지를 건설했다. 그들이 주조한 동전(베네치아의 '듀카트'와 피렌체의 '플로린')은 유럽의 모델이었고, 유통되는 현금 대부분이 그들의 손 안에 있었다. 그들은 군사권력의 열세를 그대로 두고 보지만은 않았다.

그들은 군사적 관점에서 해당 지역의 권력 강화에 기여할 전투에 능한 해군을 양성했다. 또 종교적 구세주의 상징(이미 다른 나라들에 의해 여러 형태로 몰수된)을 놓고 벌어질 싸움들을 비잔티움 제국의 정교와 서구 유럽 가톨릭 세력, 심지어 아시아 세력들 사이에서 벌어지는 아주 복잡하고 때로는 영원히 사라지지 않을 듯 보이는 정치 게임으로 바꾸어 놓았다. 현대적 정의에 따르면 베네치아와 제노바(때로는 피렌체까지 포함하여) 그들은 지구상 최초의 정치가들이었다. 그들은 고대 그리스와 로마 이후 정치를 재창조하다시피 했다.

다른 통치자들은 군사력과 경제력을 얻기 위해 상징권력을 이용했다. 러시아의 이반 뇌제(雷帝)[32]는 자신의 유일한 아들이자 왕위 계승자였던 아들을 죽인 잔인하고 광기 어린 왕으로 역사에 기록되어 있다. 그러나 역사가들이 그린 초상화는 러시아가 힘의 무대에 군림하는 강자였던 당대의 진실과는 거리가 멀었다.

모스크바 대공은 형식적으로만 러시아를 통치할 뿐이었다(이반은 러시아 최초의 차르였다). 실제 통치는 부유하고 군사적으로 호전적이었던 보야르(옛 러시아의 귀족)들이 책임지고 있었다. 표면적으로 내세운 지도자는 그들의 포로와 다름없었다.

보야르들과 별도로 수세기 동안 몽골의 침략으로 고통받아온 무형의 농민 무리가 있었다. 그들은 서열이 다양한 여러 폭군에게 시달림을 받았고, 정체가 모호한 관습과 다를 바 없는 존재하지도 않는 법의 보호를 받았다. 심지어 그 법은 힘을 가진 자의 마음대로 해석되었다.

부왕의 죽음으로 어린 나이에 왕위에 오른 이반은 정권을 둘러싼 피비린내 나는 대립을 보면서 성장했다. 그의 어머니와 아내는 보야르들에 의해 독살되었다고 믿을 만한

---

32. 이반(Ivan) 뇌제. 이반 4세(1530~1584). '러시아 전체의 차르'임을 선포한 모스크바 최초의 차르였다. 모스크바에 성 바실리 성당을 건축했고, 타타르족으로부터의 독립을 확실히 했으며, 카잔과 아스트라칸 등 새로운 영토를 정복했다. 일종의 가정 규범서인 『도모스트로이(Domostroi)』의 저술을 감독했으며, 모든 권력을 왕실에 집중시켰다. 그와 동시에 매우 독특한 군사조직인 '오프리치니나'를 등에 업고 잔인한 행동도 서슴지 않았다. 결국 측근에 의해 독살된 것으로 알려져 있다.

여러 정황이 있었다. 종종 살인과 강간, 고문으로 끝났던 파티가 열리는 동안 그는 굶주림과 굴욕을 참아야 했다. 끊임없는 음모로 인해 그의 목숨은 언제나 백척간두에 놓여 있었다. 보야르들 사이에서 균형을 유지할 수 있었던 것은 상호 간의 공포였다. 그들은 서로가 서로를 향해 공포를 무기로 휘둘렀다. 이반은 모스크바 궁에 갇혀 두려움에 떠는 포로였다.

이런 상황을 반전시키기 위해 황태자는 모든 방면에서 공격에 나섰다. 그 공격은 그가 광기에 사로잡혀 있지 않았다는 증거였다. 때로는 지나치게 잔인한 경우도 있었지만, 냉혹하고 교묘하게 계산된 정치적 행동이었다. 권력을 쟁취하기 위해 차르는 '오프리치니나'라는 매우 독특한 기구를 창설했다. 국왕에 대한 충성의 상징인 개의 머리와 청소의 상징인 빗자루를 안장에 매단 이 모호한 조직(군사적 질서도 종교적 질서도 없는 돌격부대에 가까운)의 구성원인 오프리치니크는 보야르들 사이에서 누구도 대적할 수 없는 공포를 내뿜었다. 이 조직이 추종하는 신조는 그 실체(군소 귀족, 훈련받은 농민)만큼이나 모호했다. 이들은 순수한 정교와 '아버지'에 대한 맹목적 믿음의 혼합체였다. 이반은 안팎에 상존하는, 실존하거나 상상 속에만 존재하는 적을 상대로 싸워야 했다.

부유한 상공업 도시 노브고로드가 반란을 일으키자 그는 보야르의 군대를 보내는 대신(차르는 보야르 군대의 칼이 나중에 어디로 향할지 두려웠기 때문에 그들을 소집하지 않았다) 자신의 테러리스트 군대를 보냈다. 3주 동안 암살단의 수중에 들어간 노브고로드는 마치 지옥 같았다. 이 사건이 지나가고 오프리치니나의 악명이 높아지자 보야르들은 오직 한 가지, 차르의 시선이 더는 자신들을 향하지 않는 것만을 바라게 되었다. 그다음에는 자연스럽게 서로 다른 사람의 음모와 모략을 들추어내기 시작했다. 그저 반란의 음모에 대한 의심만으로 처벌은 가혹하게, 즉각적으로 이루어졌다. 이미 몇 백 년 전 몽골인들에게 철저히 유린당했던 땅이 이번에도 다시 한 번 야만적으로 짓밟혔다. 차르의 입맛에 맞게 움직이지 않으면 성직자의 대표들도 고문이나 죽음을 면하지 못했다.

이반은 모든 형태의 반대파들을 일관되게 제거하고, 보야르들도 죽이거나 모스크바에서 추방하거나 소유하던 경제권력, 군사권력을 모두 몰수당한 다음에야 겁에 질린 소수의 잔존 러시아 귀족들과 협상의 테이블에 앉았다. 이번에는 힘을 효과적으로 휘두른 사람의 입장에서, 강자의 입장에서 이야기해보자. 직접 암살과 고문에 가담한 사례가 있었음에도 그는 오프리치니나의 잔혹 행위에 경악하는 척하면서 자신은 그들에 대해 아무것도 아는 바가 없다고 뻔뻔스럽게 주장하고, 바로 전날만 하더라도 감히 건드릴 수 없을 듯했던 조직에 대항하는 군중들의 폭동을 조장했다. 이 조직의 구성원들은 동물처럼 쫓기면서 군중들의 손에 잡히면 그 자리에서 폭행을 당했다. 하룻밤 새에 위치가 바뀌어버렸다. 히틀러가 '존경받는' 지도자의 의무를 요구받자 돌격부대를 제거해버린 것과 똑같았다. 그 결과 이반이 자신을 보호해주던 호위대까지 처벌했음에도 백성들은 자신들의 '아버지'를 더욱 사랑하게 되었다. 흐루쇼프가 바로 자신이 열렬히 추종했던 사람과 굴라그의 범죄에 깜짝 놀라는 척하며 스탈린의 부대를 제거했던 것과 똑같았다.

이반 뇌제는 경제권력과 군사권력의 잠재적인 중심을 파괴하는 것 못지않게 상징권력도 확실하게 쟁취했다. 그는 겸손하고 금욕적이었으며, 성상들에 둘러싸인 채 몇 시간씩 기도했다. 겉으로 보기에는 열렬한 신앙을 가진 사람이었다(이반은 머리를 베일로 가리지 않은 채 궁정을 걷다가 들킨 며느리를 지팡이로 때리려 하다가 아내를 보호하기 위해 달려든 아들을 실수로 죽이고 말았다). 1453년 마흐무드가 콘스탄티노플을 점령한 후 러시아는 충실한 신앙의 보호자 역할을 자처했으므로 극도로 강력한 상징적 역할을 하고 있었다. 이반은 언제든 이러한 힘을 이용했고, 역설적이게도 백성들로부터 사랑받는 통치자가 되었다. 한 번은 왕위를 버리고 모스크바를 떠나려는 듯한 제스처를 취하기도 했다. 백성들은 무기를 들고 차르에게 돌아와 달라고 간청했다. 결국 그는 다시 돌아왔고, 순진하게도 자기들끼리 왕위를 두고 협상을 벌이던 보야르들 사이에서 연속적인 살인이 일어났다. 이반은 영토를 왕의 땅과 백성의 땅으로 양분하면서 거대한 부를 거머쥐었다. 따라서 그는 경제권력도 무시하지 않았다.

상징권력은 다른 형태의 힘과 대적했을 때 패배하는 경우가 거의 없었다. 그러나 때로는 상징권력이 또 하나의 상징권력과 마주쳤을 때는 패배하는 경우가 있다.

요한 바오로 2세만큼 열정적으로, 결단력 있게 자신의 국제 임무를 수행한 교황은 드물었다. 그는 20세기 말의 성 베르나르였다. 그는 교황이자 외교관, 각국의 대통령과 국왕들 사이의 중재자이자 국제적 이슈의 협상자, 중개자 역할을 했다.

그는 태생적으로나 신분상으로나 자타가 공인하는 반공주의자였으며, 소련을 공격하는 데 가장 강하고 끈질긴 인물 중 하나였다. 폴란드 국민에 의해 시작된 정치적 저항운동은 교황의 상징권력까지 합세하자 더욱 강해졌다. 미국의 로널드 레이건 대통령과 함께 교황 요한 바오로 2세는 아마도 소련이 만들어낸 공산주의 허상의 찌꺼기를 가장 열성적으로 파묻은 사람 중 한 사람일 것이다. 동유럽과 냉전의 결과물 속에서 그가 해낸 역할은 결정적이었다는 데 누구도 이견을 달 수 없었다.

그러나 요한 바오로 2세는 적어도 두 번에 걸쳐서 자신의 역할을 수행하는 데 실패했다. 한 번은 '예스'라고 말한 때였고, 다른 한 번은 '노'라고 말한 때였다.

칠레에서 선거를 통해 사회주의 정부를 탄생시키고 일련의 사회개혁 프로그램을 주도했던 살바도르 아옌데[33]의 좌파 정권이 1973년 아우구스토 피노체트가 이끄는 군사반란으로 전복되었다. 반란의 주동자들은 태평양 연안에서 또 다른 '쿠바'가 탄생하는 것을 지켜볼 수 없었던 미국 행정부의 강력한 지원을 등에 업고 있었다. 미국의 계속되는 아옌데 정권 흔들기로 칠레는 경제적 난국을 맞고 있었다. 삶의 질이 떨어지자 국민의 지지도가 급락했고 모스크바는 그를

---

33. Salvador Allende(1908~1973). 1970년 선거를 통해 칠레 공화국의 대통령이 되었으나 1973년 아우구스토 피노체트 장군이 이끄는 쿠데타의 희생자가 되었다. 아옌데는 마르크스주의자였고, 카스트로가 지배하는 쿠바로부터 선거에 대한 지원을 받았다. 그가 라틴아메리카에 '혁명'을 수출할 것이라고 우려한 CIA는 언론을 장악하고 신디케이트를 사들이는 등의 방법으로 칠레의 정국 불안을 부추기고 거리 시위를 자극함으로써 쿠데타를 종용하면서 이따금 쿠데타 세력을 지원했다.

지켜주지 않았다. 아옌데를 사로잡아 처형하는 것은 반란군 들에게 식은 죽 먹기였다.

그의 뒤를 이어 라틴아메리카판 프란시스코 프랑코[34](피 노체트)가 권좌에 올랐다. 그러나 그에게는 프랑코 같은 지 적 통찰력도, 미래를 보는 식견도 없었다. 피노체트 장군은 그저 권력에 목이 마른 잔인한 인간에 불과했다. 그는 이제 더는 존재하지도 않는 공산주의 야당을 제거하기 위해 서 슴없이 살인과 납치, 고문을 저질렀다. 피노체트는 칠레를 공산주의로부터 보호하는 수호자가 아니었다. 그는 그저 독 재자일 뿐이었다.

1980년대에 들어서자 피노체트 정권에 대한 지지도는 떨어졌고, 곧 폭발이라도 일어날 듯 위태로운 칠레는 언제 라도 내전이 일어나 혼란의 도가니 속으로 빠져들 위기에 처했다. 칠레는 기본적으로 가톨릭 국가였으므로, 그들은 교황 요한 바오로 2세에게 이 난국의 수습을 도와 달라고 요청했다. 그런데 교황은 고릴라 같은 피노체트 옆에 모습 을 드러내며 피노체트의 떨어진 인기를 간접적으로 회복시

---

34. Francisco Franco Bahamonde(1892~1975), 스페인 정치가. 스페인 내전에서 승리한 뒤 1939년부터 36년간 독재정치를 지속하며 인권탄압과 학살을 자행했다.

켜주는 역할을 했다. 이 장면은 칠레의 산티아고에서 극심한 저항을 사고 말았다. 심지어는 산티아고의 가톨릭 성직자들도 못마땅해했다. 피노체트는 결국 권좌에서 쫓겨나고, 요한 바오로 2세는 이미지에 심각한 타격을 입었다. 연쇄살인범의 손에 묻은 피를 씻어준 것은 막강한 상징권력을 가진 사람으로서 해서는 안 될 일이었다.

두 번째는 반대의 상황으로 니카라과가 있다. 마르크스주의자 게릴라들은 칠레의 통치자와 마찬가지로 무자비한 독재자와 수년간 싸우고 있었다. 그들은 겨우 권력을 잡고 크게 칭송을 받는 정부를 꾸렸다. 그러나 니카라과를 방문한 교황은 이 정부를 목적도 동맹 관계도 불분명한 사회주의 정부라고 비난했다. 그러자 예상치 않았던 '기적'이 일어났다. 교황의 연설은 중간에서 끊겼고, 대부분 먼발치에서 그의 그림자만 보아도 눈가가 촉촉해지던 신자들로부터 야유를 받은 것이다. 니카라과의 자유를 위해 수년간 투쟁한 끝에 합법적인 정부를 갖게 된 군중들 앞에서 교황의 거대한 상징권력은 단 몇 분 만에 녹아 사라졌다.

세 가지 형태의 힘, 상징권력과 군사권력, 경제권력은 순수한 형태로든 다양하게 조합된 형태로든 인류 역사의 처음부터 지금까지 늘 존재해왔다. 권력의 무대 위에서 가장 오래 견뎠던 인물, 개인, 정부, 조직들을 살펴보면 거의 모두가 이 세 가지 형태의 권력을 통합해 동시에 거머쥐고 있었다.

오직 군사권력에만 의지해 일방적으로 건설된 제국들은 예외 없이 단명했다. 가장 오랫동안 지속한 제국들은 상징권력을 일관되게 유지했던 나라들이었다. 상징권력을 잃으면 군사권력과 경제권력이 흠 없이 남아 있는 경우라 해도 단기적으로나 중기적으로는 번영을 누렸던 제국도 결국 망했다.

이 세 가지 형태의 권력은 때때로 서로를 강화하거나 보완했다. 그러나 서로 충돌할 때도 있었다. 후자의 경우 마지막에 남는 것은 군사권력이나 경제권력이라고 생각하기 쉽지만, 사실은 상징권력이었다. 가장 수명이 긴 조직은 교회이며 가장 끈질긴 문화는 유대의 문화다. 이 두 가지의 조합은 누구의 눈으로 보아도 타의 추종을 불허하는 강력한 상징권력을 만들어냈다. 이스라엘의 강력한 군사권력, 교회의 막강한 경제권력을 운운하는 사람이 있다면, 우리의 분석이 현재에만 바탕을 둔 것이 아님을 인식해야 할 것이다. 100년 전에는 이스라엘이라는 국가가 존재하지도 않았으나 유대민족의 문화는 미국에서 차르의 제국까지, 스웨덴에서 이탈리아까지 만방에 뻗어 있다. 또한 하나의 조직으로서 교회의 경제적 번영은 그다지 놀라운 일이 아니다. 교회는 런던이나 월스트리트, 도쿄나 베이징의 흥망성쇠에 전혀 영향을 받지 않는다.

이 세 가지 형태의 권력이 상호작용하는 데 기준이 되었던 기제는 예나 지금이나 똑같다. 종교개혁에서 고대 이집트에 이르기까지, 이반 뇌제의 피의 통치에서 매카시의 마녀사냥에 이르기까지, 서로마제국의 몰락에서 프랑크 왕국과 교황의 동맹, 그리고 히틀러의 권력 장악에 이르기까지, 권력의 콜로세움 안에서 결투를 벌인 검투사들이 수천 년의 세월 동안 판단과 행동의 기준으로 삼았던 메커니즘과 패턴은 똑같았다.

그러나 각각의 권력들은 세월에 따라 대대적인 진화를 겪어왔다. 권력도 변화하는 환경에 적응하는 생명체와 비슷하다. 권력은 DNA처럼 늘 적응과 진화의 메커니즘을 내재해오고 있다.

3장

지배수단의
진   화,
혹은 퇴보

발달된 기술력,
발달되지 못한 무력

　군사권력은 인류 역사를 통틀어 가장 극적인 변화를 겪어왔다. 곤봉과 돌화살촉에서 수소폭탄, 대륙간 탄도미사일, 스텔스 전투기까지, 인간은 점점 복잡하고 교묘한 형태의 무기를 개발해왔다. 물론 이런 논리는 군사권력(무력)을 순수한 그 자체로만 바라보거나 '기술적 부산물'이라는 렌즈를 통해서만 바라봐야 인정될 수 있다. 그러나 이 두 가지 중 어느 것도 현실적이거나 기능적이지 못하다.

　카이사르의 시대에는 지대지 미사일이 없었다. 그럼에도 그는 100만에 가까운 적을 학살한 켈트족과의 전쟁 이후 갈리아의 넓은 영토를 정복했다.[1] 16세기 유럽에는 현대적인 호위함 같은 것이 없었다. 그러나 유럽 동맹국들은 레판토 해전[2]에서 오스만제국의 막강한 함대를 궤멸시켰다. 소수의 스페인과 포르투갈 탐험가들은 수백만의 호전적인 전사들이 살고 있던 남아메리카 대륙을 몇 마리의 말과 몇 정의 화승총, 그리고 검으로 정복했다. 현대 세계의 거대한 군사권력(미군)으로도 그러한 전과는 거의 불가능하거나 적어도 매우 오랜 시간이 걸렸을 것이다. 지금은 모든 전쟁에서 모든 참가자가 첨단무기를 앞세우고 있으며, 대량학살 같은 전략은 더 이상 통하지 않는다.

미국이 사담 후세인 정권을 공격하기로 했을 때, 이라크군은 병력 면에서 세계 4위였고 보유한 무기 역시 허술하지 않았다. 이란이나 미국과의 전쟁 경험이라는 큰 자산도 있었다. 그리고 자신들에게 가장 익숙한 곳, 즉 자신들의 나라에서 전투를 치렀다.

물론 대결은 오랜 시간을 끌지 않고 끝났다. 그 승리가 군사력에 어느 정도 의존한 것인지, 또 후세인이 가진 상징권력의 제거에 얼마나 의존한 것인지는 물어볼 만한 가치가

---

1. 율리우스 카이사르는 켈트족의 여러 부족이 차지했던 갈리아(대략 오늘날의 프랑스 지역)를 정복하기 위해 수년간 전쟁을 치렀다. 여러 켈트 부족 중에서도 헬베티아족은 용맹스러움과 기량이 특출했다. 피로 얼룩진 이 전쟁이 끝난 뒤 카이사르는 『갈리아 전쟁기(The Gallic Wars)』라는 비망록을 남겼다. 이 책은 켈트족의 역사 연구에 매우 유용한 사료가 되었다.

2. 1571년 10월 7일, 부상하는 이슬람 세력이었던 오스만제국과 그리스도교의 '신성동맹' 사이에 5시간에 걸친 거대한 전투가 시작되었다. 다국적 그리스도교 연합군은 오스트리아의 돈 존이, 오스만 함대는 알리 파샤 제독이 이끌었다. 이 전투는 오스만제국의 참패로 끝났다. 오스만제국의 함대에 실린 함포가 신성동맹에 비해 너무나 열세였기 때문이다(신성동맹의 함대에 실린 함포의 수는 오스만 함대에 실린 함포의 두 배에 달했던 것으로 보인다). 이 전투로 그리스도교 세력이 지중해의 제해권을 쥐게 되었고, 유럽을 향한 이슬람의 압력을 한동안 크게 감소시킬 수 있었다.

있다. 이라크군의 절반 이상은 전투를 포기했던 것으로 보인다. 병사들과 장교들은 자신들에게는 고작 월급 몇 달러만 주면서 수백만 달러의 비자금을 해외로 빼돌린 독재자를 보호해주고 싶지 않았다. 미군과 이라크군의 기술적 차이는 어마어마했지만, 역사의 다른 예들과 견주면 그 차이는 오히려 미미했다. 기술에 대한 접근 능력이 이미 '민주화'된 탓이었다.

카이사르가 갈리아를 공격할 때, 로마와 켈트족 사이의 전략적·기술적 불평등은 훨씬 컸다. 당시의 로마군은 로마를 제외한 세계의 모든 군대를 합한 것보다도 전력이 우세했다. 그 차이는 현재 미국과 다른 나라들이 가진 군사권력의 차이와도 비교할 수 없을 정도였다.

로마는 군대에서 10~15년 동안 전투 경험을 쌓은 직업군인을 보유했다. 특히 기원전 1세기경의 장군 가이우스 마리우스(Gaius Marius)는 징병제가 아닌 자원 모병제를 통해 최고 수준의 직업군인을 길러냈다. 갈리아는 부족 내의 전사들을 소집하여 군대를 꾸렸으며, 그들은 대개 직업군인이 아닌 사제였다. 로마군은 근위대, 백인대(百人隊), 군단 등으로 구성되어 있었고, 일관적이고 중앙 집중적인 리더십을 통해 움직였다. 백인대는 효율적이고 표준화된 무기(긴 방패, 담금질한 창촉, 근접전 용도로 개량된 단검)를 갖고 있었다. 로마군의 지휘관들은 활용 가능한 전투원의 수를 언제나 정확히 파악했고, 중장기적으로 병참상의 수요(새로운 무기, 식량 등)를 계획할 수 있었다.

한편 갈리아의 군대는 분열되어 있었다. 그들은 서로 크게 다른 방언을 사용하는 탓에 의사소통이 원활하지 않을 때가 많았다. 무리마다 지휘관은 있었지만 상징적인 존재에 불과했다. 무기도 각자 쓰기 편한 것을 선택했다. 지휘관들은 휘하에 병사가 몇 명이나 있는지도 제대로 파악하지 못했고, 병참상의 수요나 손실 역시 제대로 알지 못했다.

로마군의 기병은 거의 천하무적이었다. 전선에서 부딪치는 모든 것을 파괴하고 지나갔다. 역사의 무대에 그들과 비슷한 충격파를 남긴 또 하나의 군대가 나타난 것은 중세에 이르러서였다. 로마 기병의 말은 전투를 목적으로 특별히 조련된 말들이었기 때문에 중무장된 기병을 태우는 데 익숙했다. 반면 갈리아군은 기병의 수도 적었고, 말조차도 전쟁 전에는 짐이나 끄는 말들에 불과했던 것들을 전투용으로 둔갑시켰을 뿐이었다. 로마군은 두려움의 대상이었다. 공성용 투석기, 쇠뇌 등 당시로서는 최첨단의 전쟁기계를 갖춘 데다 지형지물을 이용해 순식간에 성을 쌓는 능력도 갖추고 있었다. 병참술도 흠잡을 데가 없어 축성에 필요한 자재는 물론 노련한 일꾼들까지 적재적소에 공급할 수 있었다.

갈리아 군대에는 전쟁기계도 병참술도 없었고, 이미 있는 요새만 활용할 줄 알았지 새로운 요새는 쌓을 줄 몰랐다. 그나마 이미 있는 요새도 로마군의 공격을 막아내기에 역부족이었다. 당시 갈리아군이 가졌던 힘과 기술로는 육지에서도 바다에서도 로마의 병정개미들을 당해낼 수 없었다.

2세기 후 칭기즈칸의 몽골군이 나타났을 때도 상황은 같았다. 몽골군은 기술적으로 전혀 우위에 있지 않았다. 활 쏘는 재주가 탁월할 뿐이었다. 그들은 말을 탄 채로도 정확하게 활을 쏘았다. 그러나 그들의 전략만은 적들에게 너무나 생소했다(나치군이 2차 세계대전 때 놀랍고도 효율적인 전략으로 단숨에 프랑스를 무릎 꿇렸던 것처럼). 몽골군은 매우 먼 거리를 순식간에 달려왔기 때문에 상대편은 질서정연한 반격을 준비할 시간이 없었다. 날래고 민첩한 경기병들이 물밀듯이 짓치고 들어오며 적이 완전히 나가떨어질 때까지 화살을 비 오듯 퍼부었다. 그뿐 아니라 당시의 몽골군은 역사상 다른 어떤 나라도 대적할 수 없을 만큼 전투인원이 많았다. 오스만제국의 바예지드 1세를 공격하기 위해 앙카라로 진군하는 티무르 칸의 휘하에는 100만 대군이 있었다. 당시 유럽에서는 경기병 100명만 해도 엄청난 병력이었다. 유럽의 경기병들이 더 긴 방패와 더 두꺼운 갑옷으로 몽골군의 화살을 적절히 피하는 방법을 깨달았을 때, 이미 몽골군은 전장에서 그들을 학살하고 있었다.

로마제국은 켈트족의 땅 대부분을 정복했다. 그들은 켈트족이 역사의 뒤안길로 사라질 때까지 켈트족의 영토를 자신들의 땅에 병합시켰다. 브리튼 섬을 동서로 가로지르는 하드리아누스 성벽[3]은 '문명세계'와의 경계 중 하나였다. 반란은 기껏해야 산발적인 사건에 불과했고 로마 군단과의 싸움에서 이길 수 없었다. 가장 의미 있는 반란이었던 갈리아의 베르킨게토릭스와 브리튼의 부디카가 일으킨 반란조차 신속하고 무자비하게 진압당했다. 이에 견주면 미군과 그 연합국들이 이라크와 아프가니스탄에서 점령지의 평화를 유지하고 친미 내각을 구축하기 위해 취했던 행동들은 거의 투쟁에 가깝다.

결과적으로 기술적 우월성은 군사권력을 판단할 때 고려해야 할 유일한 판단의 기준일 수 없다. 군사적 성공을 위한 선결조건일 뿐이다. 1차 세계대전 당시에도 상대적으로 뒤떨어진 기술로 역사상 유례가 없는 대학살을 기록한 전투

---

3. Hadrian's wall. 북방민족으로부터 국경지방을 보호하기 위해 로마제국이 약 8년에 걸쳐 건설한 113킬로미터 길이의 성벽. 이후 로마제국의 국경은 로마인들이 410년 브리튼에서 물러나기까지 이 성벽을 기준으로 유지되었다.

가 꼬리를 물었을 뿐 아니라, 긴 전쟁 기간이 중앙정부를 경제적으로 압박했다.

군사권력의 역사에서 가장 중요한 변화는 반드시 기술과 연결된 것은 아니었다. 오히려 상징권력의 패러다임 변화와 연관된 경우가 많았다. 수천 년 동안 군사권력은 상징적이거나 종교적인 권력에 의해 '검열'을 받아왔다. 로마는 늘 예언자들의 말에 귀를 기울였으며, 그리스도교 교회는 군사권력의 사용에 엄격한 제한을 두었다. 예를 들어 중세에는 '신의 평화'가 있었다. 금요일, 토요일, 일요일, 그리고 축일(연중 10여 일의 축일이 있었다)에는 누구에게도 전투가 허락되지 않았으며, 이를 어기면 파문이라는 중벌에 처해졌다. 포로로 잡힌 적에게도 관대한 처우를 해주어야 했다. 귀족은 몸값을 받고 풀어주었고, 농노는 그냥 놓아주었다. 신사도로 기사들의 본능적인 야만성을 다스렸던 것이다. 국적은 달라도 귀족들끼리는 서로 인척 관계로 얽혀 있는 경우가 많아 상호 존중하는 것이 일반적이었다.

중세에 대량학살이 없었던 주된 이유는 낮은 기술 수준이 아니었다. 총이 아니라 검으로도 수백만 명을 죽일 수는 있다. 몽골까지 역사를 거슬러 올라갈 필요도 없이 요즘의 르완다만 보아도 알 수 있는 사실이다. 더 중요한 이유는 군사권력에 대한 상징권력의 검열이었다. 예컨대 석궁은 비겁자들의 무기라는 이유로 교회로부터 저주를 받았다. 루이 15세 시절 오늘날의 자동소총과 비슷한 무기를 개발한 프랑스의 어느 공학자는 '인류의 적'이라는 오명을 뒤집어쓰고 정신병원에 갇혔다. 그다지 열렬한 그리스도교 신자가 아니었던 루이 15세조차 "나는 적을 굴복시키고 싶을 뿐, 몰살시키려는 것이 아니다"라고 선언했을 정도였다.

이슬람 국가도 크게 다르지 않았다. 그리스도교의 손에서 예루살렘을 탈환한 살라딘[4]은 약간의 몸값을 받고 예루살렘의 주민들과 병사들을 풀어주었다. 개종을 거부하고 처형된 포로는 수도사인 기사들뿐이었다. 국가 간의 갈등으로 인한 인명손실에 대해 말하자면, 당시에는 요즘처럼 허구와 사실의 구분이 분명하지 않았기 때문에 역사가들은 사상자의 수를 크게 부풀리는 경향이 있었다.

1337년부터 116년 동안 벌어진 프랑스와 잉글랜드 간의 (사실은 두 귀족 집안 사이의) 백년전쟁에서 발생한 사상자의 수는 1차 세계대전 개전 무렵에 벌어진 단 한 번의

---

4. Saladin 또는 Salah al-Din(1138~1193), 쿠르드족 출신으로 아랍의 군사 지도자였다. 1차 십자군 전쟁(1096~1099)으로 예루살렘에 그리스도교 왕국이 탄생한 후, 살라딘은 그리스도교도들의 손에서 성도를 탈환한 사람 중의 하나였다. 그는 동방에 남아 있는 그리스도교들의 건축물을 거의 모조리 파괴했다. 살라딘은 패배한 적군을 기사도 정신에 입각해 정중히 대우했는데, 그의 이러한 포로 정책은 서방의 역사에도 칭송과 함께 기록되었다.

현대전에서 나온 사상자의 절반에도 못 미쳤다. 예컨대 프랑스 베르됭에서 전선을 방어하던 독일군과 솜 전투[5]에서 반격을 꾀하던 영국군은 9개월의 전투에서 100만 명 이상의 사상자를 냈다.

국가 간의 갈등에서 전통적 의미의 상징권력, 즉 종교적 힘을 약화시킨 최초의 예는 아마 프랑스 제1공화국이 동시에 침입해 온 여러 나라와 치렀던 전쟁에서 '국가'를 내세우면서였을 것이다. 피를 부르는 〈라마르세예즈〉의 첫 소절이 울려 퍼지자 남자들은 무기를 들었고, 세상은 영원히 변해 버렸다. 또 하나의 상징권력이 모습을 드러내기 시작했다. 이제 위기에 처한 것은 신앙이 아니라 조국이었다. 그들은 조국을 구하기 위해 부름을 받았다. 위기에 처한 조국은 어떤 형태의 살육이나 학대, 적을 향한 모욕도 정당화했다. 이 놀라운 시너지는 나폴레옹이 유럽에서 가장 독특한 전쟁기계를 창조할 수 있게 했고, 유럽 대륙 전체를 상대로 프랑스의 패권을 건 파워게임을 시도하게 했다.

기술의 진보만으로 군사권력의 파괴력이 증강된 일은 역사적으로 존재하지 않았다. 궁극의 전쟁병기인 핵무기가

---

5. 1차 세계대전 중 프랑스의 솜에서 영국과 프랑스의 연합군이 독일군을 상대로 두 차례에 걸쳐 벌인 격전

반세기 이상 사용된 적이 없다는 점만 봐도 그렇다. 게다가 군사권력은 세 가지 형태의 권력 중 역사를 통틀어 나머지 두 가지 형태의 권력에 의해 가장 큰 영향을 받았다. 그와 동시에 실제로 영향력을 발휘하는 경우는 가장 적었다. 역사에는 전례 없는 군사적 갈등을 고조시키는 데 결정적인 역할을 했던 두 가지 사건이 있었다. 첫째는 화약의 발견과 전파, 즉 총기의 사용이었다. 두 번째는 베스트팔렌 조약(Peace of Westphalia) 이후 국민국가가 지도층의 귀족계급을 대체했다는 점이다. 베스트팔렌 조약은 훗날 미합중국 건국과 프랑스 혁명의 불씨가 되었다.

전쟁은 수천 년 동안 특권층의 전유물에 가까웠다. 무기를 제작할 기술과 자금이 있는 사람들이나 할 수 있는 것이 전쟁이었다. 다양한 형태의 활, 화살, 도끼, 미늘창, 방패, 검이 수천 년 동안 전장을 지배했다. 귀족과 용병들이 군대의 중추였다. 훈련되지 않은 농부들은 거의 쓸모가 없었고, 따라서 고대나 중세에는 군대에 징집되는 경우가 드물었다. 귀족과 용병은 10세 무렵부터 군사훈련을 받았는데, 전쟁에 나갈 정도로 훈련이 되려면 몇 년이 걸렸다. 따라서 전투병의 숫자나 징병할 수 있는 사람의 숫자는 매우 제한적이었다. 중세에는 대규모 군단을 보유한 로마군의 시스템을 되살릴 수 없었다. 대규모 군대를 유지할 능력은 누구도 갖지 못했다. 오직 영국만이 프랑스와 백년전쟁을 치르던 동안에 의무적으로 활쏘기 훈련을 시켰고, 덕분에 분당 20발의 화살을 쏠 수 있는 궁수부대를 가질 수 있었다. 이 궁수부대는 프랑스의 기병부대를 궤멸하기도 했다.

그러던 것이 화승총, 개량 화승총 머스킷, 훗날의 격발식 총기와 같은 총기류가 등장하자 병사를 훈련시키는 기간이 상대적으로 짧아졌다. 검, 미늘창, 전투용 도끼 등을 효과적으로 다룰 수 있을 정도로 훈련시키려면 수년이 걸렸다. 그러나 총을 가진 병사를 전투에 내보낼 수 있을 만큼 훈련시키는 데는 두어 달이나 두어 주밖에 걸리지 않았다. 북아메리카의 식민지들이 당대 최강의 군대를 물리쳤다는 사실이 충분한 증거다. 손에 든 총과 함께 실행 가능한 전략을 가진 지휘관의 지휘를 받을 수만 있다면 평범한 사람도 직업군인 못지않은 전과를 올릴 수 있었다.

총기의 발명은 오늘날처럼 군대를 전문화하는 계기가 되었다. 상급부대도 하급부대도 '조국의 자식들'이 수백만 명씩 전쟁터로 나갔던 북아메리카 식민지들의 독립전쟁과 프랑스혁명 때처럼 시민의 자격만으로 전장에 나가는 평범한 개인들로 채워졌다.

영토가 넓고 인구가 많은 나라는 평범한 개인들이 많았으므로 1차 세계대전 때 놀라울 정도로 많은 병사를 동원할 수 있었다. 엘리트 귀족들이 개인적으로 군대를 동원하던 때와 달리 국가는 군사권력을 독점할 수 있게 되었다. 국가는 높은 소리로 동원 나팔을 불고, 시민들은 그 부름에 답하게 되었다. 일단 시민들을 징병하고 나면 훈련을 시키기는 상대적으로 쉬웠다. 따라서 그전에는 상상도 할 수 없었던 수의 시민을 군대로 보내고, 필요할 경우에는 궤멸작전을 구사할 수도 있었다. 베르됭 전투나 솜 전투의 반격 작전이 그러했다.

고대나 중세에 100~200명의 잘 훈련되고 무장된 병사를 잃으면 그 손실을 단기간에 복구하기는 거의 불가능했다. 비용도 어마어마하게 들었고 중요한 임무를 수행할 전투병을 양성하는 데도 몇 년이라는 시간이 필요했다. 그러나 총기의 시대에 접어들자 군단 전체를 한꺼번에 대체하는 것도 어렵지 않게 되었다. 하룻밤이면 새로운 인원을 징집할 수 있었기 때문이다. '총알받이'라는 말도 그래서 생겨난 것이다. '칼받이'라는 말은 아무도 생각할 수 없었다.

총기의 발명과 발달로 병력과 무기의 대량 배치가 기술적으로 가능해졌다면, 국가는 이에 대한 명분을 만들어주었다. 이제 전쟁은 국가적(그 나라의 영토 안에 거주하는 모든 개인이 개입된)이고 이념적인 것이 되었다. 종교적 상징권력은 국가의 신화와 정치적 이념에 길을 내주었다. 그리고 인류는 이 두 가지가 훨씬 무자비하다는 것을 목도했다.

국가주의는 16세기부터 20세기 초까지 300년 이상 군사적 충돌의 명분으로 쓰여왔다. 2차 세계대전과 냉전은 이념의 전쟁이었다. 세계대전이 민주주의와 나치즘, 파시즘의 싸움이었다면 냉전은 민주주의와 사회주의, 공산주의의 싸움이었다. 그러므로 만약 종교적 상징성이 1000년 이상 군사적 충돌의 명분이었다면, 국가와 이념의 상징성은 이제 겨우 300년을 넘겼으니 그 역사가 매우 짧은 셈이다. 군사 권력(폭력을 행사할 능력)은 대통령, 의회 또는 정부(이들 모두가 국가적, 이념적 상징성을 가진 대표기관이다)에 부속된 국가의 독점적 능력이 되었다.

군사권력의 변화에 대해서는 언급해야 할 만한 사례가 적어도 두 가지 더 있다. 당대에 극적인 결과를 빚어냈기 때문이다. 첫째는 이례적인 특수 임무가 발달하면서 군사권력의 강약을 판단하는 요소로 정보 분야가 추가되었다는 사실이다. 둘째 역시 이례적 요소인데, 흔히 변칙적인 충돌이 늘어난 것으로, 특히 테러리즘이 여기에 속한다.

물론 이 요소들이 역사에 새로이 등장한 것은 아니다. 고대 이집트에서 중국까지, 그리고 중세에도 군사작전에는 첩보 행위가 동반되었다. 현장 분석과 적의 능력에 대한 평가, 첩자를 침투시키거나 적의 사기를 떨어뜨리기 위한 선전

등 다양한 첩보 행위가 있었다. 엘리자베스 1세 치하의 잉글랜드에서는 이미 내외부의 스파이 네트워크가 짜여 있었고, 프랑스에서는 비밀 첩보국이 자리 잡기 시작했다.

마찬가지로 테러리즘도 '오늘날의 사건들'로만 볼 것은 아니다. 그 뿌리가 로마제국 시대의 유대교 광신도로부터 '산속 노인의 암살단'에 이르기까지 역사의 먼 곳까지 거슬러 올라갈 수 있기 때문이다.

테러리즘은 군사적 충돌의 한 형태인데, 적보다 열세인 조직이 변칙적인 전투 수단으로 대적하는 것이다. 이 경우 해당 조직은 상징권력에 의존한다. 광신도와 암살단의 경우에도 특정 종교 원칙의 순수성을 자랑한다(예컨대 이슬람 과격파와 유대교 보수파). 팔레스타인 점령지의 이르군[6]이나 슈테른 갱[7]은 시온주의[8]에서 출발했고, 볼리바르의 군대는 자유의 이상이나 국민 해방의 이상에 따라 행동했다. 이러한 전통 때문에 비행기를 납치하고 무고한 시민들을 죽

---

6. Irgun. 1931~1948년 영국이 위임통치한 팔레스타인 지역에서 활동한 이스라엘의 시온주의 단체

7. Stern Gang. 이르군의 분열 뒤인 1940년 아브라함 슈테른(Avraham Stern)이 팔레스타인에 세운 시온주의 테러조직. 레히(Lehi)라고도 부른다. 광신적으로 영국을 적대시하면서 팔레스타인에 사는 영국인들을 테러 대상으로 삼았다. 슈테른은 1942년 2월 자신의 아파트에서 영국 경찰에게 살해되었다.

8. 팔레스타인 지역에 유대인 국가를 건설하는 것이 목적인 민족주의 운동으로, 19세기말 시작되어 1948년 세계에서 유일한 현대 유대인 국가인 이스라엘 건국에 성공했다.

인 여러 집단은 스스로를 '자유의 전사'로 칭할 수 있었던 것이다. 따라서 오늘날 문제가 되는 것은 군사권력과 연관된 이러한 현상의 존재 자체가 아니라 '정도'다.

군인과 민간인(첩보에 민간인이 동원되는 것은 부적절하게 들릴 수도 있지만)을 통틀어 오늘날 강대국의 첩보에는 수만 명이 동원되고 있다. 그 기술도 놀라우리만치 정교하고 복잡해졌다. 오늘날의 첩보는 단순히 군사권력의 부속물이 아니다. 첩보는 종종 군사작전의 핵심이다. 그리고 전통적인 군사권력이 그 전략과 전술을 실행한다. 마찬가지로 테러 역시 이제는 특정 지역에서 자원이 부족한 조직에 의해 벌어지는 특이한 현상이 아니다. 테러 집단 역시 상당한 재정적, 물적 수단을 보유하고 있으며 언제든 어디든 공격할 능력을 갖추고 있다.

사실상 테러리즘은 2차 세계대전을 통해 강한 추진력을 얻었다. 그 이전에는 테러리즘이란 비난받아 마땅한 행위로 간주되었다. 테러를 지원하는 조직도 거의 없었다. 유대교 광신도들은 '공식적인' 유대교 성직자들의 규탄을 받았으며, 의견을 달리하는 성직자들에게도 비난을 받았다. 이 성직자들은 폭력을 두둔하지 않았을 뿐 아니라, 종교의 허울을 쓴 극단적 폭력은 받아들일 수 없다고 생각했다. 암살단은 이슬람 세계의 복잡한 정치적, 종교적 지도 안에서 일종의 소집단(행동은 거창하지만 규모는 매우 작은)일 뿐이었다. 이르군과 슈테른 역시 시온주의자 대다수로부터 비난을 받거나 적어도 경계의 대상이었다.

그러나 2차 세계대전을 거치며 반파시스트 저항운동에 대한 지식과 승인은 믿을 수 없을 정도로 급증했다. 그러한 저항운동이 만들어낸 신화가 수천 권의 책과 영화, 다큐멘터리, 정치 지도자들의 연설 등을 통해 매스미디어의 시대에 널리 전파되었기 때문이었다. 나치즘이라는 적의 악마성과 비열함은 논란의 여지가 없었고, 그러한 적에 대항해 싸우는 것은 어떤 수단을 동원한다 해도 정당했다. 선량한 시민들에게도 나치와 싸우기 위해서라면 열차를 폭파하고, 병사의 목을 베는 것도 세금을 내는 것만큼이나 당연하고 가치 있는 일이었다. 유럽을 비롯한 전 세계에서 10여 개의 국가(프랑스, 벨기에, 기타 북유럽 국가)가 독일군에 점령되었고, 따라서 독일군에 대항하는 저항군의 규모나 열기는 역사에서 전례를 찾아볼 수 없었다. 전쟁이 끝날 때까지 바다에서, 육지에서 수천 명의 사람이 다른 사람을 살해하고 파괴와 간첩 행위, 암살 등의 훈련을 받았다. 이런 모든 사람이 영웅으로 공식적인 칭송을 받았다. 전투의 '변칙적' 수단이 환영받았고, 당대의 정치적·군사적 패러다임 안에서 일상적인 한 부분으로 인정되었다. 이런 수단들은 냉전의 시대에 겉으로 드러나거나 드러나지 않은 여러 작전의 다양한 무대에서 더욱 확실하게 정당성을 인정받았다. '테러리스트'와 '자유의 전사' 사이의 구분은 상당히 희미해졌다. 일부 급진적인 관찰자들은 아예 그 구분이 사라졌다고 말하고, 한층 더 급진적인 사람들은 그 경계 자체가 사실은 존재하지 않았다고 주장한다. 현대 세계의 권력 지도에 대해 논의할 때 다시 이 문제를 다루겠다.

역사적 진보의 관점에서 군사권력, 즉 무력의 영향력은 이전 시대와 비교하면 꾸준히 증가해왔다. 그러나 상징권력과 경제권력에 비하면 쇠퇴하거나 정체해왔다. 변증법에 따라서 우리는 용어와 비유를 정확히 할 필요가 있다. 칭기즈칸의 수중에 AKM(개량형 칼라시니코프 돌격소총)이 있었다면 어땠을까를 묻는 것은 그저 단순히 상상력의 연습이라 해도 무의미하다. 그러나 로마제국 군대의 징집과 조직력, 그리고 전략적 능력을 경쟁 상대의 잠재력, 효율성과 비교했을 때의 월등함은 19세기 영국의 함대에 대해 현재 미국의 항공술이 가진 월등함과 거의 맞먹는다.

앞장에서 강조했듯 중요한 형태의 상징권력과 결합하지 않는 군대는 전투에서 패하는 경우가 종종 있었다. 로마제국은 신들을 '수입'했다. 제국이 가진 상징권력이 약했고, '국가'라는 용어가 아직 태어나기 전이기 때문이었다. 수입

된 신들은 황제에 대한 숭배로 대표되는 중앙 집중화된 상징권력 앞에서 그다지 힘을 쓰지 못했다. 325년에 열린 니케아 공의회를 통해 콘스탄티누스 대제는 아리우스주의와 네스토리우스주의 같은 여러 파로 분열된 그리스도교를 국교로 받들어도 충분할 만큼 안정적인 종교로 다져놓았다.

『구약성경』은 강력한 힘을 가졌으나 상징권력에 대해서는 무지한 자들을 향한 우화와 경고로 가득 차 있다. 전지전능해 보이는 파라오도 타 민족이 섬기는 신의 분노를 사 끔찍한 형벌로 굴복을 종용당했다. 벨사살[9]의 앞에 보이지 않는 손이 나타나 궁전 벽에 쓴 'numbered, weighed, divided'라는 글귀[10]는 그가 신으로부터 버림받아 나락으로 떨어질 것이며 그의 제국은 지도에서 사라질 것이라는 경고였다. 상징권력이 심판을 내리면 아무리 능력 좋은 첩보원들도 이미 흩어진 조각들을 다시 맞출 수 없었다. 게르만 세력(독일)도 교황과 프랑크 왕국 사이의 끈질긴 동맹에 반기를 들려고 했으나 결국 황제가 카노사까지 찾아가 눈

---

9. 『구약성경』『다니엘서』 5장에 등장하는 고대 세계 제국의 황제

10. 히브리어로는 mene, tekel, upharsin. '메네'는 하느님이 이미 벨사살 왕의 시대를 끝냈다는 뜻이며, '데겔'은 왕을 저울에 달아보니 그 부족함이 드러났음을 의미하며, '우바르신'은 왕의 나라가 나뉘어 페르시아로 넘어가게 될 것이라는 뜻이었다.

밭에 무릎을 꿇고 교황에게 죄를 빌어야 했다.

수백 년 동안 유럽의 역사는 대륙 전체, 그리고 그 너머 세계 전체에 위세를 떨치려는 강대국들에 의해 좌우되었다. 스페인, 프랑스, 독일(그리고 그보다는 좀 덜하지만 잉글랜드까지)이 차례차례 이런 카드를 썼다. 상징권력(최근 200년 동안 국가로 대표되어온)에 대한 군사권력의 거의 완벽한 복종과 지난 100년 동안 체계적으로 짜여온(비록 약간의 구멍은 있으나) 국제법상 관계의 거미줄은 군사권력이 더는 군사권력 자체를 위해 힘을 과시할 여지를 축소시키는 결과를 가져왔다.

유사 이래 지금까지 군사권력은 기술적으로 괄목할 만한 변형을 겪어왔고, 공간과 지형을 정복했으며, 중요한 요소(첩보, 새로운 전술과 뛰어난 두뇌를 갖춘 전략 분석 센터 등)를 확보해왔다. 그러나 군사권력은 2000년 전이나 200년 전에 그랬던 것처럼 주요 지역의 패권자와 국제적인 패권자로 나뉜 채 존재해왔다. 전 세계를 한꺼번에 아우르는 패권(엄격하게 군사적 관점에서 보았을 때)은 먼 과거에 그랬던 것과 마찬가지로 지금도 불가능하다.

두 세기 동안 군사권력이 세 가지 형태의 권력 중 1순위였다면(국왕, 황제, 부족의 지도자 등, 결정권자는 군사 지도자였다), 현대 세계에서 군사권력은 상징권력(국가의 개

념이 부상하고 사회가 세속화하면서 이념적 힘이 곧 상징
권력이 되었다)과 심지어 경제권력에까지 종속되었다. 전
략적 결정은 이제 더는 용병의 몫이 아니라 정치가나 그 외
의 상징권력을 가진 지도자의 몫이 되었다. 옛날의 개선장
군들은 이제 군사적 책임자의 역할에 머물게 되었다.

군복을 입은 남자들, 차가운 금속의 전쟁무기, 공포심과
경외감까지 불러오는 전투기가 등장하는 파리나 모스크바
의 전통적인 군대 퍼레이드는 누구나 좋아한다. 그러나 어
떤 군대든 그 지도자는 대부분 군사적 훈련 경험이 거의 없
는 사람이나 기관이 서명한 명령장에 의해 임명된 사람이
라는 것을 기억해야 한다. 그 명령장에 서명한 사람의 결정
에 권위가 인정되는 것은 그 사람이 가진 상징권력 때문이
라는 것도 잊지 말아야 한다. 군벌 또는 군사정권은 제3세
계에서나 볼 수 있는 특징으로 간주된다. 하지만 이들은 점
점 무자비해지는 경향이 있고 따라서 비난받아 마땅한 일
이다. 베네수엘라의 지도자 우고 차베스는 자신을 군사적
공적이나 카스트로 스타일의 게릴라로 포장하는 것이 아니
라 미국의 상징적 패권에 맞선 전사로 규정했다.

부족 시대의 파괴적 요소들이 '약자들의 음모'에 의해 진
화의 단계에서 제거된 것과 마찬가지로, 역사는 '언제, 어디
서, 왜'에 대한 전사들의 결정 능력을 점차 축소해왔다. 군

사권력은 다른 형태의 권력에 비해 그 진화 과정에서 대부분 힘을 잃었다. 볼셰비즘(볼셰비키 당의 혁명 사상)과 파시즘은 군사권력의 마지막 숨결이었다. 그 지도자들이 군대의 휘장을 지나칠 정도로 남용한 것은 우연이 아니었다. 히틀러는 자신을 총통으로 선언했고, 스스로 '수령님(Il Duce)'이라 칭했던 자신의 '동지' 무솔리니처럼 언제나 군복을 착용하고 다녔다. 스탈린도 군복을 입은 채 나이를 먹어갔지만, 그의 후계자 흐루쇼프는 군복을 벗어버리려고 했다. 그러나 이 경우에도 흐루쇼프가 그렇게 할 수 있던 것은 군사권력이 아니라 이념(즉 상징적인 것) 때문이었다. 아마도 이런 사례로서 가장 대표적인 것은 히틀러가 독일 군대의 모든 병사가 암기하던 선서문을 고쳐 국가가 아니라 히틀러 개인에게 충성을 맹세하게 했던 것, 즉 군대 전체를 이념적인 지도자 한 사람에게 복종하게 했던 일일 것이다.

2차 세계대전 중 파시즘에 대한 대대적인 저항과 그 뒤를 이은 지하운동의 신화는 여러 이념적, 종교적 동기를 가지고 다양한 형태로 전개된 동시대의 테러리즘을 정당화하는 계기가 되었다. 더는 테러리즘 그 자체를 전쟁의 규칙을 어긴 비겁한 행위로 비난만 할 수는 없게 되었다. 논란의 대상으로 삼아야 할 부분은 테러리스트의 이념이다. 거대한 악(나치의 압제)을 상대로 한 테러리즘은 정당했다. 만약 테러리스트가 정말 순수하게 자신의 적도 나치에 버금가는 악이라고 믿는다면 그들의 테러도 비난의 대상이 될 수 없다. 기술적 가능성과 세계화가 그 나머지를 해결했다. 앞으로 보게 되겠지만, 테러리즘(또는 테러의 악마적 요소)은 오늘날에는 별 의미가 없는 지리적 제약을 뛰어넘은 권력의 무대에서 독립적인 참여자가 되었다.

우리에게 알려진 역사(특히 지난 1000년 동안)에서 일반적으로 나타난 것처럼, 경제권력이 이동한 루트와 똑같이 군사권력도 동에서 서로, 그리고 남에서 북으로 이동했다.

그 자체로 하나의 이념을 만들어낸 돈

약 1만 년 전 끝난 빙하기 이후 인류에게 가장 중요한 경제적 자원은 물적 재산이었다. 우리가 알고 있는 세상은 나일강 동쪽의 삼각주(비옥한 초승달 지대)와 지중해에서 시작되었다. 농업은 인류의 운명을 결정했다. 인류의 정착생활을 확립했으며, 미래 도시화의 씨앗이 되었고, 부족(전형적인 수렵채집인들의 공동체)보다 큰 공동체에 대한 필요성을 낳았다. 또 언제 나타날지 모를 작물 도둑에 대비해 공동체 구성원들을 하나로 뭉치게 했다. 춘추분과 동하지(가장 중요한 농경 행사일)는 오늘날에도 다양한 겉모습을 띠며, 역사를 통틀어 본질적으로 가장 중요한 축일이었다.

지형적 특징은 빈부를 가르는 요소로 작용해왔다. 어떤 지역에는 지금도 그 차이가 존재한다. 비옥한 농경지대에서는 패권주의적, 팽창주의적 경향의 강력한 문명(수메르, 아시리아, 바빌로니아, 이집트, 미케아, 페르시아, 그리스)이 탄생했지만, 농경에 제약이 많고 동물을 가축으로 길들이는 데 어려움이 있는 지역(아마존 부족, 호주 원주민, 대부분의 아프리카 부족 지역)에서는 모든 것이 침체해 있었다.

'정착민'과 '유목민'의 싸움은 아마 후자가 역사적 진화의 무대에 스스로 등장할 수 있을 만큼 강해지기 전까지 수천 년 동안 계속되었을 것이다. 아시아와 유럽에서는 중세 초기(몽골족, 바이킹족)까지, 아프리카에서는 비교적 최근까지 존재해온 관습을 지키던 유목민들은 지배자의 욕망과 수요에 따라 부정기적으로 세금을 부과했다. 피지배자인 농작물 생산자들은 늘 불안감에 시달렸다. 정착민의 군사 지도자들은 자기 부족을 체계화하려 했고, 부족민 대다수는 군사적 보호의 대가로 그에게 복종하는 길을 택했다. 군사 권력(방어가 주목적이지만 때로는 공격의 역할도 해내는)과 경제권력의 이러한 공생관계는 역사적으로 알려진 최초의 거대도시들과 문명들을 만들어낸 원동력이었다. 이들의 등장에는 세 가지 선결조건이 있었다. 자원을 생산할 능력(음식은 생존을 위한 가장 중요한 요소였으므로 농작물은 특히 중요했다), 해상과 육상에서 중요한 교역과 교환의 루트를 통제할 능력, 생산자들의 안전을 확보하는 것(아마도 방어용 성벽을 쌓음으로써)이었다.

일반적으로 경제적 게임의 규칙은 오늘날까지도 크게 변하지 않았다. 역사를 통해 변해온 것은 자원과 생산물의 중요성, 주요 참여자, 그리고 경제권력이 군사권력이나 상징권력과 갖는 관계였다. 중국은 경제적 확장에 힘입어 다른 나라보다 매우 빠른 속도로 관료체제를 발전시켰다. 문자를 사용했고, 상업 분야에서는 계약을 맺었으며, 권력은 중앙 집중화되었고 인플레이션을 막을 무기로 지폐를 사용했다. 반면 서아시아와 지중해의 역사는 눈부신 발전과 극적인 몰락으로 특징지을 수 있다.

유럽의 고대는 로마제국과 함께 꽃을 피웠다. 로마제국은 모든 것을 무자비하게 낚아채고 체계화했다. 기원전 600년 리디아(현재의 터키 서부에 위치했던 고대왕국)에서 최초의 동전이 주조되었지만, 막대한 양의 통화를 유통할 수 있었던 것은 로마제국이었다. 금, 은이라는 중요자원에 쉽게 접근할 수 있었기 때문이다. 로마제국에서는 아직 교환경제(특히 아프리카, 동방과의 교역을 통한)가 더 중요한 역할을 했으므로 재정 경제의 수준에 오르지는 못했으나, 가시적 발전은 분명 있었다. 로마인들이 놓은 도로는 비교적 안전한 교역로의 역할을 했다. 예를 들어 브리타니아의 고대 유적지에서도 중국의 유리와 이집트의 금세공품이 발견되었다. 서기 166년 마르쿠스 아우렐리우스 황제는 중국과의 체계적 교역을 개시했다. 고대 이후로 '실크로드'를 통한 또 하나의 교역 루트 개발에 방해가 되었던 기간은 코모두스 황제의 치세였던 180~199년 이후에 이어진 불안정한 기간뿐이었다.

로마제국의 붕괴와 300년에 시작된 야만족의 침략으로 주요 교역로가 수백 년 동안 단절되었는데, 교역로가 완전히 단절되지는 않았지만 심각한 위험이 있었으므로 이용 빈도가 현저히 줄어들었다. 해상 교역은 해적 때문에 안전하지 못했다. 어떤 함대도 해적을 안정적으로 제압할 수 없었다. 국제무역의 중요성과 안전성이 더욱 크게 주목받을 정도로 발전한 것도, 동방과의 교역이 재개된 것도 샤를마뉴 대제가 등장한 이후부터였다.

경제권력은 재건되었다. 특히 방어를 위한 성벽을 갖춘 이탈리아의 자치도시들, 그중에서도 베네치아, 제노바, 피렌체의 무역활동이 활발했다. 992년 베네치아는 콘스탄티노플에 영구 식민지를 건설했고, 30년 후 제노바는 코르시카를 무슬림의 손에서 탈환했다. 코르시카는 지중해 상업활동에서 또 하나의 핵심 지역이었다. 오랫동안 주조되지 않던 금화가 1252년부터 피렌체에서 다시 주조되기 시작했다. 교환이 아닌 통화에 바탕을 둔 재정 경제로의 결정적인 이동은 1000년대 초반부터 시작되었다. 그리고 1298년 제노바, 브뤼헤, 런던을 잇는 최초의 영구 교역로가 열렸다.

요새 도시들은 폭발적으로 성장하는 경제권력을 군사권력과 연결함으로써 해적 문제를 해결했다. 쾌속 갤리선 함대와 최고의 무기, 그리고 잘 훈련된 병사들은 상단의 손실을 최소화해주었다. 그러나 이러한 요새 도시 내부에서도 군사권력은 경제권력과 상징권력에 의해 지배되었다. 군사권력이 1순위였던 고대와 카롤링거 왕조의 시대가 막을 내린 것이었다.

경제권력이 역사의 무대에 등장하면서 신분의 구분 기준이 지배층(귀족)과의 연결성에서 지역적 기준으로 바뀌었다. 단순한 농경 위주에서 벗어난 형태의 경제는 이제 막 역사에 등장하기 시작한 새로운 계층의 특권이었다. 자치도시(자치도시를 뜻하는 버러스(burghs)는 부르주아(bourgeois)의 어원이다)의 장인과 소상공인들은 현대 기업인의 조상이었다. 이들은 봉건적 예속에서 벗어나 있었고, 군사권력으로 대표되는 지배층과의 사이에 공정한 관계를 요구하기 시작했다. 팽창하는 경제권력의 대표주자들은 군사권력과 그 동맹군, 즉 상징권력(대표적인 예로 교회가 있다)과 600년간의 힘겨운 싸움을 계속했다.

유럽에서 눈을 돌려 아시아를 보면 아프리카가 그렇듯이 아시아도 유럽과 전혀 다른 역사적 논리를 갖고 있다. 예언자 무함마드[11]의 메시지로 고양된 아랍의 권력은 한 세기 동안 괄목할 만한 성장을 이루었고, 이는 그 후 수백 년 동안 유럽 세계에 커다란 압박이 되었다(스페인의 국토 회복은 그라나다를 정복한 1492년에야 완료되었다). 셀주크제국은 비잔티움 제국의 일부를 떼어갔고(1054년의 대분열로 그리스도교 교회의 상징권력은 갈라져 있었고, 정교회는 교황 기구와 가톨릭으로부터 분리되어 있었다), 오스만제국은 쉴레이만 대제 치세에 절정을 맞으며 동유럽까지 세력을 확장해갔다. 쉴레이만 대제는 빈의 성벽 앞에서야 진격을 멈추었다. 제국이 기나긴 정치적, 경제적, 군사적 고통에

---

11. Muhammad(570~632). 이슬람의 예언자. 40세의 나이에 대천사 가브리엘로부터 계시를 받아 『쿠란』을 체계화한 것으로 알려졌다. 그가 후계자를 세우지 않고 사망했기 때문에 지금까지도 수니파와 시아파 사이의 분열이 해결되지 않고 있다. 시아파로부터 더 과격한 종파인 '이스마엘의 후손들'이 갈라져 나왔다.

빠지기 직전이었는데, 그 고통이 끝난 1922년에 현대적 국가인 터키가 탄생했다.

중국은 몽골에 정복되었고, 다시 명나라로 부활할 때까지 수세기 동안 환난을 겪었다. 15세기 들어 중국은 훗날 일본이 그랬던 것처럼 외부 세계와의 단절을 선언했다. 이렇게 스스로를 고립시켰음에도 중국은 1600년 즈음 영국, 프랑스, 독일을 제치고 세계 산업의 중심이 되었다.

아시아의 경제 모델은 관리적 측면에서 유럽에 바탕을 둔 모델보다 훨씬 효율적이었다. 예컨대 중국은 태생적 계급보다는 지적 엘리트 계급을 장려했다. 유럽과 달리 오랜 세월 동안 대규모 폭동이 없었던 것도 그 때문이었다. 중앙집중화도 훨씬 잘되어 있었다. 고대 유럽과 마찬가지로 중국에서도 군사권력은 경제권력이나 심지어는 상징권력까지 잠식하면서 지배적인 힘으로 남아 있었다.

이슬람권의 술탄은 군사 지도자이자 모든 피지배민이 가진 소유물의 상징적인 소유자였다. 따라서 지배 영역 안의 모든 소유물을 각 소유자가 개인적으로 가질 수 있었던 것은 지도자의 '은혜' 덕분이었다(이 소유물들은 언제든지, 정당한 명분 없이도 지도자가 몰수할 수 있었다). 중국과 이슬람권 모두에서 상징권력은 반신격화한 지도자에게 맹목적으로 복종할 것을 요구했다. 중국에서는 유교사상에 입각한 일체의 믿음, 오스만제국에서는 수니파 무슬림 성직자들이 그러했다.

그러나 유럽에서 경제권력의 해방은 엄청난 격동을 겪은 후에 이루어졌다. 1214년 부빈 전투에서 참혹한 패전을 겪은 이듬해, 영국 귀족들은 실지왕 존[12]에게 마그나카르타[13]에 서명할 것을 요구했다. 당시 이 헌장은 귀족만을 배려했을 뿐, 상징권력을 가진 누구와도 동맹을 맺지 못한 한 사람(국왕)의 자율권은 제한했다.

이렇게 해서 교황 클로비스에 의해 시작되고 샤를마뉴 대제에 의해 부활했던 제왕의 힘과 교회(상징권력을 불어넣음으로써 군사권력을 신성화했던)의 결합은 사상 처음으로 그 힘을 잃었다. 그러나 이것은 시작에 불과했다. 1265년 최초의 대영제국 의회가 구성됨으로써 새로운 길이 열린 것이다.

---

12. 플랜태저넷 가문의 국왕 헨리 2세의 막내아들로, 다른 형제와 달리 아버지로부터 물려받은 영지가 없어 '무지왕(無地王)' 또는 '실지왕(失地王)'이라 불렸다. 형 리처드가 십자군 전쟁으로 나라를 비운 사이 섭정으로 먼저 잉글랜드를 다스렸고, 형이 죽은 후 왕위에 올라 1216년까지 재위했다. 그는 아버지의 그림자 속에서 자란 허약한 왕이었고, 정치적 감각이라고는 없는 우유부단한 성격이었다. 프랑스 영토 안에 있는 영국 국왕의 영지를 상당 부분 잃었고, 강력한 권한을 가진 봉신들에 의해 대헌장 마그나카르타에 서명하도록 압박을 받았다.

13. Magna Carta. 대헌장이라고도 한다. 왕권에 대항하여 귀족의 권리를 재확인하기 위한 문서로, 17세기에 이르러서는 왕의 전제(專制)에 대항하여 국민의 권리를 옹호하기 위한 근거로 이용되었다.

백년전쟁은 프랑스의 군사권력을 약화시킴으로써 다른 권력들이 무대에 올라올 수 있는 여지를 터주었다. 1343년 부르주아의 대표들이 프랑스 북부와 왕국의 중심에 모여 자신들의 결정권을 요구했다. 1347~1351년 사이 유럽 인구의 절반을 죽음에 이르게 한 흑사병은 중요한 상징권력(교회)에 치명적인 일격을 가했다. 흑사병으로 인해 교회도 전염병 앞에서는 속수무책임이 드러났다. 교회의 가장 큰 동맹군, 즉 귀족들의 군사권력도 큰 타격을 입었다.

　1358년 프랑스 북부에서 농민들의 반란인 재커리 반란이 일어나면서 전례 없는 폭력과 마주하는 한 세기가 시작되었다. 1413년과 1418년에는 시몬 카보슈의 주도로 파리 시민들의 반란이 일어났다. 모든 폭동에는 반귀족적 요소뿐 아니라 반성직자의 요소까지 있었다는 것이 흥미롭다. 성직자는 귀족들에게 의존하는 그들의 동맹 세력이었을 뿐 아니라 경제적 기생충이라는 인식이 강했기 때문이었다. 해협을 건너 잉글랜드에서는 와트 타일러의 폭동(1381년)이 일어났고, 피렌체에서는 양모를 빗질하는 노동자인 소모공들이 무기를 들고 봉기(1378년)했다. 1434년 로마에서 시민들이 폭동을 일으키자 로마는 임시로 시를 '공화국'으로 선포하고, 그 정통성은 가톨릭교회의 상징권력이 아니라 로마법에서 나온다고 선언했다. 이 두 동맹 세력(군사권력과 상징권력)의 힘은 갈등과 침체의 국면이 이어졌던 100년간의 황폐한 세월을 견딜 만한 충분한 자원이 있었음이 분명하다. 1453년 오스만제국이 콘스탄티노플을 점령하며 비잔티움 제국의 긴 고통을 끝냈을 때, 유럽에서는 거의 아무런 반응도 보이지 않았다. 그러나 상황은 이제 결코 옛날과 같아질 수 없었고, 경제권력은 점점 더 크게 주목받기 시작했다.

다만 스페인은 최소한 두 가지 이유로 예외였다. 첫째, 스페인은 무슬림의 수중에서 영토를 탈환하느라 바빴고, 이 상황은 다른 무엇보다도 중요한 것이었다. 둘째, 가톨릭을 신봉하는 스페인의 국왕과 왕비는 교회에 거의 무제한의 권력을 허락했다. 다문화적, 다인종적, 다종교적 국가를 '그리스도교화'하기 위해서는 교회의 힘이 필요했고, 힘을 가지고 왕실에 위협이 될 소지가 다분한 귀족들에게 적수가 될 만한 우호세력이 필요했기 때문이다. 이러한 내분으로부터 보호를 받으며 상징권력의 깃발(순수혈통 가톨릭)을 높이 치켜들고 대담하게 신대륙을 개척한 스페인은 엄청난 부를 끌어들였다. 그럼으로써 단 한 세기 만에 군사적, 경제적, 상징적 권력을 갖추고 유럽에서 가장 중요한 나라가 되었다. 아메리카의 금과 은은 유럽 전체의 현금 보유량을 기하급수적으로 증가시켰다. 사실 여기서 촉발된 인플레이션은 결국 가격의 붕괴를 가져오기도 했다.

앞에서 보았듯이 경제권력은 군사적 보호 감독(귀족)으로부터의 해방을 향해 움직이는 경향이 있지만, 경제권력과 군사권력의 유대는 쉽게 끊어지지 않았다. 언뜻 연관성 없어 보이던 불연속적인 몇 가지 사건들이 결국 역사의 방향을 돌려놓았다. 가장 중요한 사건은 단연코 독일에서 당시까지 전혀 알려진 바 없던 수도사 마르틴 루터가 몇 가지 논제(1517년 '95개조의 논제'로 발표되었다)를 던지면서 등장한 '새로운 이단' 사건이었다. 바티칸은 이전에도 비슷한 상황을 만난 적이 있었다. 보고밀파, 카타리파, 파타린파, 둘치니아파 등은 수세기에 걸쳐 유럽 전역에서 가톨릭교회의 교의와 경쟁했고, 심지어는 그들을 근절하기 위한 군사적 행동을 도발하기도 했다. 그러나 당대와 그 후의 로마 가톨릭의 무오류성에 심각한 의문을 품게 했던 흑사병이 유행하기 이전이었기 때문에 보통 사람들 눈에는 이러한 반체제주의자들이 비정상으로 보였다. 귀족을 혐오하는 새로운 계층이었던 부르주아는 전혀 새로운 상징권력의 매개체를 발견했고, 그 매개체를 전력을 다해 품 안에 끌어들였다.

화약의 발명과 총기의 발달로 귀족의 군사권력 독점은 무너졌다. 플랑드르의 직물상들이 프랑스 기병들을 대파한 황금박차의 전투(1304년), 잉글랜드의 궁수들이 프랑스의 기병들을 패퇴시킨 아쟁쿠르 전투, 튀르크의 병사들이 프랑스 기사들을 무찌른 니고볼리 전투 등은 천하무적일 것 같았던 기사의 신화를 산산이 부숴놓았다. 화약과 '평범한' 병사가 19세기 일본에서 사무라이 제도를 없앴듯이, 똑같은 이 두 가지의 조합이 유럽에서는 몇 세기에 걸쳐 기사 제도를 없앴다. 현대의 병사들은 더는 반드시 귀족 계급일 필요가 없었다(귀족들은 오늘까지도 군사적 상징을 보존하고 있지만). 고대의 야만족들이 로마의 군단을 지배할 때까지 로마 군대에 야금야금 스며들었듯이, 미천한 신분의 직업군인들은 현대에 이르러 대부분의 군대를 대표하게 되었다.[14] 귀족의 권력은 군사적 보호 능력에 달려 있었는데, 직업군인이 나타남으로써 더는 귀족의 능력이 쓸모가 없어졌다. 경제적 관점에서 보면 귀족은 기생충에 가까웠다. 귀족이란 하는 일 없이 노동을 담당하는 사람들로부터 거두어들인 공물로 먹고 누리면서 반란을 꾀할 수도 있는 사람들이었다.

귀족의 정당성은 교회와의 동맹(이 동맹은 종교개혁과

---

14. 군사 분야뿐 아니라 다른 분야에도 같은 현상이 적용된다. 프랑스에서는 '혈통에 의한 귀족'과 구분하기 위해 '옷차림에 의한 귀족'이라는 말이 생겨났고, 영국에서는 '신귀족'이라는 말이 등장했다.

반개혁을 통해 대결의 주요 무대가 되었다)에서 왔다. 이 '동맹'에 대한 사람들의 혐오는 백년전쟁이 치러지는 동안 어마어마하게 커졌다. 전쟁을 치르느라 국고는 탕진되었고, 시민들에게는 더욱 무거운 세금이 부과되었기 때문이다. 그 세금은 소득세가 아니라 왕과 봉신의 권한이 미치는 영토 내에서 살아 있는 모든 사람 하나하나에 매겨지는 인두세였다. 프랑스에서는 타이유(taille), 잉글랜드에서는 폴 택스(poll tax)라 불린 이 세금은 귀족과 성직자에게는 면제되었지만 농부와 장인, 상인들에게는 여지없이 부과되었다.

1524년 독일 농민전쟁이 일어났고, 1526년에는 작센 주에 최초의 루터파 교회가 등장했다. 북유럽에서는 새로운 교회로 치우치는 경향이 강했지만, 교황의 무장 세력이 지키는 스페인 등의 남부 유럽과 프랑스가 지배하고 있던 중부 유럽에서는 대결 국면이 펼쳐졌다. 1534년 헨리 8세는 영국 국교회를 개창했다. 영국의 종교개혁은 1558년 왕위에 오른 엘리자베스 1세의 치세에도 계속되었다. 1566년 네덜란드는 칼뱅파 교회를 받아들였다. 그리스도교 세력은 레판토에서 쉴레이만 대제를 격파하기 위해 일치단결했지만(1571년), 그 후로는 여러 전쟁을 치르면서 1648년 베스트팔렌 조약이 체결될 때까지 계속 분열을 겪었다.

세 번째로는 엘리자베스 1세가 메리 스튜어트를 처형한

사건을 들 수 있다. 대담하지만 불운했던 메리 여왕은 자신을 처형하라고 요구했던 것으로 보인다. 그러나 사촌 엘리자베스 1세의 결정(더 정확히 말하자면 왕실위원회라고 할 수 있다. 왕실위원회는 가톨릭을 지지하는 스페인을 사나운 적으로 보았고, 스페인과 예수회의 연합으로부터 커다란 위협을 느꼈다)은 그나마 왕실에 남아 있던 신성함마저 제거해버렸다. 헨리 8세는 엘리자베스의 생모 앤 불린을 단두대로 보냈지만, 불린은 별 볼 일 없는 시골 귀족의 후예일 뿐이었다. 반면 메리 스튜어트의 경우는 달랐다. '왕실의 적통' 즉 군주로서의 태생적 정당성을 지닌 스코틀랜드 여왕이 공개적으로 처형당한 것이다.

프랑스, 스페인, 잉글랜드의 역사는 암살로 얼룩져 있다. 그러나 암살에는 교살, 독살 또는 단검 등이 쓰였고 군중과는 거리가 먼 곳에서 이루어졌다. 메리 여왕의 처형이 대중 앞에서 공개적으로 이루어진 것은 아니었지만, 처형 자체는 공식적이었다. 영리한 엘리자베스가 의도하지는 않았지만 메리 여왕의 처형은 영국 혁명의 토대를 닦았고 엘리자베스 1세의 불운한 후계자인 찰스 1세(메리의 손자)의 운명을 결정지었다. 찰스 1세는 올리버 크롬웰의 의회파 '부르주아' 군대가 왕당파 귀족의 군대를 격파한 뒤 의회의 다수결에 의해 처형당했다. 여러 번 있었던 전쟁 때, 그리고 루이 16세의 재위기간(1774~1792년)에만 잠시 귀족의 특권적 지위가 부활했을 뿐, 귀족과 왕은 더 이상 법 위에 군림할 수 없었다. 그리고 현대 사회의 표본인 '사회계약'의 개념이 자리를 잡기 시작했다.

경제권력은 새로운 사회적 매개체(부상하는 부르주아 계층), 상징적 매개체(개신교), 군사적 매개체(직업군인)를 확보할 수 있었다. 포르투갈과 스페인이 식민지(이들 두 나라는 1494년에 교황의 축복을 등에 업고 아메리카 대륙과 아프리카 대륙에서 식민지를 나누어 가졌다)로부터 막대한 부를 축적한 뒤 가톨릭 세계는 유럽 대륙과 넓은 대양을 거의 200년 동안 지배했지만, 1659년의 피레네 협정 때문에 더욱 가파른 내리막길을 걷게 되었다.

개신교도가 큰 폭으로 증가한 프랑스, 대영제국, 네덜란드, 북유럽 국가들은 산업혁명(18세기 후반부터 시작된)의 선봉에 서면서 훨씬 활력적인 나라가 되었다. 그다음 세기에 들어서면서 또 하나의 개신교 중심 국가인 미국이 부상했다.

한편으로는 현금의 유입, 상업의 발달(더 안전해진 항해와 '이미 알고 있는 세계'의 확장으로 인해), (귀족과 교회의 지역적 독점을 제거함으로써 이루어진) 자본에 대한 접근의 민주화, 현대적인 국제 금융 교역 체계(네덜란드는 이미 서인도주식회사를 설립했고, 1602년부터 암스테르담 주식시장을 설치했다) 등으로 세계 경제의 중심이 서유럽으로 이동하는 것이 돌이킬 수 없는 현실이었고(아랍 세계는 분열되어 있었다. 오스만제국은 쉴레이만 대제의 후계자인 '주정뱅이 술탄' 셀림 2세의 치세에 내리막길을 걸었고, 중국은 청 왕조가 들어선 후 거의 모든 전쟁에서 패배하면서 몰락하고 있었다), 다른 한편으로는 투자 자본의 형성이 급격히 가속화되고 있었다.

상징권력과 군사권력에서 해방된(군주국에서나 공화국에서나 군대 유지비는 시민의 부담이었고, 군대를 제한하는 힘도 시민으로부터 나왔다) 경제적인 권력은 18세기부터 200여 년간 실질적으로 우월한 위치를 차지했다. 은행가들은 경제전쟁을 치렀고, 무엇이 바람직한 결과인가에 대한 그들의 주장은 무겁게 받아들여졌다. 자본주의 체제는 초기의 야만적 착취를 점차 종식시키고 계속 변화를 겪으면서 내부적으로 정치적 합의를 도출하기에 모자람이 없는 사회적 안전망을 구축하기에 이르렀다. 스미스, 리카도, 밀 같은 개척자들은 이론적 토대를 닦았다. 이념적 대립이었던 냉전이 끝나자마자 러시아와 중국(중국은 '1국 2체제'라는 슬로건을 내걸었다)은 자본주의 경제를 수용했고, 경제권력은 그 우월한 위치를 확고히 굳히는 것처럼 보였다. 사실 앞으로 논하겠지만, 속사정은 겉보기와는 전혀 달랐다.

우리에게 알려진 4000년간의 역사에서 경제권력은 물적 재산의 부를 의미했다. 처음에는 진화와 번영, 그리고 문명 간의 헤게모니를 결정하는 데 지리적 위치가 가장 큰 요소였다. 상업은 전쟁 때를 제외하면 언제나 '글로벌' 경제의 개발을 떠받쳤다. 경제권력은 필수자원에 대한 접근과 분배에 대한 권리를 의미했으며 지금도 그것은 변함이 없다.

흑사병과 백년전쟁이 있기 전, 경제권력은 군사권력과 상징권력에 종속되어 있었다. 경제권력의 본질적 해방은 종교개혁과 함께 그 형태가 잡히기 시작했고, 종교개혁과 반개혁 세력 사이의 다툼이 진행되는 동안 점점 성장했다. 또한 한편으로는 왕실과 귀족의 상징권력이 축소되고 다른 한편으로는 총기의 등장으로 군사권력이 귀족 계층만의 전유물에서 벗어나 더 널리 개방됨으로써 경제권력의 의미는 점점 더 커지게 되었다. 뒤에 서술하겠지만 경제권력은 처음에는 상징권력의 매개체로서 종교개혁 세력과 손을 잡았고, 18세기 초부터는 자신만의 독자적인 매개체, 즉 이념을 만들어냈다.

서기 1500년 이후로 경제권력은 동에서 서로, 남에서 북으로 이동했다. 그리고 거대한 지역(라틴아메리카, 아시아의 상당 부분, 그리고 아프리카의 거의 전체)이 식민지 정책을 통해 지구상의 다른 지역에 점령당했다. 20세기의 끝과 21세기의 시작점에서는 경제권력의 움직임이 그때와는 반대로, 즉 북에서 남, 서에서 동으로 이동했다.

이념이라는 이름의 새로운 신

원시 부족 사회의 샤먼에서 고대 이집트와 바빌론제국의 고위 성직자에 이르기까지, 수천 년 동안 인간 사회는 발전을 거듭했다. 그러나 종교적 믿음의 체계를 낳은 메커니즘은 변함이 없었다. 자아를 가진 인간들 대다수가 형용할 수는 없으나 인간 이외의 '무언가'가 틀림없이 존재한다는, 심오하고 의심의 여지가 없는 종교적 믿음을 갖고 있었다. 그 '무언가'는 소명과 훈련을 통해 신성과의 특별한 관계를 맺게 된 사람들만 알거나 그러한 사람들만 설명할 수 있는 것이었다. 또 그러한 사람들에게는 상징권력이 존재했고, 그 상징권력은 같은 믿음을 가졌으나 소명과 훈련의 과정은 거치지 않은 다른 사람들에게 영향력을 발휘했다(이 힘은 다른 믿음을 가진 사람에게까지 미치지는 못한다. 인류 전체에 대한 권력의 독점이 존재하지 않았던 것도 이런 이유에서였다).

모든 위대한 종교들(믿음을 윤리적인 틀과 도덕적인 틀, 그리고 일관적인 인식론과 존재론으로 체계화하고 전례적 측면까지 발전시킨)은 모두 근동에서 발원했다. 세상의 거의 모든 상징권력은 지구상에 존재하는 모든 육지 면적의 10퍼센트에도 채 미치지 못하는 지역에서 일어났다. 조로아스터교, 불교, 힌두교, 유대교, 그리스도교, 이슬람교 등이 모두 그곳에서 시작되었다. 이미 성숙되고 강력해졌으며 자아를 각성하게 된 세상에 갑자기 상징권력이 등장했던 기원전 500년경, 인간 세상에는 무슨 일인가가 벌어졌던 것이 틀림없다.

유럽 북부와 중앙에서, 영국에서 다뉴브 강 이남까지 퍼져 있던 켈트 문명은 철기시대 후기에 절정을 이루었다. 드루이드교 성직자는 권력자들의 자리에서 최상석에 앉을 만큼 강력했다. 부족의 지도자에 더 가까운 존재였던 왕은 선택된 자를 통해 신의 뜻을 이루기 위해 불려나온 자였다. 실질적으로는 드루이드[15]가 켈트 사회를 통치했다. 카르파티아 산맥과 다뉴브강 사이에 자리 잡은 고대 왕국 다키아에서도 이와 유사한 종교가 있었다.

---

15. Druid, 20년 이상의 수련을 거친 드루이드교 성직자. 정보의 유출을 염려해 어떤 형태의 글도 남기는 것이 금지되어 있었다.

조로아스터교는 다리우스 1세(기원전 522~486년 재위) 치하의 페르시아에서 등장했다. 같은 시기 인도에서는 불교가 나타났고, 이미 한 세기 전에 시작된 힌두교는 많은 개혁을 겪은 상태였다. 중국에서는 유교가 발전 중이었고, 아테네에서 '페리클레스[16]의 세기(世紀)'가 시작되는 동안 그리스에서는 이오니아의 철학자들이 등장했다. 이스라엘에서는 페르시아 칙령(키루스 1세의 칙령)에 의해 유대인들이 바빌론 유수[17]에서 풀려난 후, 기원전 512년에 신전(제2의 신전)을 재건하였다. 에즈라와 느헤미야는 대대적인 종교 개혁을 단행하여 모세 율법의 기초를 놓았다. 마지막 몰락 얼마 전, 바빌론제국은 네부카드네자르 2세의 재위기간(기원전 605~562년)에 옛 영광을 부분적으로 되살리기도 했다. 네부카드네자르 2세는 유일신 종교를 확립하기 위해 마르두크 신을 위한 대신전을 지은 인물로, 그가 지은 신전이 바로 『구약성경』에 '바벨탑'으로 기록된 건축물이었다.

로마제국은 인류 최초의 법전으로 알려진 '함무라비 법전'보다 훨씬 훌륭하고 통합적으로 정리된 실효법 '12표법'

---

16. Perikles(기원전 495?~429), 고대 아테네 민주정치의 전성기를 이룩한 정치가이자 군인

17. 기원전 597~538년 이스라엘의 유대인들이 바빌로니아의 도시 바빌론으로 포로가 되어 끌려간 사건

(기원전 450년경 평민의 권리를 법적으로 보호하는 내용을 구리판에 새긴 것으로, 훗날 로마법의 기초가 되었다)의 시대를 거쳤다. 로마 문명은 인류 문명 중 최초로 도덕성보다 윤리를 더 중시한 문명이었던 것으로 보인다. 그들은 도덕보다 윤리와 연결된 상징권력을 더 발전시켰다. 이들의 상징권력을 분명하게 세속적인 권력이라고 말할 수는 없으나, 훗날 서구의 세속주의로 발전한 씨앗이 존재했던 것은 분명하다. 이러한 독특한 행보를 통해 로마인들은 지금도 여러 대학에서 법의 요체로 가르쳐지는 체계를 만들어냈다.

완전히 성숙한 상징권력과 당시까지 절대적으로 우위에 있던 군사권력이 대등하게 대면하는 일은 수많은 고문서에 등장한다. 유대인들은 신전을 새로 지음으로써 자신들의 정체성을 재확인했고, 네부카드네자르 2세도 바빌론에서 같은 일을 했다. 이오니아의 철학자들은 세상의 이치를 설명하려고 했다. 또 자신들이 사는 사회와 군사권력을 쥔 지도자들의 한계에 대해 비판적으로 분석하기 위해 노력했다(피타고라스가 가장 좋은 예인데, 그는 15~16세기의 정치가 토머스 모어보다 1500년 앞서 여러 사회의 차이에 대해 논했다).

윤리와 도덕은 세속의 권력을 검열했다. 그리고 상징권력을 쥔 성직자와 군사권력을 쥔 전사를 분리했다. 사제는 왕실로부터 자신을 완전히 분리했을 뿐 아니라 비판적으로 왕실을 제한하려고까지 했다(『구약성경』 중 아합 왕의 이야기가 중요한 사례다). 게다가 신의 보호를 받지 못해 그 중요성이 줄어든 군사권력 또한 휘두르기 시작했다. 군사적 행동의 실패는 신의 노여움 때문인 것으로 해석될 수도 있었다. 승리는 병사들의 용맹이 아니라 신의 은총이 불러오는 자연스러운 결과였다. 때로는 돈을 주고 은총을 살 수도 있었다. 성직자는 어디서나 부유해지고, 경제권력까지 야금야금 파고들었다. 또 어떤 때는 공포를 불러오는 수단이 되었다. 인신 제물을 바치는 것과 같은 공포 서린 의식은 광범위한 지역(남아메리카에서는 포르투갈과 스페인에 정복될 때까지)에서 행해졌다.

로마제국의 부흥은 피정복 지역에서 영향력을 떨치던 상징권력에게는 커다란 충격이었다. 물론 그들의 군사권력이나 경제권력에도 큰 충격이었다. 로마제국은 다른 지역에 비해 종교성은 덜했지만, 윤리성은 강한 독자적 상징권력을 가졌기 때문에 다른 종교에 대해서 비교적 관대한 면은 있었지만 피정복민들의 정신세계를 이해하는 데 실패했다. 비교적 온전하게(종교적 의식을 중요시하는 율법주의를 통해) 살아남은 유일한 상징적 힘인 유대교는 마지막 신전이 파괴되고 유대인들이 제국의 구석구석까지 흩어지자 온 세계로 확산되었다. 성 바울과 고대 그리스 세계(편협한 민족성과 유대주의로부터 상징권력을 얻어내 보편적인 차원으로 확대시킨)에 의해 걸러진 그리스도교를 통해서만이 상징권력은 의미 있는 매개체를 찾을 수 있었다.

313년 로마의 황제 콘스탄티누스가 그리스도교로 개종했고, 325년 니케아 공의회에서는 오늘날까지 이어진 그리스도교의 형태(교리)가 갖추어졌다. 381년 1차 콘스탄티노플 공의회가 열렸고(콘스탄티노플은 330년 동로마제국 수도로 정해졌고, 379년 테오도시우스 1세가 황위에 올랐다), 391년 드디어 그리스도교가 국교로 공표되면서 궁극적인 승리가 이루어졌다.

당시 교회의 수장이었던 총대사제 테오필루스는 이미 수세기 전에 일부분이 파괴되었던 알렉산드리아 도서관에 남아 있던 모든 것들을 불태워버릴 것을 명령했다. 이러한 행동이 가지는 의미는 복잡했다. 새로운 상징권력은 영적 영역을 지키기 위해 전투적이고 단호해 보였고, 따라서 '낡은 지식(대체로 비난할 만한)'과 '새로운 지식(교회의 교리)' 사이에 분명한 선을 그었다. 이단의 유물은 맹렬한 공격의 대상이 되었고, 옛날과 같은 이단숭배 문화는 금지되었다. 이단숭배는 곧 죽음(그 이전에는 누구도 그렇게 하지 못했다)이었다. 비잔티움 제국의 황제와 종교적 권력 사이의 협정은 새로운 종교의 가장 중요한 건축물인 성 소피아 성당을 지음으로써 완결되었다. 거의 모든 곳(샤를마뉴 대제 이후 서유럽까지 포함해서)에서 개종이 이루어졌으나, 그것은 경전이 아닌 칼에 의한 것이었다.

300년 후 예언자가 나타나 제3의 유일신 종교를 일으켰고, 따라서 상징권력의 새로운 매개체가 나타났다. 이때부터, 아랍을 피레네 산맥의 기슭에서 멈추게 했던 프와티에 전투에서 30년전쟁을 끝낸 베스트팔렌 협정에 이르기까지, 대규모의 역사적 대결에서는 빠짐없이 종교적 요소가 등장했다. 그중에서도 가장 파괴적이었던 최후의 에피소드는 그리스도교 세계 내부에서 벌어진 종교개혁 세력과 반개혁 세력의 직접적인 충돌이었다. 경제권력뿐 아니라 군사권력도 이제 더는 독자적으로 성립할 수 없게 되었다. 이제 이두 가지 힘은 상징적·종교적 힘의 매개체에 불과했다.

그런 상징권력(종교적 권력)도 혼자서만 우뚝 설 수는 없었다. 교황은 언제나 군사적 권력과의 동맹을 갈구해왔으며, 그러한 동맹의 시초는 살리 프랑크족이었고 그다음에는 샤를마뉴 대제였다. 셀주크제국의 잇따른 공격으로 비잔티움 제국이 허약해지기 시작하자 서유럽이 대신 나서기 시작했다. 특히 1054년 '정교회'와 '가톨릭' 사이의 대분열이 일어난 후에는 더욱 그렇게 되었다.

대분열 직후인 1059년 로마 공의회는 성직의 세속적인 서임을 단호하게 금지했다. 교황청은 군사권력과 결별할 것을 결정했고, 어떠한 상황에서도 군사권력의 우위를 인정하기를 거부했다. 게르만족의 신성로마제국은 이미 오토 1세 치하에서 이러한 비전과 충돌을 겪었지만, 하인리히 4세는 1077년에 교황의 앞에서 치욕적인 의례를 치르며 카노사의 굴욕을 겪었다. 보름스 협약[18]은 오토 1세에 의한 교회의 붕괴를 가져왔고, 일시적으로나마 로마의 승리를 공고하게 해주었다.

십자군은 상징권력이라는 돛단배에 바람을 몰아준 것과 같았다. 그러나 1291년 동방에 남아 있던 그리스도교의 마지막 교두보였던 아크레[19]를 빼앗겼다. 같은 시기에, 카타리

---

18. Concordat of Worms. 1122년교황 칼릭스투스 2세(1119~1124년 재위)와 신성로마제국 황제 하인리히 5세(1106~1125 재위)가 맺은 타협안. 성직 임명을 놓고 교황과 황제 사이에 벌어졌던 서임권 논쟁이 이 협약으로 해결되었다. 서임권 논쟁은 하인리히 4세(1056~1106년 재위)와 교황 그레고리 7세(1073~1085년 재위) 때부터 있었던 문제였는데, 보름스 협약은 두 세력 간 갈등의 첫 번째 국면에 종지부를 찍었다. 성직 서임권은 교황이 지니며 황제는 교회나 수도원의 봉토에 대하여 상급 영주권을 지닌다는 내용을 담고 있다.

19. Acre. 지중해 연안에 위치한 이스라엘 북부의 항구도시. 『구약성경』에 나오는 오래된 도시로 악고(Akko)라고도 부르며, 고대에는 페니키아인의 항구로서 번영했다. 635년 이슬람교도에게 점령되었다. 1104년 십자군이 공략하면서 쟁탈의 대상이 되었으며, 1291년 이슬람이 최종적으로 탈환하였다. 1517년부터는 오스만제국의 속령이 되었다. 1922년 영국의 위임통치에 들어갔다가 1948년 이스라엘의 탄생과 동시에 그 일부가 되었다. 지금의 도시는 18세기경 오스만제국의 지배하에 있었을 때 건설되었으며, 시내 중심지에는 터키풍의 건축물이 많다. 예로부터 상업, 교통, 군사의 요충지였으며, 예루살렘 순례를 위한 거점으로서도 역사적으로 유명하다.

파 이단은 전례없이 가혹한 반격을 받고 완전히 뿌리 뽑혔다. 프랑스 남부 프로방스 지역은 파괴되었고, 이교도의 땅으로서 그리스도교에 정복되었다. 종교재판이 등장했는데, 가톨릭을 강력하게 신봉하던 스페인에서 특히 번성했던 도미니크 수도회는 종교재판을 굳게 신뢰하면서 가톨릭 사도교회에 어두운 그림자를 던졌다.

종교개혁이 존재감을 확보하기 위해 애쓰는 사이에 교황청은 신세계에서 새로운 영역을 넓혀갔다. 1455년 교황 칙서를 통해 포르투갈은 해상활동에 대한 독점권을 부여받았고, 1482년에는 포르투갈 선단이 골드 코스트(엘 미나)에 도착했다. 1492년은 콜럼버스가 아메리카 대륙을 향해 떠난 세 번의 항해가 시작된 해였다. 앞 장에서 언급했듯이, 스페인과 포르투갈은 바티칸을 심판으로 하여 1494년에 양국 간에 체결한 협약에 따라 신대륙을 양분했다.

흑사병(1347~1381년)은 역사상 유례가 없었던 대재앙이었고, 세상의 모든 것을 바꿔놓았다. 군사권력은 직업군인으로 구성된 기병과 용병 부대를 수없이 잃음으로써 돌이키기 힘든 타격을 입었다. 그 정도의 전사들을 훈련시키려면 어린 시절부터 시작해서 십수 년이 걸렸다. 군대가 흑사병의 충격에서 벗어나려면 아주 오랜 세월이 필요했다. 경제적 권력 역시 이 전염병이 지나간 후 새롭게 정비되었다.

전례 없는 인구 및 노동력의 감소로 물적 자산의 가격은 붕괴하고 십일조 금액은 급감했다.

무역 경제에서 재정 경제로의 이동에는 가속이 붙었다. 그러나 상징권력, 그중에서도 거의 전지전능이라 여겨졌던 교회는 가장 큰 타격을 입었다. 흑사병 같은 재앙 앞에서 교회는 그야말로 속수무책이라는 것이 드러났다. 이것이 교회가 지은 죄악에 대한 논쟁을 부채질했고, 흑사병은 신의 징벌이라고 여기게 되었다. 그러나 유럽 중부와 북부에서 태어나 사방으로 퍼져나가며 200년에 걸쳐 갈등을 일으키던 '새로운 이단'은 구심점을 갖고 있지 못했다. 그런 면에서 볼 때 그들은 애초부터 미약했다.

'가톨릭교도'를 주적으로 간주하며 자기 확신에 차 있던 그들은 주저 없이 군사권력, 즉 세속적 권력의 품 안에 뛰어들었다. 바로 이것이 상징권력의 내부에 언제나 준비되어 있던 가장 철저한 변화를 만들어낸 사건이었다. 종교의 상징권력이 새로운 매개체, 즉 국가와 국가의 새로운 신화(민족, 국토, 역사)로 대체된 것이다.

잉글랜드와 네덜란드(군사권력과 경제권력)에서 국가는 간단하게 교회를 접수해버렸다(전자는 영국 국교회로, 후자는 칼뱅파 교회로). 프랑스에서는 가톨릭과 위그노의 싸움이 점차 발루아 가문과 기즈 가문의 싸움으로 변질되었다(이 두 가문은 '신성동맹'의 선봉이었고, 양쪽 모두 가톨릭 가문이었다).

가톨릭과 개신교의 싸움은 어느새 남부와 북부의 싸움으로 변했다. 1659년 피레네 협정이 조인되자 스페인은 막강한 권력을 휘둘렀던 과거의 위상을 완전히 잃어버렸고, 프랑스가 유럽 전체의 패권을 차지하게 되었다. 그러나 1715년 루이 14세의 죽음으로 프랑스에서도 혁명의 기운이 끓어오르기 시작했다.

19세기까지 상징적 권력의 매개체는 신앙 체계와 종교적 확신이었다. 군사적 권력 역시 같은 시스템에 의해 권리를 부여받고 보호받았다. 다른 매개체는 상상조차 할 수 없었다. 그런데 어째서 1000년 동안 전혀 변하지 않았던 상황이 어느 날 갑자기 변하게 된 것일까?

산업혁명은 과학의 시대를 열었고, 온 세계에서 과학 연구가 폭발적으로 늘어났다. 교회의 교의는 100년도 안 되는 기간에 여러 번 되풀이해서 그 능력을 의심받았고, 점점 쓸모없는 것이 되어갔다. 심지어는 전능한 실증적 과학의 렌즈로 본다면 우습기까지 했다.

부르주아는 세속적인 것과는 거리가 멀었다. 그러나 그들을 앞서간 귀족들보다는 훨씬 덜 종교적이었다. 교회가 없어지기를 바라지도 않지만, 그들은 윤리적 관점에서조차 교회의 감독을 받아들이지도 않았다. 교회는 먼저 세속적인 지원 세력들의 사법적 권력을 공유할 특권을 잃었고, 나중에는 평민들의 결정권에 간섭할 권능조차 잃었다.

국가는 교회가 마지못해 내어준 권좌에 올라앉았다. 그리스도인들은 더는 '신의 양떼'도 아니었고 헨리나 루이의 신민도 아니었다. 그들은 이제 프랑스, 잉글랜드, 네덜란드, 스페인의 시민이면서 그리스도인이고, 루이나 헨리의 통치를 받을 뿐이었다. 정부는 더 이상 루이 14세[20](새로운 신화를 만들어내려는 옛 귀족의 마지막 시도)의 것이 아니었다. 세속적인 수단에 의해 선출되거나 임명된 의회와 판사, 그리고 재정 시스템, 시민들로 구성된 직업군인들로 이루어졌다.

18세기 말에 이르러 프랑스는 공화국이었다가 다시 나폴레옹 황제가 이끄는 '제국'이 되었다. 네덜란드와 대영제국은 입헌의회 군주국이 되었다. 분열된 독일에서는 '질풍노도 운동'이 일어나 자의식을 되찾았으며, 역동적이고 호전적인 프로이센을 중심으로 연방을 이루었다. 바티칸은 대

---

20. 루이 14세가 그 유명한 "짐이 곧 국가다"라는 말을 직접 했는지는 논쟁의 여지가 있지만, 그 말은 전제주의를 요약한 표현으로 자주 쓰인다. 이 말은 사실 많은 곡절과 허약한 왕들의 시대가 지난 후(루이 13세 시절에는 리슐리외 추기경이, 오스트리아의 섭정기에는 마자린 추기경이 실질적인 통치자였다), 드디어 왕권이 완전히 복구되었음을 표현한 말이었다.

대적인 파워게임 속에서 거의 존재감을 찾을 수 없었고, 비잔티움 제국은 이미 3세기 전에 튀르크족에게 패망했으며, '새로운 로마'(모스크바)는 표트르 대제와 예카테리나 대제의 노력을 통해 편협했던 과거와 결별했다. 이슬람은 (수니파의 표현을 빌자면) 이슬람을 유럽까지 전파했던 강력한 권력, 즉 오스만제국에게서 벗어나고 있었다.

청나라 왕조의 중국은 러시아나 서양 세력과의 군사적 맞대결에서 모두 패배했으며 20세기의 시작과 함께 내전으로 얼룩진 2류국가로 전락했다. 100년 전만 하더라도 유럽에서는 화형대에서 불길이 타오르고[21] 학자들은 처벌이 두려워 소신껏 말하지 못했지만(조르다노 브루노[22]에 대한 기억이 생생했으므로), 한 세기가 지나자 교회는 더 이상 그러한 두려움의 대상이 아니었다. 군사권력은 날로 발전했

---

21. 18세기 말, 죄수들을 화형에 처하는 것으로 마지막 마녀재판이 끝났다. 역설적이게도 이 때 재판은 종교재판의 시스템을 갖고 있지 않았던 개신교의 영토에서 벌어졌다.

22. Giordano Bruno(1548~1600), 이탈리아의 사제이자 철학자, 작가. 긴 종교재판 끝에 화형에 처해졌다. 그는 교회로 대표되는 교조주의적 반계몽주의에 맞선 저항의 상징이 되었다. 1584년에 출간한 『무한, 우주와 모든 세계에 대해여(De infinito, universo e mondi)』에서 그는 지적 존재가 살고 있는 다수의 세계가 존재하며, 별들은 태양과 유사하다고 주장했다. 극도로 복잡하면서도 다분히 애매한 영적 인식을 갖고 있었는데, 이 때문에 종교재판에서 신랄한 비판을 받았다. 그러나 1591년에 그가 체포된 이유는 이 책 때문이 아니라 당시 가르쳤던 제자의 고발 때문이었다. 판사에게 도전을 하거나 길고 지루한 신학적 논쟁을 시작하고, 오해를 사기에 충분할 정도로 애매한 주장을 하기도 했던 것을 보면 그는 극형을 받으려고 작심했던 듯하다. 2000년 교황 요한 바오로 2세는 그의 비극적인 재판에 대해 유감을 표명했다.

고, 식민지주의를 등에 업은 경제권력 역시 빠른 속도로 성장하며 절정에 다다르고 있었다. 그러나 상징권력은 국가에 자리를 내어주고 있었다. 대통령과 군주, 장군과 경제인들은 더 이상 교황이나 대주교의 위압적인 눈길을 바라보며 은총을 구걸하지 않았다. 대신 법과 헌법, 국가와 시민을 이야기했다. 이념과 원칙, 그리고 '정당'이 생겨나기 시작했다. 정치가 상징권력이 되어 때로는 경제와 군사 같은 다른 형태의 권력과 함께 간섭과 조정, 협상과 투쟁에 나섰다.

국가, 즉 정치 지도자들과 의회의 동의가 없이는 누구도 시민을 무장시킬 수 없게 되었다. 새로운 형태의 상징권력은 군사권력을 완전히 제압했다. 국가가 주화를 주조하고 세금을 부과하며 법을 제정하고 집행하는 유일한 기관이 되었다. 따라서 경제권력은 국가에 극도로 의존할 수밖에 없게 되었다. 150년 만에 새로운 상징적 매개체는 이전의 상징적 매개체였던 종교보다 훨씬 강력한 힘을 갖게 되었다. 이념과 공개적인 무대가 강론과 설교단을 대체했다.

광학 전신기술의 발명과 그 뒤를 이은 전기 전신기술의 발명, 점점 광범위하게 이루어진 문맹의 퇴치(무엇보다 빠른 속도로 발전한 인쇄술 덕분이었다), 국제법이라 부를 만한 것을 그려내기 시작한 국제 조약 시스템, 이 모든 것들이 정보라는 측면에서 세상을 점점 좁게 만들었고 국가를 더욱 강력한 실체로 만들어주었다.

물론 '이념의 시대'는 두 극단을 낳기도 했다. 서기 391년에 교회가 아리우스 교파와 네스토리우스 교파를 물리치기까지 대략 300년이 걸렸듯이, 정치가 태동한 이래 좌우의 양극단은 세상을 어지럽게 했다. 프랑스 혁명의 군권파에서 갈라진 극좌파는 복을 덜 타고난 사람들의 자유를 위한 투쟁을 바탕으로 세력을 확장하면서 붉은색을 상징으로 지켰지만, 반사신경을 강화하는 데 매우 빠른 극우파는 부유한 계층과 중상류층 부르주아들의 전유물이 되었다. 이 양극단은 1차 세계대전으로 취약해진 독일과 러시아 같은 나라에서 둥지를 틀었지만 역사에서 곧 사라졌다(전자는 10여 년 만에, 후자는 40년 만에).

과거의 상징권력이 자신의 독점적 지위를 위협하는 새로운 형태의 상징권력과 관계를 분명하게 설정했다면, 새로운 형태의 상징권력은 이런 식으로 반응하지 않았을 것이다. 모세의 법이 제정되자 이단은 사형으로 다스릴 수 있게 되었고, 우상숭배는 가장 흉악한 범죄로 취급되었다. 391년 이후, 교회는 그리스도교가 국교로 공식 선포된 비잔티움 제국에서 똑같은 수단을 채택했다. 수니파와 시아파로 분열되었음에도 이슬람은 다른 신앙에 대해 훨씬 관용적이었지만, 여전히 그리스도교도를 이교도라고 불렀다.

새로운 상징적 매개체는 반독점이라는 관점에서는 매우 뛰어났다. 그들의 탄생 배경 자체가 교회의 독점에 대한 저항이었기 때문이다. 의구심을 표현할 권리는 데카르트에 의해 신성화되었다.

이러한 변화의 씨앗은 어디서 찾을 수 있을까? 고대 공화국? 사실 그리스인들은 신앙심이 아주 깊은 사람들이어서, 지중해의 경쟁자 격이었던 이집트인들이나 페르시아인들보다 어느 모로 보나 세속적이지 않았다. 그들이 생각했던 공화국의 개념은 입헌군주제나 대통령제보다는 2000년 후 달베드르 후작이 상상했던 공동지배에 더 가까웠다.

로마제국은 부자들이 특권을 누리고 노예제도가 당연시되던 군사국가였다. 상징권력의 패러다임이 바뀌도록 씨를 뿌린 현대적인 국가의 개념의 뿌리는 종교적 의미에서나 정치적 의미에서나 중세에서 찾아야 한다고 본다.

가톨릭교회의 '독점'도 공격을 피하지는 못했다(유럽과 상황이 달랐던 러시아뿐 아니라 비잔티움 제국에서도 정교회는 국가에 훨씬 복종적이었다). 10세기 끝 무렵에 보고밀파로 시작해서 카타리파로 끝날 때까지, 13세기 내내 다양한 형태로 내부로부터의 해방운동이 전개되었다. 프란치스코 수도회는 거의 공개적으로 가톨릭교회에 반대하는 움직임을 보였다. 성 베르나르의 클뤼니 개혁과 수많은 공의회의 논쟁까지, 이 모든 활동의 목적은 이러한 변화에 대한 일관적인 해답을 찾는 것이었으나 그다지 성공적이지 못했다. 이런 상황에서 흑사병이 지나간 후 종교 기관의 이미지가 심각하게 손상되었고, 개신교는 공식적인 교의에 대한 대안의 자리에 올라설 수 있었고, 가톨릭 세계는 두 개로 분리되었다. 과도하게 잔인한 반개혁 세력은 이러한 상황을 더욱 공고히 할 뿐이었다.

정치적 관점에서 보면, 변화의 씨앗은 14~15세기의 대규모 사회 운동이었던 네덜란드의 자유해방운동, 그리고 교황청과 신성로마제국 또는 잉글랜드 사이에서 촉발된 갈등에서 찾을 수 있다. 산업혁명을 통해 경제권력이 부르주아의 손으로 넘어가는 동안에도 귀족들은 농업 경제의 패러다임에 갇혀 있었다. 새로운 경제권력은 이념을 부추기면서 자신들을 스스로 상징권력의 수준에서 정당화시켰다. 그들이 내세우는 이념은 교회의 상징권력과는 결이 같지 않았다(적어도 상보적이었다). 잉글랜드의 명예혁명, 30년전쟁, 북아메리카 대륙 식민지들의 독립전쟁, 프랑스 혁명 등은 점차 상징권력의 변화(보편주의에서 국가주의로, 신앙의 교의에서 정치적 이념으로, 귀족에서 하층민, 중산층 그리고 상류 부르주아로)를 일으켰다.

애초에 새로운 상징권력은 좌익과 우익, 또는 중도('좌익' '우익'이라는 용어는 프랑스 의회의 좌석 배치에서 탄생했지만 그 의미는 지금도 유효하다)로 심각한 분열을 이루고 있었다. 어떻게 보면 이러한 상황은 콘스탄티누스 대제가 개종하고 비잔티움 제국의 국교로 공식 선포되기 이전의 그리스도교 교회 내부에서 형성되었던 긴장을 떠올리게 한다. 의회는 보통 다섯, 여섯 또는 그 이상의 정당으로 갈라져 있었다. 문맹률이 떨어지고 투표권이 확대되면서 전에는 자력으로 정치적인 활동을 할 수 없었던 집단들이 능동적인 구성요소로 부상했다. 19세기 중반에 이르자 한 세기이전보다 70퍼센트나 더 많은 시민이 투표권을 갖게 되었던 것이다(청소년, 여성, 시민권을 잃지 않은 죄인 등).

이러한 변화가 계층적 스펙트럼의 세분화를 심화시킨 것은 아니었다. 오히려 단일화의 경향을 가져왔다. 현재로서는 단 세 가지의 중요한 정치적 움직임이 남아 있다. 그 세가지 움직임 모두는 이념을 넘어선 공통적인 가치를 교의로 삼고 있는데, 인권, 의회주의, 다당제, 법 앞의 평등이다.

이러한 새로운 상징권력은 '과거의' 권력을 완전하게 몰아내지는 않았다. 불가능하다는 것을 깨달았기 때문이었다. 종교적 신앙은 역사와 인류의 진화라는 측면에서 훨씬 뿌리가 깊을 뿐 아니라, 인간의 탄생 방식으로부터 존재의 방식을 도출했다. 정치적 원칙은 일종의 확신이어서, 시간이 지나면 소멸되거나 변질되기 쉽고, 그 원칙이 작용하는 패러다임의 생태계나 사회적 생태계에 의존하는 경향이 짙다. 앞으로 논의되겠지만, 어떠한 정치적 원칙이라도 300년만 지나면 그 강렬함이나 메시지는 크게 퇴색된다.

파시즘뿐 아니라 공산주의도 종교에 대해서는 심각한 적대감을 보인 것(상징권력을 확보하기 위한 싸움에서 '종교는 인민의 아편'이라는 선전구호가 동원되기도 했다)도 우연은 아니었다. 공산주의는 대부분 사유재산을 무효화했고, 따라서 경제권력을 완전히 침몰시켰다. 또한 군사권력을 완전히 정치화했다. 다시 말해 상징권력이 군사권력까지 삼켜버렸던 것이다. 고대 세계에서 스탈린의 권력이 절정에 도달했을 때까지, 인류 역사에서 독재자 스탈린만큼 큰 권력을 가졌던 사람은 없었다. 파시즘 역시(특히 독일에서는) 똑같은 의미를 가졌다. 제3 독일제국의 패배로 끝난 2차 세계대전은 파시즘을 종식시키고 독일 국민에게 민주주의를 돌려주었다.

상징권력은 경제권력이나 군사권력이 싹을 틔우기도 전부터 있던, 가장 오래된 권력의 형태다. 상징권력은 거의 언제나 경제권력의 형태와 결합해 있었고, 아주 드물게 군사권력과도 결합해 있었다. 마찬가지로 군사권력이 상징권력을 제압했던 시기는 매우 드물었다(로마제국이 그 예일 것이다. 하지만 로마제국에서도 군사권력이 상징권력을 완벽하게 복종시키지는 못했다). 일반적으로 군사권력은 상징권력 안에서 정당성을 확보하려고 했다. 콘스탄티누스 대제의 개종(313년)이나 아랍 군대가 7세기부터 세력을 확장한 것이 바로 그러한 예다.

상징권력은 특히 그리스도교의 공간 안에서 14세기 흑사병의 창궐에서 국가 개념의 탄생(프랑스 혁명 이후)과 세속주의의 심화에 이르기까지 숱한 충격을 받아왔다. 처음에는 귀족이 대변했던 군사권력은 광범위한 지역에서 한편으로는 상징권력을 그 핵심, 즉 '바티칸'과 분리시키고, 다른 한편으로는 세속화를 통해 경제권력을 빼앗음으로써 상징권력을 종속적인 위치에 놓는 경향을 보였다. 루터의 '95개조 논제'(우리가 '종교개혁'이라 부르는 것의 시초)는 그 과정의 시작이었다. 잉글랜드, 네덜란드, 오스트리아를 포함한 거대한 독일 영역의 일부, 프랑스의 일부, 북유럽의 군주국들, 이 모두가 새로운 신앙을 받아들이고 교황청은 물론이고 교황청의 주요 동맹인 스페인과 포르투갈도 공격했다.

절대군주제가 붕괴되기 시작하자(18세기 초 프랑스 루이 14세의 죽음, 한 세기 후 잉글랜드 찰스 1세의 처형, 그리고 몇 년 후에 '명예혁명'이 일어나 국회가 왕을 퇴위시킬 수 있는 권한을 갖게 된 사건 등은 프랑스 혁명으로 가는 길에 일대 전환점이 되었다) 부르주아는 새로운 패러다임을 재빨리 받아들였다. 미합중국은 전적으로 '새로운 원칙' 위에 세워진 첫 번째 나라였고, '혁명정신'의 표본이 되었다. 러시아는 예외였다. 표트르 대제는 거대한 제국(키예프 공국으로 불렸던 나라가 두 세기 만에 제국이 되었다)을 현대화했지만, 또한 절대독재의 표본이 되기도 했다. 압제에 대한 폭발적인 저항은 더 훗날 볼셰비즘으로 나타났고, 이 볼셰비즘은 프랑스 혁명의 극단적인 일부를 희미하게 닮아 있었다.

원리와 이념에 기반을 둔 새로운 상징권력이 결국 다른 두 형태의 권력, 즉 군사권력과 경제권력을 압도했다. 오직 국가만이 의회와 정부를 통한 입법권을 가지며, 따라서 경제적 특권을 주거나 빼앗을 권한도 가지면서 '공공의 안녕'이라는 추상적 개념에 종사하도록 요구한다. 오직 국가만이 합법적인 대표들을 통해 전쟁을 선포하거나 군대를 보유할 수 있다. 과거의 상징권력(종교적 신앙)은 새로운 형태의 권력과 여전히 공존하지만, 20세기 말과 21세기 초에 이르러 과거의 상징권력은 새로운 상징권력을 해체시킴으로써 오랫동안 기다려 왔던 복수할 기회를 갖게 된 것으로 보인다. 앙드레 말로가 말했듯이 이제 막 시작된 새로운 세기는 전보다 더 신비로워지거나 존재가 중단될 위기에 처하게 될 것이다.

이어서 다음 장에서는 현대 세계에서 세 가지 형태의 권력에 대한 권력의 '분포도'를 분석해보고자 한다. 한편으로는 몇몇 국가와 국제단체에 대해 논의하고, 다른 한편으로는 개별 참여자를 다룬다. 여기서 우리는 (지배적 패러다임의 모델, 즉 국민국가의 범주에 들지 않는) 후자가 어떻게 세계무대에서 점점 강력한 참여자로 성장해왔는지에 주목할 것이다. 나아가 지난 수십 년간 세 가지 권력의 형태들이 상호 간섭하며 어떤 변화를 일으켰는지, 지난 한 세기 동안의 준평형 상태가 어떻게 영원히 깨지게 되었는지 논할 것이다.

개인, 혹은 (국가까지 포함하는) 개인의 집합은 세 가지 형태의 권력 모두를 동시에 일정 정도 확보해야만 진정으로 권력을 가졌다고 볼 수 있다는 것을 잊어서는 안 된다. 이것이 역사적 분석이 우리에게 제시하는 결론이다.

4장

세 상 을
지 배 한
통 치 자 들

테러리즘이 드러낸
세계경찰의 민낯

———

많은 사람에게 미국은 군사권력, 경제권력, 상징권력까지 모든 형태의 권력에 대한 상징 그 자체로 비추어진다. 따라서 미국에 대해 분석하는 동시에 현실적으로 미국은 얼마나 강력한 힘을 가졌는지에 대한 의문을 가져보는 것도 의미 있는 일이다.[1]

미국의 역사는 어느 모로 보나 특권을 가진 역사였다. 식민지로 이주한 소수의 사람들로 이루어졌으며 인종적으로

———

1. 미국의 일반 대중뿐 아니라 정치학자와 정치가들도 '세계경찰'로서의 위치가 이 나라에 해롭다고 생각한다. 한편 미국인들 사이에는 늘 구세주적인 사고가 있는데 그 기원은 영국의 식민지였던 미국의 시작 시점으로 거슬러 올라간다. 식민지 미국은 당시의 종교적 '극단주의자들', 즉 유럽의 가장 급진적인 개신교도들이 모여들던 곳이었다. '뉴 예루살렘' '성스러운 임무' '선택된 사람들'이라는 개념은 지배적인 정치적 패러다임으로 떠오른 적이 없었지만 미국 역사와 줄곧 함께해왔다. 이 개념의 반대는 '먼로 독트린' '극단적 비개입주의' 등이다.

도, 종교적으로도, 경제적으로나 군사적으로도 동질성이 거의 없던 나라가 두 세기 만에 당대 세계에서 가장 강력한 나라로 부상했다. 물론 그 길이 장미꽃으로만 덮여 있었던 것은 아니었다. 독립선언문에 사상 최초로 '행복을 추구할 권리'를 언급했던 나라가 다른 나라, 인종, 개인에게 그 권리를 거부하는 묘한 상황을 보여온 것이 현실이다.

한 세기에 걸쳐 무자비하게 학살당한 아메리카 원주민과 (늘 언급되곤 하는 운디드 니 학살[2]은 아메리카 원주민 제거 작전의 마무리에 해당했다) 아프리카에서 끌려와 남부 목화 농장에서 착취당한 노예들은 이제 젊은 미국의 벽장에 감춰진 해골에 불과하다. 18세기 중반 산업화와 현대화를 이룬 북부와 농업을 기반으로 한 보수적인 남부(노예 제도까지 포함해서) 사이에 벌어진 전쟁은 잔혹하기 이를 데 없었다. 미국 건국 이래 처음으로 남군 지역 시민들은 북군에 의해 적으로 취급당했다(셔먼 장군은 이 전쟁에서 '전면전'이라는 용어를 처음 썼다).

---

2. Wounded Knee Massacre. 운디드 니 크릭 근처의 아메리카 원주민 보호구역에서 미군에 의해 벌어진 대학살 사건. 1890년 12월 29일, 기관총 등으로 무장하고 있던 제7기병대 500여 명은 수(Sioux)족을 무장해제하던 중 수족 용사 한 명이 칼을 놓지 않는다는 이유로 총격을 가해 여성과 어린이를 포함한 200명 이상의 수족을 학살했다. 이 사건은 미군과 인디언 사이의 마지막 전투로 기록되어 있다.

1881년 칠레와 해전을 치른 후 미국은 자신들의 해군력이 칠레의 적수가 못 된다는 뼈아픈 결론을 내렸다. 당시 미국의 1인당 국내총생산은 페루보다 낮았다. 절정을 누리고 있던 독일이나 영국, 프랑스와는 비교할 수 없을 만큼 초라한 국력이었다. 그러던 미국이 20세기 들어 눈부신 속도로 성장했다. 사실 미국은 믿을 수 없을 정도의 역동성을 갖고 있었고, 과학 연구나 기술 혁신의 선봉에 있었다. 뛰어난 적응력과 미래를 향해 현실적인 방향으로 나아가는 능력, 그리고 존재하지도 않는 역사에 집착하는 대신 인종과 종교에 대해 관용적 사고를 하는 것, 이것이 바로 북아메리카가 보여준 폭발적인 힘의 비결이었다.

빠른 속도로 경제권력을 쟁취함으로써(처음에는 애초의 국경에 갇혀 있었으나, 독립전쟁 이후 계속해서 확장해 루이지애나, 미시시피, 알래스카 등 유럽의 지리적 제약에 비하면 막대한 넓이의 영토를 획득했다) 미국은 점차 군사권력까지 갖게 되었다. 미국이 연합국의 편에 섬으로써 결정적으로 힘의 균형을 깨뜨렸던 1차 세계대전을 통해 미국은 세계무대에 데뷔했다. 역사상 가장 파괴적인 무기(핵폭탄)를 사용해 2차 세계대전을 종식시켰으며, 그 전쟁 기간에 엄청난 병력을 파병하면서 종전 후 짧은 기간이었지만 모든 권력을 독점했던 미국은 새로운 현실을 전 세계에 각인

시켰다. 이제 어느 누구도 미국의 힘을 계산에 넣지 않고는 어떤 것도 할 수 없다는 사실이었다.

세계화 과정에서 미국의 힘은 더욱 두드러졌다. 대영제국은 붕괴되어갔고, 독일은 두 개의 체제로 분리되었으며, 프랑스는 식민지를 잃었고 내부적으로도 심각한 위기를 겪었다. 소련은 서서히, 그러나 분명히 1991년의 붕괴를 향해 나아가고 있었다.

마오쩌둥의 개혁이 성과를 나타내기 전의 중국은 아직 발목이 부실한 거인과 다름없어서, 자국의 문제만으로도 복잡한 지역적 참여자에 지나지 않았다(미국은 러시아를 상대로 한 헤게모니 게임에서 중국을 장기의 졸처럼 이용했다). 두 번의 세계대전이 끝난 후 글로벌 파워의 공백을 재빨리 메운 나라는 미국이었다. 적어도 50년 동안 '자유세계'로 불렸던 세상에서는 그랬다.

더 나아가 미국은 인류 역사상 최초로 자본주의 시스템과 의회 시스템 그 자체를 위협하는 공산주의라는 위기 앞에서 '민주주의의 보호자'라는 상징적 위상을 차지했다. NATO의 기반이었던 미국의 거대한 군사권력이 없다면 바르샤바 조약국의 일부가 서구 유럽의 거리를 행진하게 되리라는 것은 본, 파리, 런던에서도 명백하게 알 수 있는 사실이었다.

미국은 경제적으로도 성공한 모델이었다. 백만장자라는 말은 곧 미국인이라는 말과 동의어였다. 코닐리어스 밴더빌트[3], 존 록펠러 같은 구세대 부자들이 피상적이고 보수적인 절제의 덕을 보여주었다면, 신흥 부자들은 주저하지 않고 공개적으로 부를 과시하였다. 2차 세계대전이 끝났을 때 세계가 보유한 금의 3분의 2는 포트 녹스에 보관되었고, 첫 오일쇼크[4]가 지나간 1970년대 말까지 달러화의 가치는 금값으로도 표현되었다.

미국 내로 눈을 돌려보면 첨단 마케팅 미디어(라디오와 인쇄 매체)를 동원한 정치선전이 벌어지고 있었다. 백악관의 주인(프랭클린 루스벨트 대통령을 시작으로)은 신의 사자로 포장되었고 미국의 대통령은 특별한 나라, 즉 미국이 하늘로부터 부여받은 역할(새로운 예루살렘)을 완수할 수 있도록 이끌어주며 신과의 특별한 관계를 확립할 수 있게 해주는 인물로 둔갑되었다. 아무리 난잡한 스캔들도, 음흉한 음모도, 추악한 계략도 그 성스러운 이미지를 훼손시킬 수 없었다.

---

3. Cornelius Vanderbilt(1794~1877), 미국의 해운업과 철도 산업으로 재산을 모은 사업가이자 자선가. 미국 역사상 가장 부유한 인물 중 하나로 '철도왕'이라고도 불렸다.

4. 아랍석유수출국기구(OAPEC)와 석유수출국기구(OPEC) 회원국들이 원유의 가격을 인상하고 생산을 제한하여 야기된 세계 각국의 경제적 혼란

1960년대 초의 젊고 카리스마 넘치는 대통령 케네디는 백악관을 비밀 사교실로 만들고, 범죄조직과 부적절한 관계를 맺었으며(사실은 이런 관계가 그의 대통령 당선에 도움을 주었다), 암살될 즈음엔 이혼으로 세상을 떠들썩하게 만들기 직전이었다. 그러나 국익이라는 미명하에 이 사실들 중 어떤 것도 대중의 귀에 닿지 않았다. 신문사 사주들은 백악관을 지키는 반신반인(半神半人)에 대해서는 어떤 문제든 신중하게 결정할 것을 주문하는 정부 관계자 앞에서 인심 좋게 고개를 끄덕일 뿐이었다.

미국은 순식간에 세계에서 가장 효율적인 기관이 된 대학 네트워크에도 손을 뻗었다. 미국 출신이거나 미국으로 귀화한 다양한 분야의 수많은 과학자들이 노벨상을 휩쓸었다.[5] 미국은 기술뿐 아니라 문화에서도 선봉에 있었다.

1950~60년대를 시작으로 미국 대중문화는 세계를 정복했다. 혹독한 비평도 소용없었다. 공산주의에 의해 탈국가화, 탈문화화된 젊은이들도 당국의 허락이 있든 없든 로큰롤 히트송을 흥얼거렸고 〈불안한 젊은이들(The Young and

---

5. 각국이 배출한 노벨 수상자 수를 보면 미국은 대부분의 분야에서 가장 많은 수상자를 배출했다.

Restless)〉〈댈러스(Dallas)〉같은 TV 드라마에 열광했다. 존 웨인 같은 카우보이에게 호감을 가졌으며, 항상 세계를 구하고 나서 이국적인 섬에서 다이아몬드 목걸이를 한 늘씬한 미녀와 마티니 칵테일을 마시는 비밀 첩보원을 선망했다. 매스 커뮤니케이션(TV, 현란한 도색잡지, 그리고 마지막에는 인터넷이 라디오로 시작된 캠페인의 배턴을 이어받았다)의 발달은 완벽하지 않았어도 장밋빛으로 물든 미국의 이미지를 전파하는 데는 부족함이 없었다.

이런 새로운 선전이 보여주는 열성과 신선함보다 전통문화에 대한 프랑스의 불평과 공산주의 체제의 황량하고 유치한 선전은 성공할 가능성이 없었다. 미국 영화, 미국 출신밴드의 음반, 미국에서 출간된 책(아름다운 클래식에서 백전불패의 탐정소설에 이르기까지)은 청바지를 입고 바다건너 세상을 부러워하는 젊은이들의 마음을 사로잡았다. 사실상 이런 것들이 권력에 대한 미국적 시스템의 취약한 부분을 떠받쳐주고 있었다. 역사를(좀 더 정확히는 진화의 과정을) 더듬어보면 백악기 표범의 거대하고 날카로운 엄니처럼 어느 시점에서는 절대적인 강점이었던 것들이 다른시점에서는 심각한 약점이 되기도 한다.

철의 장막이 걷히자 세계에서 미국의 역할에 심각한 의문이 제기되기 시작했다. 유럽은 미국이 가진 막대한 군사권력에 불안감을 느끼기 시작했다. 볼셰비키의 위협이 사라진 이상 그 군사력으로 자신들을 보호해야 할 필요도 없기 때문이었다. 중국은 미국의 패권주의적 경향에 대해 여전히 경계를 풀지 않았고, 300년 전으로 돌아간 꼴이 된 러시아는 공공연히 불만을 표출했다. 새로운 상황에 직면한 지도 25년 이상 지났지만, 미국은 여전히 그 위치를 공고히 하며 현대 세계에서 영향력을 행사하고 있다.

군사권력의 관점에서 보면 미국은 타의 추종을 불허하는 힘을 갖고 있다. 2003년 발발한 이라크전에서 미군이 이라크군을 분쇄하는 데 걸린 시간은 고작 2~3주였다. 미국의 국방예산은 러시아 국방예산의 25배에 달한다. 경제적 측면에서도 미국은 가장 큰 능력을 갖춘 나라다. 국제 통상 무대에서 미국이 가진 무게나 글로벌 국내총생산(GDP)에 대한 기여도에서 미국은 EU 전체와 맞먹는다. 또 미국은 민주주의와 자유경제의 가치를 지키는 요새와도 같고, 자유인권의 수호자를 자처하고 있다. 그러나 지난 20년 동안 미국의 힘(세 가지 형태의 권력 모두)이 가진 이점을 편취하는 많은 세력이 생겨났다.

가장 먼저 미국에 대한 다른 나라 사람들의 인식도 미국에는 커다란 문제다. 미국은 세계화의 '부모'로 지목되지만 사실상 세계화로 가장 큰 이득을 보는 나라는 중국이다. 그러나 세계화가 중국, 좀 더 정확히 말하면 중국 공산당의 정치국 소속 특수부서가 베이징에서 주도한 '음모'의 일부라고 생각하는 사람은 없다. 반세계화를 부르짖는 시위자들은 줄기차게 북미 국적의 기업들을 공격하고, 워싱턴에서 짜인 인권유린 음모 관련 정보들이 인터넷을 타고 범람한다. 설상가상으로 미국의 시민들조차 이러한 음모론을 사실로 믿는다.[6]

1996년 오클라호마 연방정부 건물 폭발사건(미국 본토에서 일어난 가장 참혹한 테러 공격)의 범인은 미치광이 무슬림 테러리스트도, 복수를 꿈꾸는 전직 국가보안위원회(KGB) 요원도 아니었다. 범인은 미국에서 나고 자란 백인 남성이었다. 미국이 어느 정도까지 세계경찰 역할을 하려는 것인지는 알 수 없다. 그러나 이미 그런 역할을 하는 것으로 인식되었으며, 알카에다가 양성하는 지하드[7] 전사들뿐 아니라 정치학자들, 언론인들, 군사전문가들, 정치가들의 공격 대상이 되었다는 것은 분명하다.

---

6. 여러 건의 조사에 따르면 미국 대중의 40퍼센트는 자국 정부가 뭔가(외계인 존재의 증거라든가 케네디를 암살한 진범이라든가)를 은폐한다고 믿었다고 한다.

7. Jihad, 이슬람교를 전파하기 위해 이슬람교도에게 부과된 종교적 의무. 신앙을 위한 투쟁이라는 의미에서 '성전(聖戰)'으로 번역되기도 한다.

고전적 관점에서 보면 미국의 군사권력은 막강하다. 그러나 이 막강한 힘(정보력까지 더한다면)도 9·11의 비극을 막거나 멈추는 데는 아무 도움이 되지 못한다는 것이 밝혀졌다. 재래식의 군사적 갈등 국면에서는 미국이 천하무적일지도 모른다. 그러나 그러한 형태의 군사적 갈등은 이미 역사적 유물이 되었다. 전투가 치러지는 지형 자체가 점점 달라지고 있다. 선전, 정보, 경제, 상징적인 환경도 마찬가지다. 공중 납치된 여객기가 펜타곤(군사권력), 월드 트레이드 센터(경제권력), 캐피톨 힐(정치적 권력과 이념적 권력, 즉 상징권력) 등 상징적인 목표물에 충돌한 것은 우발적인 것이 아니었다(캐피톨 힐로 향하던 비행기는 승객들의 저항으로 공격에 실패했다). 미국도 그저 사상누각에 불과하다는 것, 새로운 로마도 자신이 저지른 죄악에 의해 멸망하리라는 것을 세계만방에 보여주겠다는 계산으로 이 세 가지 형태의 권력을 상징하는 목표물들을 공격한 것이었다.

클린턴 행정부는 경제 부문에서 균형감각을 되찾았지만 미국 경제는 막대한 소비행태(보수적 경제학자들은 미국의 소비가 현실적으로 가능한 선을 넘었다고 진단하기도 했다)를 보였고, 또 한 번의 경제위기(2008~2011년의 경제위기를 두고 일부 학자들은 1929~1933년 대공황과 비교하기도 했다)를 겪으면서 이러한 경제 모델의 지속가능성에 대한 의문이 제기되었다.

1945~1990년에 미국은 공산주의와 대결하는 데 온 역량을 집중했다. 다인종, 다문화, 다종교적 성향이 강한 미국은 다른 어떤 나라보다도 내부적으로 상징권력의 결속을 다져야 했다. 그 이후엔 글로벌 테러리즘과의 대결이 그러한 결속을 이루어줄 접착제가 될 수 있었지만, 상황은 미국에 불리하게 시작되었다.

냉전이 지속되던 40년 동안에는 쿠바 미사일 위기 등과 같이 몹시 소란스럽고 소모적이었던 사건들은 있었지만 지미 카터 행정부처럼 평화적이었던 시기도 있었고, 결국 장난감 미사일 하나도 미국 본토를 건드리지 못했다. 그러나 9·11 사건은 변칙적 수단도 마다하지 않는 결연한 적 앞에서는 내 집 마당도 안전하게 지킬 수 없으며, 누구도, 어떤 것도 안전을 보장할 수 없음을 깨닫게 했다. 국내 안보법의 강화는 미국이 국가로서 보호해야 할 기본적 권리라고 믿어왔던 기본적 인권과 관련한 심각한 우려를 낳았다. 미국의 시민들은 그전까지는 단 한 번도 국가 안보와 개인의 자유에 대한 제약 사이에서 어떤 것을 선택해야 할지 고민해본 적이 없었다. 그것은 미국이라는 나라의 근본적인 믿음에 어긋나는 것이었고, 국내적으로나 국제적으로나 미국이 가진 상징권력을 훼손하는 것이었다.

글로벌 게임에서 미국은 대서양 건너편에서 미국에 대한 의존으로부터의 완벽한 자유를 남몰래 갈망하는 EU와의 관계가 얼마나 오래 우호적으로 유지될지 여전히 확신하지 못하고 있다(1990년 이후부터 점차 독일과 프랑스가 영국을 제치고 미국의 교섭상대로 떠오르고 있다). 미국은 그동안 중국이 경제와 군사 면에서 성장하는 것을 지켜보았고 중국으로 인해 동아시아에서 힘의 균형이 깨지는 것을 지켜보았다. 카스피해와 흑해(21세기의 에너지 저금통)에 얽힌 파워게임에 개입했으며, 이란과 러시아 사이에서 줄다리기하면서도 여전히 러시아에 우호적인 협상에는 주저하지만 러시아는 지난 10년을 거치며 국제무대에 화려하게 복귀하고 있다. 백전백승, 불굴의 아메리카라는 비전은 진실과는 거리가 멀다. 현실적으로 볼 때 미국의 힘은 아우구스투스 황제와 아우렐리우스 황제 사이의 로마나 빅토리아 여왕 치세의 영국보다 미약하다.

강자가 되는 데 부족한
단 한 가지

프로이센(제국의 '모래 채취장'이라고 불렸던 이 지방은 애초에 적대적이고 빈곤한 곳이어서 지정학적 성공을 예상할 수 없었다)을 중심으로 재탄생한 독일은 한편으로는 엄청난 좌절의 짐을, 다른 한편으로는 불행했던 역사가 진행되던 동안 안으로 쌓여온 안정적인 보호막에 대한 열망을 안고 현대에 진입했다. 다른 유럽 국가들(스페인, 프랑스, 잉글랜드)이 조금만 더 일찍 국가적 정체성과 중앙 집중화된 힘을 구축할 수 있었다면 독일은 몇 세기 동안이고 분열된 상태로 남아 있었을 것이다. 독일은 식민지 쟁탈전에서도 뒤처졌고, 해군력의 부재(영토가 육지로만 둘러싸인 내륙이었으므로)로 인하여 15~17세기 유럽의 패권 쟁탈전에서도 2류국가 신세였다. 30년전쟁은 독일이 개입된 전쟁은 아니었지만 독일 영토 내에서 치러졌고, 인적, 문화적, 경제적으로 독일에 큰 손실을 입혔다.

빌헬름 2세[8]의 정책에 깔려 있던 이러한 현실적 분노와 좌절은 1차 세계대전을 불러왔고, 1933년에는 광신적 모험가 히틀러를 국가 지도자로 세웠다. 독일은 군사력을 내세우며 세계무대에서 자신들의 특권적 지위를 주장했다. 그

---

8. Wilhelm II(1888~1918 재위). 1차 세계대전 당시의 독일 황제. 비스마르크 총리를 파면하고 범게르만주의를 주창하며 독선적인 정책을 고수함으로써 1차 세계대전의 원인을 만들었다.

리고 100년 안에 유럽과 세계의 질서에 급격하고 폭력적인, 그리고 돌이킬 수 없는 변화를 두 번이나 가져왔다. 군사적 관점에서 보면 독일처럼 자살도 불사하는 희생과 고집스러움을 보여준 나라는 아마 없을 것이다.

유럽의 복잡한 정세 속으로 통합되어 들어가는 것을 수용하고, 영원한 적으로 보였던 이웃나라 프랑스와 역사적인 화해를 한 것은 독일의 근현대사로 편입에 극적인 전환점이 되었다. 그때부터 다시 통합된 역동적이고 확장적인 독일의 여정은 유럽의 지역적 운명에 의해 꺾일 수 없었다. 독일은(그 자체의 수준이나 유럽 또는 세계 수준에서 볼 때) 의미 있는 수준 이상의 경제권력을 갖고 있다. 축적된 기술과 혁신성 등 엄청난 성장의 기회도 품고 있다.

군사적 관점에서 보면 독일은 더 이상 지역적 참여자가 아니다. 세계적 수준의 참여자는 더욱 아니다. 독일의 미래는 EU의 전략적 선택에 달려 있으며, 정치적, 경제적, 문화적 체제로서 북대서양조약기구(NATO)의 울타리 밖에서 얼마나 일관된 군사 전략과 첩보 전략을 개발하고 추진하느냐에 달려 있다. 독일의 이미지에는 아직도 지난 한 세기 동안 이 나라가 주도해온 국제적 군사 행위들, 특히 역사상 가장 참혹했던 대학살 홀로코스트의 주역이라는 흔적이 남아 있다.

한편 유럽 전체의 역사와 가장 동일시되는 나라가 있다면 프랑스일 것이다. 샤를마뉴 치세에서 프랑스 혁명에 이르기까지 변화의 패턴을 형성하고, 현대에 통용되는 새로운 용어들을 만들었으며, 현재진행형의 원칙과 문화적 모델의 뼈대를 구상했다.

독일과 달리 프랑스의 운명은 EU의 운명과 부분적으로만 궤를 같이한다. 프랑스는 세계적 수준의 참여자이며, 과거에는 유럽을 뛰어넘은 커다란 욕심을 품은 식민지 제국이었다. '유럽'의 개념을 지리적으로 확대하고 유럽의 정치적, 경제적, 문화적 의미를 강조하려는 프랑스의 끊임없는 시도를 이해할 수 있는 대목이다. 프랑스는 북아프리카와 중앙아프리카, 중동과 서남아시아를 아우르는 지역에서 활발한 참여자다.

프랑스는 자국의 군사력과 정보력을 잘 보존해왔고, 미국에는 독일이나 영국보다 훨씬 까다로운 상대였다. 프랑스는 경제권력 또한 만만치 않지만, 잠재력에 비해 비효율적인 행정 모델 때문에 습관적인 허약증과 기능 부전에 시달리고 있다. 특히 좌익의 압력 때문에 복지국가의 표본으로 굳어졌고, 이는 사실상 누구도 보호하지 못하면서 수많은 공무원의 특권만 양산했다. 프랑스 복지 정책의 뿌리는 '코르베(corvée)'라는 단어에서 찾을 수 있다. '부역'을 뜻하는 이 말은 달갑지 않은 의무를 가리키기도 한다. 원래 가난한 사람들에게 강제로 부과된 노역으로, 공공의 이익을 위해 길을 닦거나 자갈 포장도로를 놓는 일 등이었다. 가난한 사람들이 이렇게 일하는 동안 귀족들은 사치를 누렸다.

영국은 두 번에 걸친 파괴적인 전쟁에서 승리를 거두었지만, 그 후로 제국(역사에 공식적으로 기록된 마지막 제국)을 잃은 역설적인 경험을 가진 국가다. 20세기 초만 해도 군사권력, 경제권력, 상징권력 모두 세계 최고였음에도 영국은 20세기의 가장 큰 패배자였다. 말할 수 없이 심한 상처를 입었음에도 침착하고 품위 있게 새로운 상황에 대처하는 법을 알고 있었다. 프랑스와 달리 과거의 식민지들과 소모전을 시작하지 않았다. 따라서 상징권력만은 상당 부분 손상 없이 지켜낼 수 있었다. 인도의 엘리트들은 지금도 영어로 의사소통하고 영국에서 공부한다.

냉전시대의 처음부터 끝까지, 영국은 미국과 특별하고도 동질적인 관계를 설정하고 유지했다. 그러나 EU 내부에서 영국이 점점 고립되고 미국이 프랑스와 독일에 구애의 신호를 보내기 시작한 1990년 이후로는 이 두 나라의 관계가 영국에 불리하게 돌아갔다. 상대적인 고립감 (예를 들면 유로화에 동참하지 않는 등) 때문에 EU 내부에서 강한 목소리를 내지 못하면서 대서양 양안의 관계는 점점 싸늘하게

(특히 노동당의 토니 블레어 총리가 이라크전에서 미국의 편에 선 대가를 톡톡히 치르면서) 식어갔고, 영국은 자국에 전혀 우호적이지 않은 국제적 분위기 속에서 21세기를 맞이해야 했다.

그럼에도 영국은 경제적으로나 군사적으로나 여전히 강국의 면모를 유지했으며, 유럽의 다른 입헌군주제 국가들은 꿈만 꿔볼 수 있는 정도의 상징적 매력을 세계에 발산하고 있다. 언론들이 지난 20년 동안 여러 스캔들로 상징권력의 결정적 핵심(영국의 왕실)에 어느 정도 흠집을 내기는 했지만, 결코 왕실의 적대 세력들이 원하는 수준에 이르지는 못했다. 영국은 지금도 여전히 전통, 1류 외교정책, 효율적인 경제 소프트웨어 등의 동의어로 통하고 있다.

EU에 대해 전체적으로 논하자면 먼저 EU 소속의 참여자들(이탈리아, 네덜란드, 벨기에 등은 논할 만한 가치가 있다)을 개별적으로 검토한 후, 경제적, 정치적, 문화적 (군사부문을 제외한) 연방 복합체가 21세기에 어느 정도로 강력한 참여자가 될 것인지 분석해야 할 것으로 보인다. 그 힘에 대해 우리는 정확한 평가를 해야 할 것이다.

1954년 유럽경제공동체(EEC)의 탄생은 몇 가지 관점에서 대단히 역사적인 사건이었다. 1000년 넘는 세월 동안 (실질적으로 서로마제국의 붕괴 이래) 유럽은 끊임없는 군사적 갈등에 시달려왔고, 시기마다 강자로 떠오른 다양한 권력이 피할 수 없는 충돌 상황에 돌입하면서 패권주의적 긴장은 점점 쌓여왔다. 오스만제국의 병사들이 중앙 유럽의 심장인 빈에 진군했을 때, 유럽이라는 거인은 무너지기 시작했다. 표트르 대제를 시작으로 러시아는 더 이상 중요한 충돌을 회피하지 않았다. 플랑드르와 네덜란드는 1000년 동안 주요 대결과 전쟁의 핵심 세력이었다. 미국의 독립전쟁이나 중국의 아편전쟁 같은 사건을 당시의 관찰자들은 문명세계와 거리가 먼 변방의 사건으로 보았다.

유럽의 거의 모든 나라가 개입되어 막대한 대가를 치렀던 두 번의 세계대전으로 유럽 국가들은 한 가지 결론을 얻게 되었다. 유럽의 어떤 나라도, 어떤 대가를 각오하더라도 다른 나라를 완전히 지배하는 헤게모니를 장악할 수는 없다는 것이었다. 이 논리는 종전과 함께 정점에 달했다. 유럽 국가들은 전쟁으로 국토가 황폐해지고, 일부 나라들이 받아들였던 전체주의 체제의 부정적 영향으로 국제무대에서의 우월한 위치에 심각한 손상을 입었으며 소련보다 훨씬 근성이 강하며 성취감 역시 컸던 몇몇 나라가 혁명을 수출하려는 움직임에 위협을 느꼈다. 그리고 유사 이래 처음으로 일치단결하자는 결단을 내리며 전쟁 논리 대신 팀워크를 택했다. EU의 탄생은 일시적 상황(볼셰비즘에 대항하기 위한 서구 유럽의 동맹)의 부산물이 아니라 수세기에 걸친 갈등과 거기서 흘린 피로 얼룩진 역사가 끌어낸 논리적 결과물이라는 것을 강조하고 싶다.

EU는 지금도 건설 중이며, 향후 20년은 계속 이 상태로 남아 있을 것이다. 프랑스의 관점(이 관점에 따르면 유럽과 EU는 영토의 경계선을 분명하게 그어주는 단순한 지리적 개념이 아니다)은 유럽 각국에서 수용될 것으로 보인다. 그렇게 된다면 다음으로는 EU라는 거인이 마그레브(리비아, 튀니지, 알제리, 모로코를 포함하는 아프리카 북서부 지역)나 중동의 다른 나라들까지 집어삼키는 것을 목격하게 될 것이다. 이와 함께 과거에 공산주의 블록의 잔재(우크라이나), 소아시아의 국가들(터키), 중앙아시아 국가들(그루지야, 아제르바이잔)의 통합도 이루어질 것이다. EU는 러시아를 유럽 복합체에 더 가까이 끌어당기고, 중국과의 통상정책에 더욱 고삐를 죄는 한편, 대서양 양안의 관계 역시 발전시키려고 할 것이 분명하다.

경제권력에 대해서 말하자면 EU는 세계적 수준의 참여자이며 그 힘 역시 날로 커지고 있다. 한편 EU는 연합에 참여하는 나라별로도 그렇지만 연합 전체로서도 군사권력의 참여자가 아니다. 첩보의 측면에서 보면, 미국과는 별개로 적어도 일부 사안(대테러 정책 또는 베른 클럽[9])에서는 EU

만의 공동정책을 다지고자 하는 시도는 미국에게서 의심의 눈초리를 사고 있다. 에셜론 논쟁(미국이 EU의 전화 통화를 도청해 거기서 얻은 정보를 경제전쟁에 이용한다) 같은 스캔들은 대서양 양안 관계를 경색시키는 한편, 정보와 군사 방면에서 EU가 미국의 족쇄에서 벗어나야 한다는 논쟁을 더욱 부추기고 있다.

상징권력의 측면에서 보면 EU는 상당히 우월한 위치에 있는 참여자다. EU는 시대 요구에 잘 들어맞는 프로젝트와 건설적으로 에너지를 집중하여 새로운 시너지를 창조할 수 있는 비전을 갖고 있다. 지난 10년간의 급격한 팽창과 경제 위기는 친 EU 성향을 가진 좌익의 확장을 막으면서 그들의 열정을 조절했지만, 반 EU 성향의 우익으로 가기보다는 온건한 EU 성향이 더 활기를 띠게 되었다.

EU가 직면한 과제는 많은 문제를 미국이나 러시아 같은 세계적 혹은 지역적 참여자에 대한 대응 자세와 EU의 군사적 미래를 보며 결정한 데 따른 제도적 성격의 과제들이다

---

9. Club de Berne. 유럽 각국의 정보기관들이 테러에 대한 정보를 교류하기 위해 만든 기구
10. Treaty of Lisbon. 2005년 프랑스와 네덜란드의 국민투표에서 부결된 유럽 헌법을 대체하기 위한 조약. 유럽 이사회 의장직과 외교안보정책 고위대표직을 신설하는 내용 등을 담고 있다. 2008년 회원국들의 비준을 거쳐 2009년 12월 1일 발효되었다.

(예컨대 감정적, 경제적 부담이라는 배경을 거스르며 승인하고 실행한 리스본 조약[10]). EU가 군사적 관점에서 약체로 남아 있는 한 글로벌 파워게임에서 강자의 자리를 차지하기란 쉽지 않을 것이다.

붕괴했지만
무너지지 않은 제국

붉은 제국(소련)이 몰락하고 유럽의 위성국가들(특히 폴란드와 발트 3국)을 잃은 후로, 러시아는 자국의 역사에서 또 하나의 갈림길에 섰다. 러시아는 항상 국제무대에서 전형적인 범주를 상당히 벗어나는 나라였다. 프랑스의 루이 14세가 죽은 후 서구에서 해방을 향한 긴 여정이 진행되었을 때, 표트르 대제 치하의 러시아는 군사적, 경제적, 기술적으로 성장하고 있었다. 그와 동시에 독재체제가 공고해졌고, 그러한 상황은 볼셰비키들이 봉기해서 러시아의 정치체제를 완전히 분쇄했던 1차 세계대전 때까지 이어졌다. 1914년의 러시아는 수적으로는 거대하지만 사기는 땅에 떨어진 형편없는 군대를 보유한 봉건주의 국가에 머물러 있었다. 러시아의 귀족들은 탐욕에만 눈이 먼 기생충이었다. 니콜라스 2세처럼 심약한 차르는 개혁을 주도하기를 거부했다. 니콜라스 2세는 그 이전 세기부터 유럽이 겪었던 변혁의 물결을 경멸했다. 차르의 제국에 비하면 프란츠 요제프 황제 치하의 오스트리아-헝가리 제국은 관용, 다문화, 다종교 사회의 전형이었다.

러시아는 언제나 최고의 상징적 매개체를 확보하고자 했다. 비잔티움 제국의 황실과 정략결혼을 함으로써 얻어진 동맹관계를 십분 이용, 1453년 콘스탄티노플 함락 후 러시아는 모스크바와 모스크바 제국을 정교의 신앙을 보존해야 할 신성한 의무를 가진 '새로운 로마'로 포장했다. 베스트팔렌 조약으로 생겨난 나라들과 함께 러시아는 정교의 메시아 신앙에 새로운 요소를 보탰다. 외세의 억압에서 슬라브 민족을 보호하자는 범슬라브주의 사상이었다. 정교와 범슬라브주의는 유럽의 각종 문제에 간섭하기 좋은 구실이었다. 나폴레옹 1세의 막강한 군대를 물리친 러시아는 당대의 유럽 각국 앞에서 고개를 높이 들 수 있었고, 메이지 유신을 통해 막부의 고립주의에서 벗어난 일본과 중국을 계속 압박할 수 있었다.

중앙의 권력층을 상대로 레닌이 주도한 굴욕적인 평화협상(1917년) 이후의 내전과 불확실한 미래로 인해 소련은 더 이상 유럽을 위협하는 나라가 아니었다. 자기들끼리 재건에 정신이 팔렸던 서구 각국은 베르사유 조약을 통해 소련 주변에 방역선을 치고, 표면상 백러시아 군부의 반혁명을 지지하는 것만으로도 충분한 대소련 조치라고 여겼다. 2차 세계대전 이후 과거의 위성국가들을 다시 장악함으로써 유럽과 대등한 힘을 갖게 된 소련은 세계적 혁명(새로운 형태의 상징권력)이라는 갑옷을 입고 다시금 절정에 서게 되었다. 스탈린이 죽었을 때(1954년) 소련은 내전과 백러시아의 반격, 나치 독일과의 파괴적 전쟁을 견뎌냈을 뿐 아니라 새로운 힘의 절정에 도달했다는 것을 세계만방에 똑똑히 보여주었다.

그러나 돌이켜보면 러시아는 그때가 사실상의 정점이었다. 그 후로는 경제적 매개체뿐 아니라 상징적 매개체 역시 천천히 무너져서 군사권력만으로는 전체를 구해낼 수 없었다.

오일쇼크 이후 소련의 산업은 자국의 경제를 재건할 변화나 개혁을 감당할 수 없음을 스스로 보여주었다. 위성국가들과 끊임없이 날조된 대차대조표 덕분에 복지의 환상은 1970년대까지 억지로 유지되었다. (전시에는 효율적이었으나 평시에는 무용지물인) 5개년계획은 실패작이었다.

레오니드 브레즈네프 같은 독재자의 총애를 받은 정치국에는 애초에 그 기관의 탄생 배경이었던 혁명의 매력 같은 것은 남아 있지 않았고, 그저 고루하고 뼛속까지 부패한 관료주의만 남아 있을 뿐이었다. 공산주의의 이상만으로 무장했던 비극적인 반패권주의적 인물들, 이를테면 체 게바라 또는 파트리스 루뭄바[11] 같은 인물의 인기에 편승하려는 시도로는 누구도 설득할 수 없었다.

젊고 카리스마 넘치는 지도자 미하일 고르바초프가 체제를 개혁하려고 나섰을 때는 이미 늦어 있었다. 아프가니스탄에서 미국의 지원을 받은 무자헤딘에게 참패함으로써 유일하게 손상되지 않고 남아 있던 군사권력조차 그 이미지에 큰 타격을 입었다. 마지막 지푸라기마저 놓친 것이었다. 이제 소련 자체가 가라앉고 있었다. 소련의 급속한 붕괴는 러시아의 영토를 300년 전 규모로 축소해버렸다.

그러면서 자원이 풍부한 아시아 곳곳에 새로운 나라들이 태어났고, 유럽의 위성국가들은 새롭게 얻은 자유를 최대한 활용하려는 의도를 가지고 EU와 NATO의 품으로 달려갔다. 소련의 붕괴로 가장 큰 이득을 본 나라는 미국(냉전시대에 소련의 가장 큰 적이었던)이 아니라 독일과 프랑스가 주축이 된 EU였다. EU는 소련의 위성국가들(폴란드, 체코,

---

11. Patrice Lumumba(1925~1961), 콩고민주공화국의 독립운동가이자 정치인

헝가리, 루마니아, 불가리아 등)을 끌어들여 그 영향력을 발트해에서 다뉴브강 하류까지, 대서양에서부터 흑해까지 확장했다. '어부지리'의 완벽한 실현이었다.

러시아는 블라디미르 푸틴이 행정체제를 개혁하고 경제를 다시 일으켜 세우면서(주로 에너지 무기를 통해) 해묵은 공포를 다시 체험하기 시작했다. 경제와 군사의 관점에서 볼 때 러시아는 여전히 무게감 있는 참여자다. 세계적 수준은 아니어도 최소한 지역적으로는 그러하다.

그러나 21세기에 자국의 위치를 재정립함에 있어 어떠한 상징적 매개체를 선택할 것인지는 아직 확실히 보여주지 않고 있다. 오스만제국 붕괴 후 무스타파 케말 아타튀르크[12]가 택했던 것과 같은 국가주의를 택할까? 국가주의는 과거 제국의 영토에 속해 있던 지역에서 활발한 정치를 가능케 할 것이다. 옛 공화국들이 분리되면서 러시아 인구의 상당수(카자흐스탄 인구의 40퍼센트 이상, 아제르바이잔 인구의 20퍼센트, 우크라이나와 그루지야 인구의 30퍼센트 이상)가 국경 밖으로 보내졌기 때문이다. 그러나 국가주의를 선택할 경우 유럽으로 가는 길목은 막혀버리고, 터키와

---

12. Mustafa Kemal Atatürk(1881~1938), 터키의 장군이었으며 1923~1938년 초대 대통령으로 재임했다.

이란 원리주의자들이 기다리는 코카서스 지역[13]에서 소모적인 지역 패권 싸움에 말려들게 될 것이다. 러시아가 선택할 상징적 매개체가 다시금 불붙은 범슬라브주의로 기우는 걸까? 미국과 EU의 축복 속에 코소보가 세르비아에서 분리 독립하고 유럽 속에 무슬림 문화권이 생겨났을 때, 러시아가 이를 막기 위해 할 수 있는 것은 아무것도 없었다. 범슬라브주의가 케케묵어 비효율적인 도구 이상의 어떤 것이 되리라는 믿음은 가질 수가 없다.

현재 러시아는 경제력을 성장시키면서 점차 안정되어가는 모습을 보이고 있다. 한편으로는 주기적으로 자국의 군대를 노출함으로써 세계를 향해 '무시할 수 없는' 힘을 보여주고 있으며, 구세주처럼 떠받드는 대통령을 중심으로 한 국가적 상징을 살려내고 있다. 서구 세계의 민주주의 개념이 러시아에도 있지는 않을 것이지만, 그럼에도 러시아는 파워게임의 중요한 참여자다. EU, 미국, 중국 등 다른 참여자들의 앞날은 러시아가 향후 어떤 선택을 하느냐에 따라 달라질 것이다.

---

13. Caucasus, 러시아 남부 카스피해와 흑해 사이의 지역. 캅카스(Kavkaz)라고도 한다. 석유, 석탄, 철광석 등 광물자원이 풍부하며, 다양한 소수민족이 거주하고 있어 인종의 전시장이라고도 불린다.

아시아의
글로벌 파워게이머

뿌리 깊은 국가주의와 긴 역사, 경제력 덕에 일본은 지역적 파워게임의 참여자 이상의 위치를 갖고 있다. 아시아의 다른 나라들에 비하면 확실히 패권국이라 할 수 있다. 한마디로 국제적 참여자인 것이다. 일본이 2008년 12월 UN안보리의 비영구이사국 지위를 받아들인 것은 이러한 인식을 다시 한 번 확신시켜준다.

오랜 기간의 막부 정치[14]는 내적으로는 정체를, 외적으로는 고립을 불러온 한편, 계몽주의 시대의 후예인 유럽인들의 눈에는 매우 특이하게 비친 사회구조를 다져놓기도 했다. 이는 다른 나라들에 대한 일본의 우월의식과 희생정신이 깊이 배어 있는 극도로 강한 사회구조이기도 했다. 또 일본인들은 세 가지 형태의 권력 모두를 중요하게 여기고 있

---

14. 일본의 막부 정치는 12세기 말 무렵 고토바 천황 시대에 나타났는데, 막부는 처음에는 메로빙거 왕조의 게으른 왕들을 보필하던 집사장과 비슷한 존재였다. 그러나 강력한 가문의 우두머리였던 막부의 장군들은 차츰 실권을 쥐게 되었고, 서로 자웅을 겨루는 가문들 사이에 길고 파괴적인 전쟁이 이어졌다. 700년이나 지속된 막부 정치 시대는 메이지 유신과 함께 끝났다. 황군의 군대에 저항하는 무사들의 반란에 합류하기를 거부했던 도쿠가와 요시노부가 마지막 쇼군(막부를 이끄는 장군)으로 기록되었다.

었다. 중세의 일본 병사들은 유럽 병사들과 비교할 수 없을 만큼 우월했다. 철학과 예술을 배우고 익혔으며(사무라이들은 적어도 한 가지 이상의 악기를 다룰 줄 알아야 했고, 시를 지을 줄 알아야 했으며, 황궁의 법도까지 몸에 익혀야 했다), 최고 수준의 윤리와 도덕적 가치로 이루어진 '무사도'를 목숨보다 소중히 여겼다. 총기류가 발명되기 전이었다면 일본 군대는 유럽의 기병대를 단번에 박살낼 수도 있었을 것이다.

비록 신도(일본에서 가장 대중적인 종교)는 완전히 발전된 상태가 아니었지만 불교나 그리스도교의 공격을 막아내기에는 충분할 만큼 강했다. 상징권력은 '천황은 신성한 존재'라는 믿음에서 비롯되었으며, 사무라이의 행동 역시 신성시되었다. 일본인들은 과거에 그랬듯이 현재도 신들의 옆에서, 서양에서는 고대 이후로 폐기된 패러다임 속에서 살고 있었다.

1850년경의 메이지 유신은 막부 시대를 종식한 것은 분명하지만 이전의 패러다임까지 버리지는 않았다. 메이지 유신은 한편으로는 황제 통치 체제를 복구하고, 다른 한편으로는 사회를 현대화하려는 정책을 강하게 추진했다. 또 본질적으로는 옛날부터 있었던 '소프트웨어'를 답습하고 있었다. 오늘날에도 일본인들이 한 직장에서 일하는 평균 근속 연수는 20년이 넘는다. 그에 비하면 미국인들의 평균 근속 연수는 2년에 불과하다.

일본은 경제적으로도 큰 힘을 갖고 있다. 고도로 산업화된 일본은 최첨단기술과 국제무역으로 일찍부터 자원부족이라는 약점을 보완했고, 상단과 해군력을 키웠다.

이후 일본은 세계 패권을 장악하겠다는 야망에 사로잡혔다. 2차 세계대전에서 일본은 전쟁이 끝나면 동아시아와 동남아시아, 그리고 아시아의 다른 지역도 상당 부분 차지하겠다는 욕심으로 군사적 행동을 취했다. 소련과 독일을 동시에 침공하는 것은 반대했으면서도(러일전쟁을 통해 일본은 러시아와의 전면전에 대해 비관적인 생각을 하게 되었다), 해외 자원에 의존해야만 하는 자국의 상황으로는 과도한 규모의 갈등에서 취약한 위치에 놓일 수도 있음에도 영국과 중국뿐 아니라 미국까지도 주저 없이 공격했다.

세계대전 이후에는 패전을 인정하고 경제개발에 몰두하며 1960년대부터 전 세계의 경탄을 받았다. 그러나 1970년대의 우려(과거에 군사력으로 일본이 미국을 따라잡았듯 경제력으로도 미국을 추월할 것이라는)는 근거 없는 것이었음이 드러났다. 해외 자원과 국제 자본의 흐름에 의존해야 하고, 투기에 기반을 둔 경제의 불안정성과 불확실한 정치 상황은 과거에도 그랬지만 여전히 일본을 선망하는 나라들조차 주춤하게 만드는 요소로 남아 있다.

현재로서는 그간 국제무대에서 갖고 있던 상징권력을 중국에 빼앗긴 상황이다. 표면적으로는 중국이 훨씬 역동적이고 영토와 인구가 비교할 수 없이 클 뿐 아니라, 일본에는 정식으로 군대가 있지 않다는 점 등은 지역 패권 싸움에서 중국 같은 경쟁자를 상대하는 데 큰 약점으로 작용한다. 그러나 막강한 경제권력과 지역 무대에서의 균형추 역할(러시아를 포함한 EU와 미국의 입장에서는 매우 중요한)은 일본을 글로벌 파워게임에서 중요한 참여자로 인정받게 해주는 요소다. 가까운 미래에 일본이 훨씬 복잡해진 아시아의 파워게임에서 우위를 차지하기 위해 미국과의 특별한 관계(미일안보협정에 따라 군사력 개발을 제한하는 것)를 버리고 현재 가진 옵션을 재고하리라고 보기는 힘들다. 일본은 미국의 강력한 경제적 경쟁자인 동시에 군사적 동반자라는 현재의 변덕스러운 위치를 고수할 것이다.

신흥 패권국의 허울

1960~70년대에 일본이 이룬 경제 기적이 감탄을 불러왔었다면, 오늘날에는 중국의 급속한 경제발전에 대해 곳곳

에서 (동경과 두려움이 깃든) 찬사가 나오고 있다. 중국은 20세기 말까지만 해도 굶어 죽는 사람이 있었고, 천안문 광장에서는 반공 시위대를 탱크로 짓밟은 나라였다. 그러나 현재 중국은 달러 보유액 세계 2위이며, 매년 GDP의 4분의 1을 군사 부문에 지출하고, 저가 상품 수출로 EU의 여러 산업 부문을 추월하고 있다. 그뿐 아니라 1인당 GDP는 지난 10년 동안 두 배로 성장했다(미국은 40년 걸린 일이었다). 오로지 경제권력에 의존해 파워게임에 임하는 일본과 달리, 중국은 군사권력의 매개체(인도, 파키스탄, 이란, 일본을 제치고 아시아 최고의 군사력을 자랑한다)뿐 아니라 상징권력의 매개체(민족주의, 공산주의, 유교사상. 특히 유교사상은 미국인들이나 유럽인들에게는 이해하기 어려운 사상이지만 엄청난 인구를 하나로 묶어 국내의 통합을 유지하는 데 큰 역할을 한다)도 동원하고 있다.

따라서 중국은 세 가지 형태의 권력을 모두 갖고 있다. 그리고 21세기가 시작되면서 적어도 경제적 측면에서는 당당하고 역동적인, 그리고 부족함 없는 파워게임의 참여자가 되었다. 중국은 대중문화도 적극적으로 활용하고 있다. 중국 영화는 어떤 상황에도 굴하지 않는 천하무적의 전사(중세의 무사, 현대의 경찰 등) 이미지를 내세운다. 중국은 참가국 중 가장 많은 금메달을 획득했고 전례 없이 화려하고 풍요로운 대회 운영으로 세계를 놀라게 했던 2008년 베이징 올림픽을 십분 이용했다.

그러나 나름의 문제도를 안고 있다. 다시 한 번 GDP를 두 배로 성장시킨다 해도 중국은 여전히 세계 최빈국 중 하나로 머무를 공산이 크다. 교육의 기회를 누릴 수 없고 세상의 정보와 차단되어 있으며 의료 혜택도 받을 수 없는 인구가 너무 많기 때문이다. 중국은 엘리트 집단, 특히 경제 엘리트들을 키우고 있다. 그러나 아직도 중산층을 일으키기에는 크게 부족하다. 사실 중국은 긴 역사를 통틀어 중산층이라는 계층이 존재했던 적이 없었다.

군사적 관점에서 보면 중국도 강력한 참여자임이 분명하지만, 패권국으로서의 존재감은 부족하다. 아시아에서조차 러시아나 인도는 물론이고 미국과 손잡은 일본이 언제나 중국의 공격을 저지할 수 있을 것이기 때문이다. 중국이 가진 미국의 헤게모니에 대한 두려움을 이용해 러시아가 지정학적인 무대로 중국을 끌어들일 수는 있으나, 중국과 러시아 사이에서 장기간에 걸친 동맹이나 협력이 유지되리라고 보기는 어렵다.

경제적 관점에서 말하자면 중국에는 첨단기술은 물론 어떤 분야에서도 세계 1류라고 자부할 만한 분야가 없다. 경공업 분야에서는 그렇지 않지만, 소프트웨어, 하드웨어, 자동차 산업 등의 세계 판도에서 중국이 차지하는 부분은 극히 미미하다. 재봉틀 앞에 웅크리고 앉아 고작 몇 달러의 월급을 받는 수백만 명의 여성 근로자들을 앞세워서는 세계 경제를 주무를 수 없을 것이다. 환경 기술 분야에 대대적인 투자를 하지 않고는 세계를 정복할 수 없을 것이다. 그러나 지금 중국은 눈앞의 이익을 좇느라 곧 막대한 대가를 치르게 될 만큼 엄청난 수준의 환경오염을 묵인하며 스스로를 파괴하는 형편이다.

게다가 중국의 상징권력은 '수출'하기가 매우 어렵다. 패권의 매개체가 될 만한 진정한 상징권력은 보편적 사명을 전파하거나 적어도 다른 국가나 집단을 꾸준히 설득할 수 있어야 한다. 그러나 중국인이 되고 싶어 하는 사람은 없을 것이 분명하다. 예를 들어 고대에는 로마 시민이 되고자 하는 사람들이 많았고, 냉전시대에는 미국인이 되고 싶어 하는 사람들이 많았다. 공산주의의 붉은 기운과 유교사상의 가르침으로 다소 다른 색깔을 지니게 되기는 했지만, 옛날부터 지금까지 언제나 이 나라를 둘러싸고 있던 만리장성 밖으로 중국의 세력이 확장되기에는 국가주의라는 걸림돌이 너무 크다. 상징권력 면에서 20세기에 기하급수적인 성장을 이룬 미국의 힘은 다른 나라에 비교적 덜 위협적이었다. 미국은 상징적 힘을 포장하기 위한 최선의 선택이 무엇인지 잘 알고 있었기 때문이다. 그래서 미국은 1차 세계대전에 개입하면서도, 좌우 양극단에 대항해 싸우면서도 그것이 신의 뜻인 것처럼 포장할 수 있었다. 미국의 힘은 '보호'를 의미하는 힘으로 간주되었다. 중국의 힘은 그저 위협하는 아직은 경제적으로 힘일 뿐이다.

국가 참여자들에 대한 논의를 끝내고 독립적인 개별 참여자(비국가행위자)들에 대한 논의로 넘어가기 전에 부분적으로나마 매듭을 짓는 것이 좋을 것 같다. 조상 대대로 내려온 공포(수백에서 수천 년 동안 계속된 정복과 압제로부터 비롯된)에도 불구하고, 우리는 상당 기간 세계의 패권을 확보할 수 있을 정도로 세 가지 형태의 권력을 한꺼번에 장악한 글로벌 파워게임의 참여자가 지금도 있다는 것을 믿지 않는다. 미국은 글로벌 파워게임의 가장 큰 참여자다. 그러나 갖가지 사건과 실책으로부터 완전히 자유롭지 못한 국내 정책에 직면한 미국이 중동의 공격적인 집단들에 의해 이란의 모래펄 속으로 빨려 들어가는 상황에서 그러한 사실을 고려했는지조차 불투명하다. 중동의 민주화는 조지 W. 부시 행정부 안에서도 소수의 그룹만이 갖던 익살맞은 꿈에 불과했다. 중국은 아직 글로벌한 패권은커녕 지역적인 패권으로부터도 먼 나라다.

EU는 막강한 상징권력을 가지고 있으며(어쨌든 유럽은 새로운 로마다), 경제권력의 가장 중요한 집약체다. EU가 원래의 프로젝트를 꾸준히 추진한다면, 그리고 유럽의 공통적인 정치, 경제, 문화가 지리적 개념에서 유럽을 널리 포용한다는 프랑스의 주장이 옳다면, EU는 아마도 21세기 파워게임에서 가장 중요한 참여자로 부상할 것이다. EU는 어느 정도 수준까지 군사권력과 정보권력을 발전시켜야 하는지, 원활하게 돌아가지 못하는 경제적 메커니즘이나 대량 이주가 거부되면서 촉발된 국수주의의 위기가 각국의 결정이 중앙으로 전달되는 데 방해가 되는 일은 없을지에 대해 판단해야 한다.

비국가행위자

국가와 무관하게 움직이는 개별 참여자들은 파워게임의 무대에 스스로 등장해야 했다. 현대 국가들이 두드려 만든 용광로 속에는 이미 수세기 전부터 오직 국가와 국가의 승인을 받은 기관들만 들어갈 수 있기 때문이었다. 개별 참여자란 지리적 경계에 국한되지 않고 계속 권력을 장악할 수 있는 능력을 갖춘 정치적, 경제적 또는 상징적 집단이다. 이들은 어떤 국가에도 의존하지 않는다는 점에서 '비국가행위자'로 부를 수 있다.

앞으로 더 논의되겠지만, 현재 파워게임의 무대에 새로이 등장한 참여자들은 지구상의 파워게임을 전혀 새로운 양상으로 변화시켰다. 마치 중세로 돌아간 듯한 느낌을 주는 상황이다. 중세에는 귀족들이 자신의 야망과 목적, 미래의 가치 등에 따라 지리적 경계를 설정했다. 그런 상황을 가장 잘 보여주는 예가 백년전쟁이다. 학생들은 지금도 백년전쟁을 프랑스와 잉글랜드 사이의 갈등이라고 배운다. 사실 그 전쟁은 필리프 4세의 막내아들이 사망한 후, 프랑스의 왕위 계승 문제를 둘러싸고 일어난 전쟁이었다. 이때 귀족들 사이에서 지리적 경계나 민족적 연합관계를 뛰어넘는 두 진영이 나타났다(잉글랜드 궁정에서는 전형적인 하층민의 언어였던 앵글로색슨어가 아니라 노르만 정복자의 언어인 프랑스어를 사용했다). 두 진영 중 한쪽은 잉글랜드의 에드워드 3세가 모후 이사벨라(필리프 4세의 딸)의 후계자로서 프랑스의 왕위를 이어야 한다고 주장한 반면, 발루아 가문과 필리프 5세를 지지하는 진영에서는 메로빙거 왕조의 법을 들어 모계를 따라 왕위가 이어지는 것을 반대했다. 막강한 권력을 가진 봉건 영주들이 각자의 이익에 따라 어느 한 진영에 가담했고, 전쟁이 계속되는 동안에도 전황이나 상대편 진영과의 협상 결과에 따라 양쪽 진영을 왔다 갔다 하는 배신자들도 많았다.

처음에는 국가가 이런 집단들로부터 모든 힘을 빼앗았다. 가장 강력한 상징적 표상(국기, 국가, 특정 문양이 들어간 제복 등)들은 모두 국가가 몰수했다. 이와 함께 경제권력과 군사력, 첩보력 전체가 국가에 귀속되었다.

다국적 기업

다국적 거대기업들이 종종 정부 앞에서도 콧대를 세우고 권력을 유지하거나 쟁취하기 위해 정치집단들에게 자신들의 입맛에 맞는 정책을 세우도록 강요한다는 사실은 이제 공공연한 비밀이다.

미국 경제는 매년 14조 달러의 돈을 거래한다. 이 어마어마한 금액의 돈은 연방정부나 포트 녹스, 재무성에 보관되는 것이 아니다. 정부가 관리하는 돈은 빙산의 일각에 불과하며 그것도 과세를 통해 정부에 유입되는 돈이 전부다. 공무원이 꿈꿀 수 있는 임금은 사기업에서 주는 최저임금에도 미치지 못한다. '세계에서 가장 큰 권력을 가진 사람(잠시나마 백악관을 차지하는 사람처럼)들도 40만 달러 이상의 연봉을 받는 경우는 드물다. 40만 달러라면 중간 규모의 투자 은행을 책임진 은행장도 입이 벌어질 연봉액수다.

정말로(하지만 백악관의 주인은 엄청난 상징권력을 갖고 있다) 돈이 중요할까? 이 문제에 대해 이런 식으로 접근하는 것이 교황청의 분열에 대한 스탈린주의자들의 그 유명했던 의문을 살짝 돌려서 말하는 것일까? 프랭클린 루스벨트나 그의 전임자 시어도어 루스벨트가 백악관에 있었을 때는 '백악관의 주인'이 엄청난 상징적 권력을 갖고 있다고 하는 것도 틀린 말이 아니었을 것이다. 시어도어 루스벨트는 미국에서 '테디 베어'라는 장난감 이름으로도 유명한데, 그가 이런 별명을 얻게 된 것은 사냥으로 잡은 암곰을 놓아주었다는 이야기가 알려진 후부터였다.

그러나 빌 클린턴이 경제정책과 외교정책의 성공으로 좋은 결과를 얻었던 재임 기간의 말기를 각종 금융 스캔들과 섹스 스캔들로 먹칠을 하고, 그의 후임 부시가 거의 매일 전 세계 TV 프로그램에서 조롱받고 '자유 공산주의자들'에 의해 조직적으로 우스갯거리가 되었던 최근의 에피소드들을 생각하면 미국의 대통령이 얼마나 큰 상징권력을 가졌는지에 대해 회의가 생기지 않을 수 없다(세계 각국의 정치 지도자들도 마찬가지다).

이에 비하면 워런 버핏은 웬만한 신생국들의 연간 국가 예산을 웃도는 수익 뒤에 앉아 있어 감히 만져볼 수도 없는 존재다. 정치가들과 독점 대기업들 간의 샅바싸움은 아무도 좋아하지 않는 스포츠 같다. 선거 캠페인은 돈이 너무 많이 들고, 기업들은 수많은 직원을 해고하며 회사와 공장을 해외로 이전시킨다. 해고된 그 많은 사람은 급여 지급 결제 서류에 서명할 사람을 해외로 빼돌린 사람들에게 투표하지 않을 것이 분명하다.

국가가 제공하는 건강보험은 불안정하며, 부패하고 무능한 경찰 때문에 안전 역시 불확실하다. 기업은 민간 건강보험을 제공하고 전문적인 민간 보안회사를 동원해 무기도 구식인 데다 박봉에 시달리는 경찰보다 훨씬 효율적으로 안전을 보장한다. 웬만큼 영향력이 있는 사람이라면 자신과 가족의 안전을 경찰에게 맡기려 하지 않을 것이다. 따라서 국가는 더 이상 (군사권력의 중요한 부분 중 하나인) 개인의 안전에 대해 절대적인 독점권을 행사한다고 볼 수 없다.

첩보 역시 민간기업 앞에서 설 땅을 잃고 있다. 지난 10년간 진행된 첩보의 30퍼센트는 (민간기업에) 외주로 진행되었다. 대부분의 기업은 완전하지는 않지만 어느 정도 투명한 방식으로 자체적인 소규모 첩보기관을 운영한다. 이런 기관들은 특히 정보와 경제 안보를 위해 계획된 것이다.

기업들은 나름대로 경제권력(수익), 군사권력(첩보 및 군사작전 수행), 그리고 만만치 않은 상징권력(로고, 직원들이 근무시간 또는 그 후에 어떤 음악을 듣거나 듣지 말아야 하는가처럼 유명한 심리학자들이 확인한 금기 사항, 국경일을 무색케 하는 회사의 기념일과 휴업일 등)을 갖고 있다. 기업들은 여러 활동을 여러 나라에서 동시에 진행하고, 어떤 국가의 정부나 기관에도 크게 의존하지 않는다. 기업의 로비 '군단'은 달갑지 않은 법안과 계획안을 언제라도 미리 봉쇄할 준비가 되어 있고, (기업 소유의 언론을 통해) 공공 의제를 차단하고 얼마든지 자기들에게 편안한 주제를 내세워 순식간에 (점점 더 정확하게 정의하기 힘든 개념이 되어가고 있는) 국익과 관련된 문제로 둔갑시킬 수 있다.

예를 들어 미국 대중의 중요한 일부를 이루는 사람들은 미국의 거물급 인사들이 이라크 개입을 촉발했다고 믿는다. 이 추정이 어디까지 진실이고 어디부터 거짓인지는 상관없다. 이것만으로도 대중들의 눈에는 이미 기업들이 파워게임의 참여자로 보인다는 것을 알 수 있다. 사실 1960~70년대에 모스크바의 지원을 받아 점점 팽창하는 공산주의가 가장 위험한 공공의 적이었던 냉전의 절정기에, 미국의 정부 기관들은 남미에 투자했으나 국유화의 위협에 직면한 기업들의 이익을 지키기 위해 남미 각국의 상황에 간섭하기를 주저하지 않았다. 이러한 '개입'을 덮어주던 상징적인 베일은 점점 투명해져서 나중에는 전혀 믿을 수 없게 되었다.

권력 싸움(반드시 경제적 싸움만은 아니다)에서 국가는

권력의 상당 부분을 잃었다. 국가만의 독점적 특권을 거대 기업들이 차지해버린 것이다. 봉건시대의 영주들처럼 기업들은 중앙의 권력이 자신들의 욕심을 채워주지 못하면 그 권력을 날카롭게 비판하기를 주저하지 않는다. 중앙의 권력도 자신들이 내는 세금으로 영위되는 것임을 통명스럽게 상기시키는 것이다. 최근 미국에서 여러 투자은행의 비이성적 탐욕이 경제에 심각한 타격을 주었을 때, 정치가들은 한 톨의 부끄러움도 없이 그 비용을 납세자들에게 전가해버렸다. 그 정치가들에게 그러한 행동을 하도록 압박을 가한 금융계 로비 군단 중에는 재무부 장관 헨리 폴슨도 있었다. 그는 골드만 삭스의 회장을 지낸 인물이었다.

이러한 권력 이동의 현상은 유럽보다는 미국이나 일본에서 더 두드러지지만, 앞으로 EU에 의한 국가 중앙 권력의 이전도 점점 가속화될 것이다.

국제 테러조직

미국이 자국 영토에서 벌어진 비극적인 피습의 충격에서 벗어나 정신을 차리려고 안간힘을 쓰던 2001년 9월 후반, 지구상에서 가장 큰 권력을 쥔 미국 대통령이 이끌던 부시 행정부의 대표급 인물들은 미국의 심장부를 타격한 적의 지리적 위치를 파악하는 데 심각한 어려움이 있음을 실감했다.

빈 라덴의 이름은 그가 이끄는 조직인 알카에다와 함께 금방 세계에 널리 알려졌다. 부시는 9월 11일 대통령 집무실에서 방송된 연설에서 이미 빈 라덴을 언급했고, 누구든 이 테러에 연루된 사람은 엄하게 벌할 것임을 분명히 했다.

그다음에는 '아프가니스탄'이라는 지명(지리적으로 이미 하나의 국가인)이 연설 속에서 튀어나왔다. (빈 라덴이 소련과 맞섰을 때 미국으로부터 군사적, 물적으로 전폭적인 지원을 받으며 함께 싸우던) 무자헤딘의 탈레반 정권이 알카에다의 세포 조직들을 지원하고 있었다.

CIA나 다른 정보기관들은 이 조직이 최소한 3개 대륙에 흩어져 있는 30개국 이상에서 활동한다고 보고했다. 빈 라덴은 클린턴 행정부에도 악몽 같은 존재였다. 미국 영토 밖의 몇몇 목표(미국 군함 USS 콜호, 탄자니아와 케냐 주재 미국 대사관 등)를 타격했기 때문이다. 그들은 아프가니스탄에서 세계 최악의 테러리스트를 체포하기 위한 작전은 너무나 위험하고 실패할 확률이 높다고 생각했다.

인도와의 갈등, 상당한 양의 무기와 군수 물자를 비축했다는 점 등으로 인해(9·11 테러 이전까지는) 해당 지역에서 상당히 우려스러운 나라로 인식되어 있었기 때문에 부시의 연설에서 파키스탄도 언급되었다.

아프가니스탄 북부 동맹군은 CIA의 지원을 받아 탈레반 정권을 축출하는 데 성공했지만, 아프가니스탄에서는 비극적인 내전이 시작되었고 그 내전은 지금도 계속되고 있다. 양귀비 밭으로 변해버린 아프가니스탄은 국제 마약 시장에서 가장 큰 아편 공급지가 되어버렸다.

그러나 누가 누구를 상대로 싸우는지는 여전히 불투명했다. 한쪽에는 자국의 영토를 벗어나 군사작전을 펼친 데에는 그만한 명분이 있었다고 주장하는 미국이 있었다. 테러리스트의 위협에 맞서 민주주의의 가치를 보호한다는 것이 그 명분이었다. 반대편에는 테러조직(알카에다)이 있었다. 팔레스타인 조직이나 IRA[15]가 내세우는 것과 같은 '국가적' 명분은 없었지만, 그들은 수사적으로 '서구의 십자군'을 운운하며 전형적인 중세 초기의 명분에 호소했다.

워싱턴은 후세인을 배후로 지목했고, 정보국과 펜타곤은 팔을 걷어붙이고 나서서 부시 대통령과 도널드 럼스펠드

---

15. Irish Republican Army, 아일랜드 독립 투쟁이 한창이던 1916년 창설된 준군사조직. 현재의 형태로 구성된 것은 1960년대 말로, 목표와 활동을 강조하기 위해 IRA 상징을 사용하기 시작했다. 외견과 달리 단순한 정치종교적 광신자 집단이 아닌 매우 복잡한 조직이다. 영국 '점령군'에 대항하는 싸움에 있어 매우 효율적일 뿐 아니라 전 세계에 걸쳐 많은 기구, 조직과 연결되어 있다. 1970년 정치조직 신페인 당을 창당했다. 2005년 7월 무장 투쟁의 종식(조직의 비무장화)을 선언했다.

국방부장관, 콜린 파월 국무부장관에게 이라크를 공격해야 한다고 역설했다. 후세인이 서구 세계에서 가장 큰 공공의 적인 알카에다를 지원한다는 것 때문만은 아니었다. 후세인은 핵무기를 보유하려고 했고, 경악스러운 화학무기를 갖고 있다는 인상을 주고 있었다. 지금은 이러한 주장을 뒷받침했던 '증거'들이 날조된 것이었음을 모두가 알았지만, 부시 행정부는 영국의 지지를 끌어내기 위해(영국 토니 블레어 총리는 결국 이 문제와 관련해 미국을 지원한 대가로 정치 경력에 큰 타격을 입었다) 이 정보를 더 꾸며서 전달했고, 결국 CIA 요원 발레리 플레임에 의해 다른 누구도 아닌 대통령의 최측근들이 이러한 조작에 가담했음이 폭로되기에 이르렀다.

이라크 공격을 정당화하기 위해 제시된 자세하고 구체적인 증거 외에도, 알카에다는 국제적 테러리즘 내부에서 일어난 중요한 변화를 보여주었으며 빈 라덴은 이것을 통해 부상했다. 테러리즘은 앞 장에서도 언급했다시피, 유대의 광신도에서 '산 위의 노인'이 이끌던 이스마엘의 암살단에 이르기까지 인류의 역사와 늘 함께해왔다. 테러리즘은 유럽에서 나치에 저항하던 레지스탕스(2차 세계대전 중 점령군인 독일군에 저항해 싸웠던 수만 명의 민간인)들의 전설에 의해 1950년대부터 극렬해지기 시작했다. 대중문화는 테러리스트들을 영웅으로 묘사하며(그 이전의 문명세계에서는 상식적으로 받아들일 수 없는 행동이었다) 폭탄을 설치하거나 적의 목을 베는 것도 애국적 행동일 수 있고 사회적 관점에서 보면 전적으로 정당하다는 식으로 테러리즘을 미화했다.

이러한 경향으로부터 IRA와 ETA[16]가 생겨났으며, 이탈리아의 극좌파 테러조직 붉은 여단과 PLO[17]가 스스로 '자유의 전사들'이라고 부르는 계기가 되었다. 그렇다면 볼리비아에서 폭탄을 터뜨리고 쿠바의 혁명을 수출하고자 했던 체 게바라 같은 사람은 국제적으로 인정받는 정의에 따르면 '자유의 전사'일까 '테러리스트'일까? 미국 국무부는 아주 간단하게 그를 테러리스트의 범주에 넣어버렸고, 오랜 추격 끝에 한 특공대원이 그를 사살해버렸다. 그렇게 해서 얻어진 결과는? 라틴아메리카와 유럽에서 수백만 명의 젊은이들이 순교자의 얼굴이 그려진 티셔츠를 입고 다니게

---

16. Euskadi Ta Askatasuna, 바스크어로 '바스크 조국과 자유'를 뜻한다. 현재 스페인 영토에 속한 바스크 지역의 독립을 주장하는 테러조직이다. 지난 수십 년간 여러 번의 유혈 공격으로 유명해졌다.

17. Palestine Liberation Organization, 팔레스타인 해방 기구. 미국의 지원을 얻은 유대인들이 1948년 팔레스타인 거주지역에 이스라엘을 건국하면서 팔레스타인 문제가 본격적으로 역사의 수면 위로 떠오름에 따라 1964년 아랍연맹의 지원으로 결성되었다.

되었고, 그의 초상화 포스터는 1968년 반항의 기운이 팽배했던 파리의 곳곳에 나붙었다. 이렇게 해서 마르크스주의의 순교자가 태어났다. 스탈린도 그 정도로 추앙을 받지는 못했을 것이다.

그러나 PLO가 원하는 것은 아주 분명했다. 바스크의 전사들이 원하는 것과 IRA가 원하는 것도 분명했다. 또한 테러리즘은 어떤 한 종교에만 국한되지 않았다. 아일랜드인들은 가톨릭(바스크족도 마찬가지)이었고, 붉은 여단의 마르크스주의자들과 독일 적군파는 무신론자들이었으며, PLO는 일정한 종교에 열광하지 않았고 종교적 논쟁을 이용하지도 않았다. 훗날 이슬람 원리주의자라는 정치적 이름으로 스스로 명명한 집단은 호메이니와 그를 따르는 이란의 반왕당파 일원들로 이루어진, 종교적 관점에서 보면 판도가 상대적으로 제한된 집단이었다. 이들은 1970년대 말에 민중봉기를 기반으로 테헤란에서 집권하는 데 성공했다. 그 후 이란은 영구 집권을 꿈꾸던 후세인 정권과 싸움을 벌였다. 그 싸움의 뿌리는 비록 수니파 종교 논쟁을 이용했지만 이슬람보다는 범아랍 국가주의에서 비롯되었다. 이 전쟁은 많은 비용을 유발한 소모적인 전쟁이었지만, 결국은 아무런 결말도 없이 끝나고 말았다(양측은 상대방이 전쟁을 먼저 시작했다고 비난하면서 각각 승리를 주장했다).

그러므로 테러조직은 개별 참여자가 아니었다. 그 조직들이 각각 영토권과 통치권을 주장했고, 분명한 목적이 있었으며 냉전의 논리(모스크바의 지속적인 지원에 따라)를 따랐기 때문이다.

빈 라덴은 누구였고, 알카에다가 표방하는 것은 무엇이었으며, 그들의 조직은 왜 미국과 미국의 우방국들을 공격하기로 마음을 먹었을까? 그 답이 대단히 복잡했음은 미국 행정부의 공식적인 입장에 반영되어 있었다. 미국 행정부가 깊은 준비 없이 새로운 정치적, 군사적, 첩보상의 용어를 궁리해야 했을 정도였다. 빈 라덴은 역사에 깊은 흔적을 남겼던 여타 아랍 조직의 리더들보다 훨씬 치밀하고 수준 높은 사람이었다. 그는 완전히 새로운 신화를 쓰기에 충분한 능력을 갖춘 사람이었다.

빈 라덴은 체 게바라 같은 변경의 인물이 아니었다. 그는 사우디 귀족의 후예였고, 서방에서 교육을 받았으며, 교양 있고, 부유했다. 얼마든지 화려하게 살 수 있었음에도 1970년대 후반에 아프가니스탄을 침공한 소련 군대의 공산주의 이교도들과 맞서 싸우는 데 자신을 바쳤다. 어떻게 보면 상징적인 희생을 자청하는 종교적 광신자와 비슷했다.

빈 라덴은 상징적인 장식을 배경으로 촬영한 비디오테이프를 이용해 일반 대중에게 연설했는데, 이러한 방식은 정치 마케팅 전문가들이 연구해볼 만한 가치가 있었다. 그 배경은 마치 바위가 많은 사막의 풍경 같았고, 예언자의 시대 배경과 분명히 닮아 보였다. 그의 옷차림은 남루하지는 않았지만 화려하지도 않았다. 강렬한 조명 아래 헐렁한 바지 차림의 목동과 같은 모습으로 나타난 그는 세계 최고의 권력자를 부정하고 있었다. 이것이 바로 가난한 자들이 풍요로운 미국을 향해 보내는 메시지가 아니겠는가? 그의 연설은 매우 고차원적인 종교적 표현으로 이루어져 있었는데, 그때까지 테러조직들(무슬림 단체들을 포함하여)의 대화에는 존재하지 않던 방식이었다. 단 2~3분 만에 알라의 이름이 열 번이나 거론되었다. 그는 미국을 하나의 국가로 지칭하지 않았다. 국가 개념이 확립되기 이전, 즉 중세의 표현이었던 '십자군' '이교도' '침략자' 등의 표현을 사용했다. 만약 누군가가 거실 소파에 앉아 DVD 플레이어로 그의 연설을 지켜보았다면 그 연설이 1차 십자군 전쟁으로 인해 예루살렘이 함락되었던 1099년의 이야기라고 믿었을지도 모른다.

1099년의 상황에 알카에다가 실제로도 잘 들어맞았을까? 적어도 이 조직이 처음 만들어졌을 때는 그랬다. 9·11 이후로 빈 라덴이 제거된다 해도 알카에다가 제거되지도 않을 것이며, 이렇게 새로운 타입의 적들도 사라지지 않으리라는 것은 분명해졌다.

종교적 집단도 준군사 집단도 정치 조직도 아니지만, 알카에다는 위의 세 가지 요소를 모두 갖추고 있었다. 현대에는 존재한 적 없지만 봉건 사회에서는 아주 전형적으로 찾아볼 수 있는 형태의 집단이었다. 알카에다는 모든 사회 계층에서 조직원을 모집하고, 특정한 임무에 적합하도록 정신적, 신체적으로 훈련을 시키며 종교적 논쟁에 기반을 둔 극심한 환상을 주입하는 비밀 조직(사회)이다. 또한 이 조직은 조직의 목표를 강화할 수단과 파괴할 목표를 직접 선택하는 준군사 집단이다.

알카에다가 원하는 것은 미국의 방방곡곡과 그 우방들, 그리고 미국에 지나치게 협조적인 동방의 정군들을 벌주는 것이다. 그들은 미국이 고통에 몸부림치다가 잘못을 깨닫고 자국 영토로 발길을 돌릴 때만 '갈등'이 끝날 수 있으며, 예언자의 초록 깃발이 온 세계에 당당히 펄럭일 것이라고 주장한다. 역사를 조금이라도 아는 사람이라면, 서방의 그리스도인인 켈트족에 의해 칼리프 국가들의 일부가 함락된 것을 애통해하며 지도자(살라딘은 1291년까지 동방에서 십자군을 추적하던 전사이자 지도자였다)의 구원을 기도하던 옛 전사들의 목소리를 이들에게서 감지할 수 있을 것이다.

알카에다는 협상에 임하지 않는다. 1960~70년대의 '선한' 팔레스타인 사람들이 그랬던 것처럼 최후통첩도 주지 않는다. 오로지 응징하고, 타격하고, 파괴할 뿐이다. 이 조직은 어떤 것도 요구하지 않는다. 서방 세계를 괴롭히는 이유는 단지 서방 세계가 존재하기 때문이다. 그리고 미국이 이끄는 서방 세계는 알카에다가 존재하는 한 전쟁이 계속될 것임을 인정하는 수밖에 없다.

상황이 이렇다면 파워게임의 무대에서 테러집단은 개별 참여자일까 아닐까? 그들은 개별 참여자가 맞다. 그들은 세 가지 형태의 힘을 모두 갖고 있으며 그것도 상당히 큰 힘을 갖고 있기 때문이다. 알카에다는 큰 자금을 가진 이러한 형태의 조직으로서 유일하지도 않다. 아프가니스탄의 양귀비 밭에서 나오는 자금 규모가 얼마나 되는지는 아직 정확히 알려지지 않았다. 그러나 그들이 탈레반의 은행 계좌에 어마어마한 현금을 유입시켰으며 이 현금의 일부가 테러에 쓰인다는 것만은 분명하다. 다양한 위장 신분으로 크고 작은 규모의 기업을 손에 쥔 사람들이 전 세계에서 재정적인 네트워크를 형성하고 있다. 테러리스트들은 국제 무기 밀매, 마약 자금의 돈세탁 등에 연루되어 있을 뿐 아니라 그들 자신도 마약 시장의 중요한 거래자다. 이는 2002년에 미국의 CIA 요원이 이미 인정한 바 있다. 그들에게 돈은 전혀 걸림돌이 아니라는 것은 분명하다. 필요할 때면 언제든지, 얼마든지 꺼내 쓸 수 있는 현금을 그들도 갖고 있다.

알카에다의 준군사력을 미국의 군대나 영국 공군의 대테러 특수부대(SAS)와 비교한다면, 극단적인 인종주의자 무슬림 무장단체들의 전력은 한 수 아래다. 그러나 이것은 정상적인 교전 국면일 때의 이야기다. 즉, 대치하는 양쪽 조직이 각자의 깃발 아래서 지상이나 해상, 또는 공중의 어느 한 곳에서 전투를 치를 때 이야기라는 뜻이다. 그러나 테러리스트들은 애초에 그런 전투에는 관심이 없다. 바로 이들 때문에 우리는 변칙적, 비정상적 교전이라는 군사용어가 난무하는 시대에 들어섰다. 핵항공모함 전단도, 지구상에서 가장 강력한 공군도, TV에서 흔히 보는 코만도 전투부대도 미국을 9·11 테러에서 지켜줄 수 없었다.

제아무리 신출귀몰한 제임스 본드가 나타난다 해도 지하철역과 버스에 설치된 폭탄으로부터 런던을 구해주지 못한다. 바스크 ETA 분리주의자들과의 전투로 다져지고 대테러 작전에 유능한 스페인 군대도 마드리드의 통근 열차를 폭파하려는 음모를 물리치지 못했다.

강력한 공격을 감행할 때마다 이 테러리스트들은 마치 적들에게 보란 듯이 어디든 자신들이 원하는 곳을 골라서 파괴했다. 카를로스 더 자칼[18](당시 소련과 소련의 위성으로부터 결정적인 도움을 받던)도 엄청난 규모는 물론이고 그 결과 역시 상상을 초월할 정도로 비극적인 이런 공격은 꿈조차 꾸지 못했을 것이다. 여러 국가들이 수백 년 동안 서로 싸우면서 바로 이런 유형의 갈등에 쓰고자 군사적 살상 무기를 개발해왔다. 핵무기가 등장하고 재래식 무기 역시 점점 더 공상과학소설에서나 보던 형태로 발전하기 시작하면서, 이제는 정식 선전포고라든가 전쟁터로 떠나기 위해 혼잡한 기차역에서 붉게 충혈된 눈을 하고 알록달록한 손수건을 흔드는 여자 친구와 작별을 나누는 병사의 모습은 점점 사라지고 있다. 반면 막상 위기가 닥치면 전혀 예상치 못했던 곳에 설치된 폭탄과 온몸에 폭발물을 두른 자폭 테러범들로부터 우리 자신을 보호할 가능성은 점점 희박해지고 있다. 알카에다나 그와 비슷한 조직들은 모든 국가를 크게 고생시키는 군사적 조직들임이 틀림없다.

수염을 길게 기르고, 눈동자가 이글거리던 오사마 빈 라덴은 금욕주의적이고 희생을 마다하지 않는, 완벽하게 카리스마적인 종교 지도자였다. 그는 『쿠란』의 일부, 즉 베두인

---

18. Carlos the Jackal, 본명 일리치 라미레스 산체스(Ilich Ramírez Sánchez). 1942년 베네수엘라에서 마르크스 사상을 가진 변호사의 아들로 태어났다. 국제 테러조직에 가담한 후, 1975년 빈의 OPEC 본부 공격으로 유명해졌다. 이때 공격으로 세 명이 사망했다. 그 후 PLO 조직원이 되었으며, 바르샤바 조약기구의 병참지원을 받았다(그는 부다페스트에서 장기간 거주했다). 1994년 수단에서 체포되어 프랑스 당국에 넘겨졌으며, 재판에서 종신형을 선고받았다. '자칼'이라는 별명은 영국 신문 《가디언》 기자가 그를 그렇게 부른 데서 비롯되었다.

족이 예언자와 함께 아프리카 북부 전체를 정복하고 스페인에 진입하며 최초로 유럽 전체를 위협한다는 초기 메시지의 해석에서 나온 공포스러운 상징적 힘으로부터 권력을 얻었다.

그는 자신이 사악하고 신에 대한 믿음도 없으며 탐욕의 노예라고 규정했던 서방에 대한 맹목적 믿음과 개인적 희생에 반대했다. 정확하게 해석한다면 빈 라덴의 메시지는 선량하고 가난한 무슬림을 향한 호소로 보일 수도 있다. 그는 황금에 물든 서방 세계의 삶에 유혹을 느끼지 않았다. 그랬다면 그는 자신의 영혼과 영원한 생명을 잃었을 것이다. 그는 이미 몇 푼의 돈에 영혼을 팔아 미국의 고층 빌딩을 차지하고 사는 타락한 인간들보다 훨씬 높은 존재였다.

당시 부시 대통령의 연설에 구세주에 대한 종교적 암시나 직접적인 인용이 자주 등장한 것은 우연이 아니었다. 인권이니 민주주의의 가치니 하는 건조한 수사를 늘어놓는 것으로는 종교적 성격의 강력한 상징권력을 가진 인물과 맞서는 것이 지난했을 것이다. 이념적 무기로는 종교적 신앙과 맞설 수 없다. 공산주의 치하에서 40년을 보낸 후, 폴란드 교회는 2차 세계대전 이전보다 훨씬 더 강고해졌다. 토마스 아퀴나스의 신학을 논하는 상대를 데카르트의 철학으로 응수할 수 없는 것과 마찬가지다. 두 소프트웨어는 양립할 수 없다. 각각의 소프트웨어가 상대 소프트웨어를 인식하지 못하기 때문에, 데이터 교류가 일어날 수 없다.

가난으로 고통받는 무슬림 세계에서 빈 라덴은 체 게바라와 살라딘이 조합된 아주 독특한 존재가 되었다. 무슬림의 세계는 공산주의의 몰락 이후 국제적 영향력(중국은 예외였다. 중국에 국제적 역할을 기대한 나라는 없었다)이 필요한 지역이었고, '혁명가'가 그들을 지칭하듯이 '지구상의 저주받은 자들'은 방향을 잃은 채 헤매고 있었다. 반자본주의자들은 이념을 추구하기를 그만두었다. 이념을 추구하는 것은 감상적인 행동처럼 보였다. 그러한 감상에 젖은 사람들은 (동방보다 서방에서 활발했던) 반세계화 운동에 집착하거나 (이슬람 세계의) 종교적 기치에 의존했다. 빈 라덴은 오만한 미국이 굴욕당하고 파괴당하는 세상의 사도가 되기를 원했다. 미국의 굴욕과 몰락은 비참의 나락으로 떨어져 있는 지구상의 많은 나라를 위해 응당 가해져야 할 보복이었다.

마르틴 루터의 개혁이 시작될 무렵에 그랬던 것처럼, 그와 그의 추종자들이 설파하던 새로운 신앙은 애초에 하층민들(자치도시 주민들, 상인들, 반귀족적 성향의 장인들, 반가톨릭주의자들)이 받아들였다(폭동은 사실 신학적 논쟁으로 정당화된 특권을 포함한 여러 특권을 가진 계층을 상대로 한 것이었다). 이슬람 원리주의는 자본주의 체제의 승리자들을 향해 이야기하지 않고 빈자들을 향해 이야기했다. 미국인 중 일부는 이슬람을 굳어진 불평등에 대항해 싸울 해방의 수단으로 보고 있다는 점을 상기하자.

국제 테러조직은 정책의 방향을 제시하고 법적 제도를 바꾸고 국가예산을 새로 짜며 공포를 일으키고 있다. 테러리즘 자체가 이미 파워게임의 참여자인 것이다.

범죄조직

연합군의 이탈리아 상륙이 임박했던 1944년, 미국에서 가장 유명한 갱이자 범죄조직의 비공식적인 우두머리였던 찰스 '러키' 루치아노[19]는 살인, 협박, 갈취, 탈세 혐의로 갇혀 있었다. 석방의 대가로 그는 두 가지를 약속했다. 첫째, 미국의 각 항구(특히 뉴욕)에 조직된 항만 노동조합이 독일이나 일본의 사주로 일어날지도 모르는 파괴, 파업(1차 세계대전 당시 뉴욕에서 대규모 파업이 일어났지만 1970년대

---

19. Charles 'Lucky' Luciano. 미국에서 가장 악명 높은 시칠리아 출신 미국 마피아 중 하나로, 1930년대 미국 내 다수 패밀리와 연합에 성공했다. 당국에 체포되었으나, 시칠리아 마피아들이 연합군의 이탈리아 상륙을 돕도록 지원한다는 조건으로 석방되었다. '러키'라는 별명답게 그는 장수를 누리고 자신의 침대에서 사망했다.

까지 독일에는 알려지지 않았다)을 자세히 감시한다는 것이었다. 둘째, 시칠리아의 '패밀리'들(파시스트의 압제를 견디고 살아남은)이 미군의 상륙과 로마까지의 진군을 돕는다는 것이었다. 이 두 가지 약속은 차질 없이 이행되었다.

다시 태어난 마피아는 그리스도교도들로 이루어진 민주당이 공산주의자들을 꺾고 선거에서 승리하는 데 공헌했다. 양복 조끼에 스파게티 소스 얼룩을 묻힌 구레나룻 수염의 '형님'들이 이끄는 동네 갱단들이 범죄조직 대접을 받던 시절은 오래전에 끝났다. 시칠리아 마피아[20](코사 노스트라와 함께)는 미국 영토를 잘게 나누었고, 콜롬비아의 여러 코카인 카르텔은 FBI의 지원을 등에 업은 정부의 정규군을 상대로 대대적인 전쟁을 벌였으며, 카모라는 메초조르노 전역을 마비시킬 수 있다는 것을 보여주었고, 러시아의 크리샤('지붕'이라는 뜻)는 이미 1980년대부터 수백 개의 국영 공장들을 쥐락펴락하면서 이윤을 갈취하고 있었다.

---

20. 시칠리아어 사전에 'Mafiosi'라는 단어가 등장한 것은 19세기였는데, 이때 이 단어는 '건방진' '거들먹거리는' 그리고 '명예로운 남자'를 뜻했다. 일부 연구자들은 시칠리아에서 부르봉 왕가의 점령기에 해방 투쟁을 하던 지하 조직에서 연유했다고 보지만, 또 다른 사람들은 나폴레옹 전쟁(이 당시 이탈리아인들의 구호는 '프랑스에 죽음을!'이었다) 때라고 보기도 한다. 이는 범죄조직과 동의어가 되었으며, 코사 노스트라('나의 것')를 탄생시켰다. 시칠리아 마피아 외에도 이탈리아에는 나폴리를 주무대로 하는 네아폴리탄 카모라, 남이탈리아 칼라브리아에 근거지를 둔 은드랑게타, 아풀리아 주에서 일어선 사크라 코로나 우니타 등의 범죄조직이 있다.

범죄조직은 아주 오래전에 영생의 묘약을 찾아냈다. 그 것은 살인이 아니라 돈이었다. 이 조직들은 더 노련한 암살자를 더 많이 고용하는 방식이 아니라 재정적, 경제적 무기고, 즉 전 세계 곳곳에 지점을 거느린 막대한 다국적 기업을 개발하는 것으로 강력한 권력을 손에 쥐었다. 한 재치 있는 작가가 이 조직들이 마치 주식회사 형태로 운영되는 것처럼 '마피아 주식회사'라는 표현을 쓴 것에도 그만한 이유가 있었다.

범죄조직들은 50년 또는 100년 전보다 더 강해졌는가? 경제적으로 보면 100년 전보다 훨씬 강해졌다. 아주 대략적인 추산으로도 2005년 말 범죄조직들은 1조 달러(당시 존재하던 국가 중 80퍼센트 이상의 연간 국가예산보다 많다)의 이익을 얻었다. 1950년부터 마약 거래는 마피아들이 삽으로 돈을 퍼 담을 기회를 제공했고, 그들은 그 돈을 세탁한 뒤 '깨끗한' 사업에 투자했다. 철의 장막이 걷히자 과거 공산국가였던 나라들(사유화 과정이 빠르게 진행 중이었고, 따라서 수많은 매각 절차가 진행 중이던)은 쉽게 검은 자본의 먹잇감이 되었다. 아무런 경험 없는 신생 민주국가에 침투하는 것은 그들에게는 식은 죽 먹기였다.

범죄조직은 1960년에 케네디가 대통령 선거에서 이기는 데 도움을 주었고, 그 대가로 카스트로가 장악한 쿠바를 해방시켜주겠다는 약속을 받아냈다. 그들은 카리브 해의 카지노 낙원을 '좋은 친구들'에게 돌려줄 계획이었다. 3년 후 케네디가 암살당했을 때 그들 역시 큰 타격을 입었을 것이다. 범죄조직은 막대한 이익이 걸린 무기 암거래와 국제 인신매매로 자신의 몫을 챙겼다.

마피아는 어느 한 나라에 귀속되지 않는다. 그들의 존재 이유는 상업적 이익이다. 마피아의 수중에는 어떠한 정치적, 법률적 게임에서도 밀리지 않을 만큼 많은 돈이 있고, 입법기관과 사법기관의 공직자를 매수하거나 복지 정책을 무너뜨리더라도 자신들의 이익을 지키는 데 아무 거리낌이 없다.

마피아는 전통적 의미에서 '군대' 같은 조직을 갖고 있지는 않다. 그러나 마피아와 맞서거나 그들의 이익을 해치는 사람이나 조직에 대해서는 얼마든지 폭력을 행사할 능력이 있음을 분명하게 보여주고 있다. 옛날부터 그들에게 희생당한 정치가, 검사, 판사, 경찰, 언론인 등의 숫자는 일일이 셀 수 없을 정도로 많았고, 국가의 법 집행 기관도 그들로부터 무고한 사람들을 보호할 수 없었다.

마피아의 상징권력 또한 점점 강해졌다. 대중문화의 도움 덕분이다. 1930년대 초반, 헐리우드는 갱스터들을 악하지만 쿨한 남자들로 그리기 시작했다. '다이아몬드' 조, '벅시' 시겔, '더치' 슐츠, '머신 건' 프랭키[21] 등을 대단한 스타라도 되는 양 띄워놓았다. 〈대부〉 같은 영화와 말론 브란도가 연기했던 돈(Don, '보스' '형님' 등의 뜻)이 모든 것을 정점으로 치닫게 하고 그 자리를 단단히 굳히게 했다. 로빈 후드의 직계후손인 척하는 몇몇 개인들을 직접 미화하지 않더라도 여러 영화, TV 드라마, 소설 등은 이러한 냉혈한 암살자들을 영웅으로 둔갑시키고 그들도 따뜻한 감정이 있고 슬픔과 아픔을 느끼는 사람들인 것처럼 포장해놓았다. 뉴욕의 마피아 감비노 패밀리의 보스였던 존 고티가 자신이 마치 록 스타나 영화배우 같은 대중적 인물인 양 하고 다녔던 것도 놀라운 일이 아니었다. 그러나 인간적 정서는 그들과는 거리가 먼 것들이었다.

갱단의 멤버들은 범죄조직의 가난한 친척과 같아서, 아직 교육받지 못한 어린아이들이고 더 높은 조직원들을 위한 총알받이에 지나지 않는다. 이런 갱단원들은 〈웨스트사이드 스토리〉 같은 영화가 팔아먹는 낭만과는 아무런 상관이 없는 사람들이다. 그들에게 남는 것이라고는 잭 나이프 한 자루와 기관단총 한 자루뿐이다. 동네 갱단들은 세계 어

---

21. 금주법 시대의 유명한 갱단원들. 이들의 일생을 다룬 책, 영화 덕분에 유명인사가 되었다.

디서나 치안 당국의 난해한 골칫거리가 되고 있다. 그들은 마치 옛날 봉건 영주들이 그랬던 것처럼 대도시의 넓은 지역을 차지하고는 멋대로 법을 만들어 군림하려고 한다. 이러한 상황은 해당 영역에서는 국가의 주권이 사실상 사라져버렸고 모든 것이 그들의 입맛대로 이루어진다는 것을 보여주는 것이다.

범죄조직은 여러 나라를 넘나들며 존재하고, 경악스러울 정도로 큰 부를 누리며, 아무리 높은 사회적 계층을 상대로도 얼마든지 폭력을 행사할 수 있다. 또한 무책임한 대중문화 덕분에 막강한 상징권력까지 갖고 있다. 국가의 기관들은 점점 부실해지는데, 마피아들은 국가가 잃어버린 힘을 속속 꿰차고 있다.

첩보 조직

첩보는 인류의 역사와 그 기원을 같이한다. 적어도 첩보를 다루는 연구자들 대부분이 그렇게 믿는다. 이런 연구자들은 『구약성경』이나 『손자병법』을 인용하고, 프랑스 국왕 루이 15세가 조직했던 스크레 뒤 루아[22]나 영국 국왕 헨리 8세 재위 당시 활동했던 크롬웰의 정보원을 언급하곤 한다. 그리고 모사드[23], CIA, MI6[24] 같은 이름은 이제 모르는 사람이 없다. 이 기관들은 소설, 논픽션, 영화에도 자주 등장하며 정보요원을 둘러싼 갖가지 신화를 만들어냈다.

지배자들은 자신이 다스리는 피지배자들에 대해 더 많은 것(프랜시스 베이컨이 말했듯 정보는 곧 힘을 의미한다)을 알고 싶어 하고, 인류의 역사의 처음부터 지금까지 그러한 정보 수집에는 군사권력이 동반되었다. 그러나 MI6, SVR[25], NSA 같은 거대조직들이 스크레 뒤 루아의 손자뻘이거나 그 후예라고 말할 수 있을지는 불분명하다. 이 조직들만큼 큰 힘과 영향력을 갖고 있을 뿐 아니라 당대의 정치적이고 이념적인 요소(상징적 힘)와 깊이 결탁된 조직은 인류 역사상 일찍이 없었다는 점에서, 파워게임의 무대에서 이들을 개별 참여자로 소개하는 데 무리가 없을 것이다. 다시 한번 말하거니와, 첩보 조직들은 정치적 의사 결정자들에 의해 굳어진 공식적인 게임의 틀 밖에서 그들만의 게임을 한다는 것이 공공연히 증명되어왔다.

공식적으로는 그들의 수장을 정치가들이 임명한다. 사실

---

22. Secret du Roi 또는 King's Secret. 대신들을 감시하고 프랑스의 영향력을 동쪽으로 확대시키기 위해 20여 년 동안 운영된 비밀조직. 루이 15세 사후에야 존재가 세상에 알려졌다.

23. Mossad. 이스라엘 국방부 소속의 비밀 정보기관

24. Military Intelligence 6. 영국 외교부 소속의 대외 정보기관. 정식명칭은 SIS(Secret Intelligence Service)다.

25. Sluzhba Vneshney Razvedki. 러시아의 대외 정보기관

상 그들이 자신들의 관점을 관철하는 것이 그리 어렵지 않다는 것은 이미 증명된 바 있다. '불멸의' FBI 국장 에드거 후버의 경우는 유명하다. 단명으로 끝났지만 케네디 행정부조차 그를 그 자리에서 끌어내리지 못했고, 결국 케네디는 임기도 마치지 못한 채 암살당했다. 동성연애자였으며 범죄조직의 우두머리와 부적절한 관계를 맺었다는 의심까지 받은 후버는 FBI를 둘러싼 신화를 만들어내는 데 통달했다. 그는 수십만 명의 미국 시민들에 대한 정보를 수집하고, 그 정보를 최대한 이용해 '마녀사냥'을 펼쳤다. 그 정보들은 훗날 FBI의 관점에서 마음에 들지 않는 태도나 성향들을 고치게 하는 데 쓰였다. 그의 사후, 조직 내부에서 권력의 승계를 놓고 벌어진 암투는 치열하기 그지없었다. 그 암투는 결국 워터게이트 스캔들로 이어졌고, 닉슨의 사임으로 끝났다.

부시가 9·11 이후 조지 테닛의 사임을 요구하며 강경 보수파 존 네그로폰테(펜타곤과 가까웠던)를 CIA 국장으로 임명함으로써 첩보계의 '프리마돈나'였던 CIA의 명성에 흠집을 내려 하자 CIA 본부가 있는 랭글리는 벌집을 쑤셔놓은 듯 시끄러워졌고, CIA 요원들과 분석가들이 앞다퉈 공개적으로 불만을 표시했다. 갑자기 언론을 통해 무수한 정보들이 쏟아져 나왔다. 그러더니 후세인이 생화학 무기를 쌓아놓았다는 것과 바그다드가 알카에다와 연계되었다는 정보를 부시 행정부가 감추었다는 주장으로 번져갔다.

사실 정보기관은 발표한 내용보다 훨씬 많은 정보를 알고 있는 것이 분명하다. 또 그들은 언제 누구와 어떤 정보를 얼마나 공유할 것인지도 직접 결정하며 아주 다양한 방법으로 파워게임에 개입할 수 있다. 통신과 정보 수집 수단이 발달함에 따라 정보기관들은 막대한 양의 정보에 접근할 수 있게 되었다. NSA는 전 세계 전화 통화의 25퍼센트를 감청하고 감시할 수 있다.

테러와의 전쟁, 경제위기로 인한 이민의 파도, 드라마틱한 기후 변화, 변칙적인 충돌 등으로 국가 참여자가 정보기관에 의지하는 비중은 점점 커질 것이다. 사실상 시민들을 대상으로 한 이런 기관들의 감시에 대해서는 점점 규제가 완화되고 있고, 이 때문에 사회에서 여러 가지 논쟁이 일어났다. 이런 논쟁에도 불구하고 1960년대는 이미 예전에 지나갔다. 사회는 옛날보다 훨씬 더 순종적으로 변해서 진위도 분명치 않은 안보를 위해 개인의 인권을 심각하게 침해당하는 것도 순순히 받아들이는 정도가 되었다.

정보기관들의 수중에는 점점 더 많은 돈(그들의 선배들이 관리했던 쌈짓돈은 현재 이들이 주무르는 예산에 비하면 아무것도 아니다)이 흘러들어가, 이제는 이들도 경제권력까지 거머쥐게 되었다. 정보기관들은 거대한 상징적 권력(악당으로부터 나라를 구하는 선량한 요원을 중심으로 섬세하게 짜인 신화적 이야기들)의 수혜자들이며, 막강한 군사권력까지 갖고 있다. 이런 측면에서 보면, 도널드 럼스펠드의 '매파'가 랭글리의 '귀족'들 사이에 있었던 최근의 게임에서 핵심을 어디서 찾아야 하는지가 분명해진다. 펜타곤, 즉 '고전적인' 군사권력이 그동안의 열세를 만회하고 자기 뒷마당에 모든 작업도구를 확보하기 위해 또 하나의 군사권력을 보태려고 했다. 그러나 성공 가능성은 매우 낮았다.

그러나 지난 20년간, 국가의 이러한 첩보 기관(가장 유명한 기관 몇 곳의 이름을 위에서 언급했지만, 사실은 모든 국가가 전국적인 첩보 네트워크와 기관을 갖고 있다)의 구조 외에도 민간 정보 기구들이 빠른 속도로 성장하고 있다. 때로는 국가기관(적어도 이론상으로는)과 경쟁할 정도다. 예를 들면 CIA 활동의 30퍼센트는 이미 외주, 즉 민간기업 하청으로 이루어졌다. 펜타곤 역시 국가기관에서 일하던 사람이 소유 및 운영하는 민간기업에 여러 가지 임무를 맡기기를 선호한다. 10년 전 이런 민간기업의 소유자였던 해럴드 위클러는 애리조나 주 북부 어딘가에 있는 것으로 알려진 자신의 학교를 졸업한 군인 4~5명만 있으면 2류국가 하나

쯤 큰 위험에 빠뜨리는 것은 일도 아니라고 자랑스럽게 말하기도 했다.

이런 기업들은 이미 오래전부터 자체적으로 정보를 수집하기 시작했다. 이들은 그 옛날 콘도티에레[26]처럼 중요한 결정이 이루어지는 사무실에 도청장치를 심거나 보수를 더 많이 주는 쪽을 찾아서 거래를 옮기기도 한다. 구부정한 자세로 모자를 푹 눌러쓰고, 금발 머리 여자 때문에 시시때때로 곤란한 지경에 처하는 운 사나운 탐정 말로위의 시대는 가고, 그 대신 최첨단 감시 및 조도 장비를 자유자재로 쓰면서 암호를 깨고 경쟁 회사에 숨어들어 사업 비밀을 빼오는 컴퓨터 전문가가 그 자리를 대신했다. 파워게임에서는 더 취약한 위치에 있을 수밖에 없는 작은 나라들은 이러한 현상 앞에서 완전히 속수무책이고, 이런 경쟁에서 누가 간첩이고 무엇이 조직범죄인지는 판가름하기가 극히 어렵다. 이런 민간기업들은 자금동원, 협박, 중상모략의 씨앗이 되는 정보 거래 등을 수단으로 정치적인 게임에 깊이 간여한다. 이 모든 활동이 미래의 정책 결정자들로부터 우호적인 태

---

26. condottiere. 14세기 중반에서 16세기까지 이탈리아 도시들 사이에 일어난 무수한 전쟁에 참가해 싸운 용병대장을 일컫는 말

도를 끌어내기 위한 것이다.

더욱이 이러한 기업들을 둘러싸고 누가 누구를 어떤 이유로 보호하는지, 심지어는 누가 누구의 명령을 따르는지조차 불분명해져버렸다. 레지스탕스의 신화는 도시 테러를 더욱 극렬하게 만들었고, 냉전의 신화는 정보기관들을 폭발적으로 늘어나게 했다. 이 기관들의 목적은 쿠데타, 핵폭발, 요인 암살, 끔찍한 전쟁 기도 등 최악의 음모를 가진 악당들을 물리치고 국가와 시민을 구하는 이상적인 첩보원(정보요원)의 활약상을 창조하는 것이었다. 물론 모스크바나 그 동맹 세력들에게는 KGB와 GRU[27] 요원이 '굿 가이'였다. 미국과 그 우방들에는 바보스럽기 짝이 없으나 대중에게는 쉽게 이해가 가는 음모 속에서 CIA와 MI6 요원이 그나마 자비로운 인물들이었다. 냉전으로 점철된 40년 세월 동안, 정보요원들은 선전의 가장 강력한 상징이었다.

그들은 그러면서 모스크바와 워싱턴 사이에 40년 동안 지속된 긴장과 총체적 히스테리를 유발했다. 헤이든(테닛의 후임 CIA 국장으로 매우 보수적인 인물)이 다소 한탄조

---

27. Glavnoye Razvedyva telnoye Upravleniye, 1918년 설립된 소련군 비밀 정보기관. 주로 대사관 직원으로 위장하여 첩보를 하는 일이 많았다.

로 말했듯이, 그때는 누가 적인지 분명했기 때문에 적을 추적해 악의 소굴에서 끌어내기도 수월했다. 냉전이 종식된 후, 이러한 두려움은 점점 더 심해졌다. 누가 적인지도 불분명하고, 적들이 숨어 있는 곳은 더 이상 크렘린의 지붕 아래가 아니었다. 적들의 위치조차 판단할 수 없었다. 그림자를 상대해야 하는 이 전쟁은 냉전보다 더 깊은 심리적 효과를 가져왔다. 007 제임스 본드라 할지라도 이제는 적을 찾아 눈이 돌아갈 정도로 분주하게 전 세계를 누비고 다녀야 할 판이었다.

첩보 기관은 파워게임의 무대에서 개별 참여자이며, 시민사회가 주장하듯이 그들에 대한 감시는 점점 느슨해지는 반면 그들의 힘은 점점 강해질 것으로 보인다. 공공 부문과 민간 부문의 비율 역시 명백하게 그들에게 우호적인 방향으로 변해갈 것이다.

종교 단체

교회와 세속 권력 사이의 균형은 인류 역사상 언제나 논쟁거리였다. 현대역시 예외가 아니다. 정교회가 자치 독립 교회로 남고(이는 정교회가 세계적인 네트워크를 구축할 가능성을 축소한다), 다양한 개신교의 교파들이 서로 갈라진 채 통합된 중심을 찾지 못하는 한 바티칸은 앞으로도 세계적인 파워게임의 참여자로 남아 있을 것이다.

앞에서 언급되었듯이 흑사병, 르네상스, 종교개혁, 계몽주의는 국제적인 파워게임의 무대에서 지리적으로 가장 중요한 공간이었던 중앙 유럽과 서유럽에서 가톨릭교회가 1000년을 내려오며 굳건하게 독점적으로 지켜왔던 상징권력에 매우 강한 타격을 가했다.

바티칸은 에너지와 카리스마가 넘치는 요한 바오로 2세가 교황의 직위에 오르면서 국제적인 파워게임의 무대에 다시 중량감 있는 참여자로 부활했다. 요한 바오로 2세가 공산당 체제의 붕괴에 중요한 역할을 했다는 것은 논쟁의 여지가 없었다. 이러한 승리의 이면에는 CIA의 크고 넓은 영향력이 작용했음은 두말하면 잔소리다. CIA는 카롤 보이티야가 교황의 자리에 오를 수 있도록 전폭적 지원을 아끼지 않았을 뿐 아니라 그가 교황으로서 취한 행동에도 지지를 보냈다. 어쩌면 폴란드 노동조합인 연대자유노조의 지도자는 가톨릭교회가 자신들에게 보내준 복사기며 운영자금과 선전자료가 진짜 하늘에서 내려온 만나라고 믿었을지도 모른다. 현실은 그런 인식과 아주 거리가 멀다는 것을 미국은 금방 그에게 상기시켜주었다.

바티칸의 무장조직(일종의 현대판 예수회)인 오푸스데이는 30년 동안 막강한 힘을 길렀으며 엄청난 자금을 축적했으나 목표와 행동의 의도가 불분명해 비판자들로부터 '옥토퍼스데이(Octopus Dei)'라는 별명을 얻을 정도가 되었다. 독일 출신의 전 추기경 라칭거의 지휘로 바티칸은 활동적이고 설득력 있는 파워게임의 참여자로 다시 태어났다. 그들은 최초의 유럽 헌법이 될 문서에 가톨릭이 그리스도교의 본산임을 문서로 명문화할 것을 요구했다. 유럽은(지리적, 역사적, 정치적, 문화적으로) 2000년 이상 이어져 왔으므로(켈트족과 로마 문명을 보면 알 수 있다), 교황청의 요구는 분석가들과 유럽에 거주하는 수백만 무슬림들의 맹렬한 저항을 불러일으켰다. 그러나 교황 베네딕토 16세는 19세기에 잃은 영역을 되찾겠다는 결의를 단호하게 보여주었다. 모든 종교 기관 중에서도 바티칸은 가장 중요한 경제권력의 주체로, 지난 40년 동안 많은 것을 잃었음에도 여전히 그 지위에 변함이 없다.

오늘날 우리는 어떤 지리적 집단 혹은 국가와 종교적 현상으로서의 이슬람을 연계시키는가? 예언자의 등장 이후 500년 동안, 아랍 문명은 언제나 누군가와 전쟁을 벌일 듯한 자세로 이슬람의 교세를 확장하는 군사적 수단이었다. 19세기가 끝나고 20세기가 열릴 무렵 무스타파 케말이 터키의 국가적 토대를 놓고 제국을 현대적인 국가로 변모시킨 때까지, 셀주크제국의 문명은 오스만제국이라는 정치적

간판을 달고 그 뒤를 이었다. 오늘날 우리는 정확히 무엇을 '이슬람'이라고 판단할까?

앙카라를 수도로 하며 7000만 명이 넘는 수니파 무슬림을 국민으로 갖고 있으면서 EU에 끼고 싶어 하는 나라, 자국의 영토 안에서 이슬람 근본주의자들이 불어날까 봐 늘 경계하는 행정부를 가진 나라를 이슬람이라고 판단할까? 뿌리 깊은 반미감정, 반 이스라엘 감정을 가진 이란의 시아파들과 서방을 위협하기 위한 핵 프로그램을 추진하는 그 지도자들을 이슬람이라고 판단할까? 뼛속 깊이까지 이슬람 교리가 배어 있지만 풍부한 에너지 자원을 갖고 있으며 서방과 대립하지 않는 사우디아라비아, 쿠웨이트 또는 아랍에미리트 같은 우호적인 정권들도 이슬람이라 판단할까? 1997년의 경제위기로 지하드의 메시지를 손에 쥔 원리주의자들의 수중에 떨어진 인도네시아의 급진주의자들은? 전 세계에 흩어져 있는 알카에다의 세포들은 단지 빈 라덴이 충직한 알라의 신봉자라고 말했다는 이유로, 그들이 사는 곳이 어디든 신분증에 적힌 국적이 어디든 상관없이 모두 이슬람이라 해야 할까?

20세기가 시작될 때, 세계 지도의 어느 곳을 짚어봐도 이슬람은 파워게임의 참여자가 아니었다. 오스만제국의 긴 고통이 끝나가고 있었고, 식민주의는 아직 동유럽 곳곳에 남아 있었고, 중동의 막대한 유전은 아직 착취당하기 전이었다. 그때까지는 글로벌 경제가 2차 세계대전 이후처럼 제대로 시동을 걸기 전이었기 때문이었다. 따라서 무슬림 세계는 지금도 여전히 존재하는 다분히 이질적인 요소를 안고 있음에도 불구하고 지난 한 세기 동안의 가장 위대한 승자였다.

무슬림이 주도하는 OPEC의 탄생과 함께 무슬림 세계는 다른 지역과 완전히 차별화되는 경제적 정체성을 확보했다. 가장 위험한 국제 테러조직 알카에다와 함께 서방의 그리스도교도들로 밝혀진 적과의 군사적 싸움에서 깃발을 빼앗았다. 오늘날의 모든 갈등에는 언제나 무슬림이라는 요소가 들어 있다. 옛 유고슬라비아의 예만 보아도 알 수 있다. 무슬림을 추종하는 것은 선동이나 찬양 또는 위협에 의한 것이라는 논쟁은 다른 지정학적 논쟁이나 국제법상의 논쟁 못지않게 자주 일어나고 있다.

형태는 매우 다양하지만 이슬람은 개별 참여자로서만 모습을 드러낸다. 막대한 경제력과 군사력을 갖고 있는 한 이슬람은 어느 한 나라 또는 몇몇 나라에만 기댈 필요가 없기 때문이다. 게다가 이슬람의 가장 급진적인 정치 형태(테헤란 정권이나 빈 라덴)는 비록 자기 방어라는 그럴싸한 포장을 두르기는 했지만 폭력적 방법으로 반그리스도교, 반서방의 의지를 보여준다. 2008년 이라크의 모술이 함락될 때 수백 가구의 사람들이 살해당했고, 또 다른 수천 가구의 사람들은 그리스도교를 추종한다는 이유로 강제 이주를 당해야 했다. 다국적군이 점령했을 때 점령군에게 어떤 태도를 보였는지는 상관없었다. 일부 지역적 집단들의 급진화(반미에서 반서방으로, 그리고 궁극적으로는 반그리스도교로)는 가난한 무슬림들이 사는 어떤 곳에서든 알카에다 유형의 선전이 효과적으로 전파되었다는 것을 웅변적으로 보여준다.

키루스 1세의 칙령으로 바빌론에 억류되었던 유대인들이 풀려난 후, 에즈라와 느헤미야에 의해 모세의 법으로 체계화된 유대교는 권력 형태의 진화라는 렌즈를 통해서 보아도 인류 역사상 가장 특이한 사례로 꼽힌다. 로마 점령군에 의해 사원이 파괴되고 유대인들이 대량 추방된 후 수세기 동안 유대인들은 엄청난 고통을 감내해야 했음에도 불구하고 (특히 첫 밀레니엄 동안 그리스도교의 땅이 될 지역에서) 인간으로서의 존재를 유지하기 위해 거의 배타적인 상징권력의 매개체(종교)를 지켜냈다. 반유대교 이론에서는 종종 유대인들이 경제권력(봉건시대의 유대인들은 사실상 전혀 갖지 못했고 현대에 와서야 그들에게 유의미하게 된)을 갖고 있음을 지적해왔다. 유대인들은 땅을 소유할 수 없었으므로, 옛날에는 부동산이 부의 척도였음을 고려한다면 유대인들은 금지와 관습과 널리 퍼진 편견의 복잡한 미로를 요령껏 빠져나와야 했다.

작가 윌리엄 포크너의 글을 재해석하면 유대인들은 살아남기만 한 것이 아니라 승리를 쟁취했다. 1차 세계대전 이후 유대인들의 나라 이스라엘이 재건되었다. 그러나 유대교는 이스라엘에만 국한된 것이 아니었다. 유대인들의 공동체는 계속 존재해왔고, 역사적 영토를 회복한 후에도 계속 발전했다. 반면 그 반작용으로 반유대교도 생겨났다. 반유대교는 정치적 극단주의자들이 선거의 무기로 십분 활용해왔다.

이러한 상황에 대한 반응으로 존재를 위한 이스라엘의 투쟁에 발맞추어 유대교는 체계적 공격이나 침략으로 비화할 가능성이 있는 모든 형태의 선언과 계획을 감시하고 그에 대응할 면역체계를 개발했다. 뮌헨(아이러니한 역사적 운명에 의해 1972년 올림픽 때 팔레스타인 게릴라들이 이스라엘 국가대표 선수들을 학살했던 도시)의 한 맥주홀에 모였던 몇몇 무산자들[28]의 나치즘이 어떤 야망을 품었는지, 그들이 인류의 역사에 홀로코스트의 악몽을 새겨넣을 때까지 사람들은 알지 못했다. 유대인들은 이념의 모험가들이 어떤 깃발을 흔든다 하더라도 또다시 그들의 희생양이 되기를 단호히 거부했다. 수세기 동안 유대인을 주로 탄압했던 지역이 서유럽과 동유럽이었다면, 20세기에는 그 문제가 동방으로 넘어가며 유대교가 2000년 동안 방랑하면서도 지켜냈던 상징권력에 중요한 군사적 요소까지 더하도록 했다.

오늘날 유대교는 일반적으로도, 국가적 양태(이스라엘)로서도 상징권력, 경제권력, 군사권력 면에서 모두 큰 힘을 갖고 있다. 이 힘들은 작용과 반작용의 원리에 기초해 앞으로도 계속 진화할 것으로 예상된다. 동방에서 계속 긴장이 고조되는 한 유대교는 그에 비례하여 군사력과 경제력을 계속 증강할 것이다(후자가 전자를 떠받치면서). 이슬람(또 하나의 개별참여자)이 어느 한 방향(급진화, 국제화)으로 진화한다면 유대교는 파워게임의 무대에서 세 가지 형태의 권력을 모두 아우르며 그 역량을 강화할 것이다.

가장 큰 유일신 종교 세 가지 외에도 상징권력의 무대에

---

28. 1923년 11월 8일에 있었던 뮌헨 맥주홀 폭동 사건을 일으켰다고 알려진 사람들. 이 사건을 두고 그 주동자들을 '몇몇 무산자들'이라고 말하는 것은 맞지 않는 듯하다. 바이에른 주의 실력자들이 모두 참석한 자리였으며, 600명의 나치 친위대가 맥주홀을 포위했던 폭동이었기 때문이다. 히틀러는 이 자리에 모인 사람들과 폭동을 일으켜 바이에른 정부를 전복시키고 독재 정부를 세우겠다는 욕심을 갖고 있었다. 이 폭동으로 히틀러는 체포되었으나 9개월 만에 석방되었다.

는 원리나 이념으로는 정의하기 어려운 일련의 단체들이 있다. 이들은 일부 관찰자들에 의해 매우 단순하지만 전혀 설명적이지 못한 '종파'라는 이름으로 불리게 되었다. 이런 종파는 1950~1960년대부터 조용히 생겨나기 시작하더니 점점 대담하고 고압적으로 변했다.

사이언톨로지 교회에서 통일교에 이르기까지, 수많은 뉴에이지 그룹에서 일본의 옴 진리교에 이르기까지, (1970년대에 가이아나에서 집단 자살 사건으로 세상을 놀라게 했던) 존스 목사의 '인민사원'에서 벨기에의 태양의 신전에 이르기까지, 수백에서 수천만 명의 사람들이 '전통적인' 신앙을 버리고 때로는 광적으로 새로운 신앙을 받아들인다. 그 신앙이 다른 사람들에게는 매우 비정상적으로 보이는데도 아랑곳하지 않는다. 마법에서 사이비스러운 신종 우상 숭배에 이르기까지, 요가, 이슬람, 그리스도교를 기이하게 섞어놓은 종파에서 고대의 신비를 노골적으로 재해석해놓은 종파에 이르기까지 다양하게 모여 있는 새로운 신앙들은 고전적인 상징권력, 즉 유일신 종교와 이념의 붕괴를 완벽하게 이용해왔다.

때로는 카리스마 넘치는 지도자와 영적 인식(해당 종파에 입회한 사람에게만 약속된)만 있으면 하나의 집단을 형성하고 영속적으로 존재하게 하는 데 충분하다. 최근에는 통신수단(특히 인터넷)의 발달로 새로운 신도를 입회시키려는 목적의 연설을 신속하게 널리 유포시킬 수 있게 되었으며, 각 종파의 전도사들도 사회 곳곳에서 연령층의 구분 없이 사람들 속으로 파고들기 쉽게 되었다. 이들 종파는 신도들(특히 취약계층에 속하는)을 살인마저 불사할 정도의 원시적인 광신주의로 무장시킨다.

사이언톨로지 교회나 통일교는 마치 국가 안의 국가처럼 움직인다. 그들은 독자적으로 고용한 경찰 인력을 보유했으며 수십억 달러의 자금을 쥐고 있다. 그 자금으로 공공기관과 제3세계 국가의 부패한 공무원들을 매수해 정상적인 경우라면 국가만이 가질 수 있는 특권을 자신들에게도 제공하도록 만든다.

이러한 개별 참여자들은 서로 연계하지 않는다. 아주 기초적인 형태의 네트워크 비슷한 시스템조차 없다. 그러나 다양한 형태의 종파가 몇몇 이익 분야에서는 지하 네트워크를 구성한다는 것이 밝혀졌다. 이를테면 인신매매라든가 불법적 물질(마약 등)의 거래, 노예노동 등에서 당국으로부터 우호적인 법 적용을 받을 목적으로 영향력을 행사하는 것이다. 여러 종파들의 힘은 지난 수십 년간 그치지 않고 성장해왔으며 앞으로도 계속 성장할 것으로 보인다. 모든 종류의 위기(경제 불황, 지구 온난화 등)는 사회적 스트레스와 이미 일반화된 고통을 더욱 심화시키고 암암리에 퍼져 있는 천년왕국설을 더욱 널리 퍼뜨리며 결국 종파주의의 사회 침투력을 강화한다.

시민사회

정치적, 사회적, 인류학적 또는 상징적 관점에서 딱히 정의하기는 어려우나, 이른바 시민사회라는 개념이 대중 논쟁(개인이나 집단의 행동을 지지하거나 전통적인 참여자의 위치를 강화하기 위한)에서 점점 자주 등장하고 있다. 시민사회란 무엇인가? 좀 더 자세히 들여다보면서 고전적 정의를 계산에 넣어보면 형체 없는 오피니언 리더(미디어 전체를 이 범주에 포함시킬 수도 있다), 협회, 재단, 기타 비정부기구의 집합체를 다루었다는 것이 분명해진다. 이들은 수천 가지의 목적을 갖고 있으며 수만 가지의 방법을 통해 그것을 공개적으로 표현한다.

공적 문제에 결연히 개입하는 카리스마적인 사제, 성공한 저널리스트와 팝 스타들, 대중의 사랑을 받는 배우들, 유명한 스포츠 스타들, 다른 연합회의 이익과 상충하는 대의를 위해 싸우는 연합회(미국의 경우 총기 문제를 예로 들 수 있다) 등이 시민사회의 중추를 이루며, 이들은 모든 사람이 고려해야 할 목소리를 내고 있다. 오늘날에는 밴드

U2의 보컬리스트 보노 같은 투사가 사회에 미치는 영향이 150년 전 찰스 디킨스가 영국에 미쳤던 영향이나 마크 트웨인이 미국에 미쳤던 영향보다 더 크다. 영향력의 크기로만 본다면 그 당시 찰스 디킨스나 마크 트웨인의 영향력은 정치가나 주지사에게도 한참 못 미쳤다.

오늘날에는 대중 여론에 직간접적인 영향을 줌으로써 이러한 오피니언 리더들의 힘이 의회에 속해 있는 정치가들, 정부기관이나 외교단체의 80퍼센트보다 더 강하다는 것이 분명해졌다. 파워게임의 기존 참여자들이 어떤 형태로든 시민들의 목소리와 연계하려고 애쓰게 된 것도 바로 이 때문이다. 그들은 자신들을 정당화하기 위해 시민사회와의 연계를 거의 구걸하다시피 한다. 그들과 연계하는 것이 처음에는 별다른 유리함이 없었으나 이제는 어느덧 필수가 되어 버린 것이다. 모든 정당의 선거 캠페인에 스타들이 나서고, 과거의 유명인사들이 정치 단체에 영입되고, 정치가들은 시민단체의 대의를 기꺼이 포용한다(미국의 전직 부통령 앨고어가 기후온난화 문제에 적극 참여함으로써 크게 유명해진 것이 대표적인 예다). '녹색' 환경운동가들의 정치 운동도 애초에는 환경이라는 대의를 위해 함께 싸우던 시민사회의 움직임이었다는 것을 잊지 말아야 한다.

다른 개별 참여자들과 달리 시민사회는 한 가지 형태의

힘만을 추구한다. 바로 상징권력이다. 시민사회는 경제권력은 물론 군사권력도 전혀 갖고 있지 않다. 상징권력의 분화가 이러한 형태의 참여자가 탄생할 수 있는 바탕이었고, 그힘은 바위의 갈라진 틈에 스며드는 물처럼 꾸준히 스며들고 있다. 권력은 더 이상 국가 참여자들만의 독점 품목이 아니고, 국제적인 힘의 균형 역시 더는 전통적인 참여자들 사이에서만 이루어지지 않는다.

16세기에 스페인의 패권주의를 저지할 수 있는 상대는 국가들(영국, 프랑스 등)밖에 없었다. 스페인은 가톨릭교회(당시 상징권력의 가장 큰 주요 기둥이었던)가 가장 사랑하는 어린양으로서 상징권력을 얻었고, 무적함대를 내세워 군사권력을 과시했으며, 대양 건너 식민지로부터 금과 은을 실어 옴으로써 경제권력을 축적했다. 지금은 가장 강한 국가 참여자(이를테면 미국)마저도 개별 참여자들을 고려하지 않을 수 없다. 개별 참여자들은 역사상 유례없는 확대일로를 걷고 있다. 스캔들에 미디어라는 기름(시민사회)이 부어짐으로써 닉슨이 결국 사임할 수밖에 없게 되었던 1974년에도, 그리고 냉전 시절의 적이었던 소련과 전혀 다를 뿐아니라 미국을 향해 주저 없이 전면전을 선포할 정도로 더욱 위험한 적인 알카에다가 나타난 2011년 9월 11일에도, 워싱턴은 시민사회를 무시할 수 없음을 똑똑히 느꼈다.

이 전쟁은 이념의 경계를 뛰어넘어 종교적이고 심지어는 도덕적이기까지 하다. 지리적 경계가 모호할 뿐, 십자군 시대에서 겨우 한 발짝 떨어져 있을 뿐인 것처럼 보이기도 한다. 애초에 극좌파가 국가주의에 호소하지 않았듯이, 국가를 존재하지 않는 것으로 여기고 심지어 저주의 대상으로 삼는 집단이 생기면서 '신테러리즘'은 1960~70년대의 테러리즘과 전혀 달라졌다. 이들의 요구는 분명하지 않다. 종교로 위장했으며, 어떠한 형태의 이념도 거부하고, 지리적 경계도 정해져 있지 않다. 21세기 최대의 위협은 폭력적이고 악랄한 조직범죄(마약 카르텔 같은)와 극단적 형태의 테러리즘이 만날 가능성이다. 이들의 막강한 조인트 벤처가 아프가니스탄의 양귀비밭에서 태어나고 있다.

20세기의 끝자락과 21세기의 새벽에 개별 참여자들(다국적 기업, 정보기관, 시민사회 등)의 권력은 성장하고 전통적인 참여자들의 권력은 축소되었다. 이제 더는 어떤 형태의 권력도 국가만의 독점물이 아니다.

5장

누 가
미 래 를
지 배 할
것 인 가

국가, 국제단체,
비국가행위자

지구상에 현존하는 약 200개 국가 중 30퍼센트 정도가 1970년 이후에 태어났다. 지난 60년 사이에 태어난 국가가 인류 역사 전체에 걸쳐 생겨난 나라보다 더 많다. 국가 참여자의 관점에서 보면, 세상은 진정 세계화되고 국가 간 상호의존의 경향은 점점 강해졌음에도 권력의 스펙트럼은 한 점으로 집중되기보다는 점점 더 세분화하는 경향이 있는 것으로 보인다. G20에 속한 국가의 GDP가 지구 전체의 국내생산량을 모두 합친 것의 80퍼센트를 차지한다.

19세기 후반까지만 해도 국제단체는 1865년 미국에서 설립된 만국전신연합이 유일했다. 오늘날에는 UN, IMF, WTO, 세계은행그룹 등 '세계' '국제' 등이 붙은 연합회, 기구, 회의 등이 도처에 있다. 또 프린스턴대학교의 워커 코너 교수가 1970년대에 발표한 자료에 따르면, 이 수많은 국가

중에서 진정한 의미에서 완벽한 국민국가(베스트팔렌 조약의 정신에 따른)의 요소를 모두 가진 나라는 12개 국가에 불과하다. 국가의 수는 200개지만 서로 다른 문화는 1만 가지, 쓰이는 언어는 6000가지에 달한다. 유럽을 예로 들면 45개 국가에 87개 민족이 있으며 90개의 언어가 쓰인다. 그중 50개 이상의 언어가 유럽 또는 세계의 어느 나라에서도 공식 언어로 쓰이지 않는다.

이로부터 우리는 국가 참여자들과 그들 사이의 관계가 적어도 세 가지 방향으로 진화했음을 관찰할 수 있다. 첫째는 국민국가의 탄생과 안정화의 기초가 된 17세기의 베스트팔렌 조약에서 시작되었다. 새로운 국가 탄생의 과정은 국가의 수를 줄이고 지배적인 국가(스페인, 영국, 프랑스 등)의 위치를 강화한 식민주의로 인해 200년 동안이나 정체되어 있었다. 세월이 흐르면서 북아메리카에 있던 영국 식민지들의 독립과 프랑스 혁명, 나폴레옹의 통치 등 일련의 사건들과 함께 나라마다 자결권을 강화하고, 전통적인 강국들이 쇠락하면서 새로운 국가가 등장함에 따라 상황이 바뀌었다. 남아메리카, 아프리카, 아시아, 심지어는 유럽(오스만제국과 오스트리아-헝가리 제국의 붕괴 이후)에서도 신생국이 경쟁적으로 태어났다. 신생국의 탄생이 마지막으로 붐을 이루었던 것은 1991년 소련 체제가 붕괴하고, 과거 소련의 공화국이었던 나라들(민족적, 문화적, 종교적으로 대부분 극단적인 이질성을 띠었던)이 독립을 선언했던 때였다.

20세기 말에서 21세기 초로 이어지는 수십 년 동안의 지정학적 재편에도 불구하고 이러한 방향의 지정학적 중추는 여전히 국민국가다. 이러한 재편은 내부의 권력 이동(일정 지역, 지방에서 지역 경제의 확장)과 외부의 권력 이동(브뤼셀로 주권이 이동한 유럽의 경우가 가장 눈에 띈다)을 암시한다.

강력한 국가를 옹호하는 사람들은 2007년 미국에서 시작되어 2008년 더욱 악화되었던 세계 경제위기로 새로운 활력을 얻었다. 이 위기는 국가의 간섭이 없으면 상황은 돌이킬 수 없을 정도로 악화될 수 있다는 것을 보여주었다. 일시적으로 은행과 기업들을 국유화하고, 재계의 거물들을 향해 혹독한 비판을 가하고, 기업들의 과도하거나 공격적인 호사를 억제함으로써 안정을 가져다주고, 사회적·경제적 거래를 중재할 수 있는 유일한 존재로서 국가의 위치와 역할에 다시 초점을 맞추게 했다. 이러한 사실들은 IMF나 세계은행그룹 같은 국제경찰들이 마치 슈퍼맨처럼 문제를 해결해줄 신성한 능력을 갖추었다는 신화를 어느 정도 깨뜨렸다. 이 기관들(UN과 함께)은 영향력이 부족했다.

21세기의 첫 10년 동안 국가(경제학자, 정치분석가, 심지어 이념을 불문한 정치가들로부터도 끊임없이 비판을 받아온)는 드디어 모든 것을 돌려받기 시작했다.

두 번째 방향은 많은 논란을 불러일으킨 '세계화'(국가 간의 경제적, 상징적, 군사적 상호의존성의 증가를 말하는 것으로, 커뮤니케이션 기술과 고속 교통수단의 발달로 크게 증진되어온 과정)다. 세계화는 다수의 참여자가 의식적으로 찬성한 '마법의 주문'일까? 아니면 먼 역사까지 그 뿌리를 거슬러 올라갈 수 있는 객관적 과정이며, 지금도 증진되고 강화되는 중인 것뿐일까?

고대나 중세에 한 사람이 아우를 수 있는 지평선의 범위는 매우 제한적이었다. 세계화 같은 개념은 존재 자체가 불가능했다.

지리적 환경은 늘 중요한 제약 요소 중 하나였다. 당시에 살던 사람들의 99.99퍼센트는 아주 좁은 지역에서 태어나 그곳에 갇혀 살다 죽었다. 한 사람이 돌아다닐 수 있는 영역은 고작 사방 몇 킬로미터에 불과했다. 기껏해야 몇 개의 마을, 가장 가까운 도시를 나가보는 것이 전부였다. 유럽인들에게 1차 십자군 전쟁(1096~1099년) 이전까지 중동 지역은 그야말로 다른 행성과 다름없었다. 거리는 극복할 수 없는 장애물이었다. 베네치아에서 런던까지 여행하려면 1년

이 넘게 걸렸고, 그 도중에는 많은 위험이 도사리고 있었다.

문맹률과 교조주의도 또 다른 제약이었다. 교회는 로마가 몰락한 이래 수세기 동안 모든 지식을 독점했다. 이를테면 귀족 같은 특권층도 지적 집단이라기보다는 전사 집단이었다는 것을 고려한다면, 필사본을 제공할 수 있는 곳은 수도원이 유일했다. 토마스 아퀴나스의 신학에 갇혀 있던 교회는 연구나 학문에 개방적 자세를 가진 능동적 패러다임보다는 정적 패러다임을 고수했다. 인쇄기가 발명된 후에야 문맹률이 떨어지고 교육의 네트워크(그리고 이 네트워크에 접근할 기회와 권리의 민주화)가 만들어짐으로써, 지식이 대량으로 확산되었고 세계의식(이 과정은 아직 완성되지 않았다)이 태어났다. 닐 암스트롱이 달 표면에 발자국을 남겼을 때, 철의 장막 뒤에 있던 시민들도 그 발자국을 미국의 승리가 아닌 인류의 승리로 받아들였다.[1] 세계의식은 이미 이념보다 강해져 있었다. 프랑스나 중국에서 개발된 약물은 순식간에 인류의 공동선이 되었다.

과학적 연구와 통상은 세계화의 탄생과 발전에 결정적 공헌을 했다. 과학 학회에 참석해본 적이 있는 사람이라면

---

1. 인류 최초의 달 착륙은 미국만의 승리가 아니었다. 달 표면에 꽂힌 깃발이 성조기였을 뿐이었다. 당시는 냉전이 한창이었음에도 불구하고 인류의 승리라는 인식이 강조되었다.

이 사실을 이해할 것이다. 다른 책에서 우리는 이러한 과학 또는 재계의 커뮤니티를 공간, 지리, 문화관습을 뛰어넘는 '가상국가'라고 표현했다. 예를 들어 석유기업가, 심장전문의, 배우 등이 그러한 가상국가를 형성한다. 컴퓨터와 인터넷은 즉석에서 통신을 주고받을 수 있게 하고, 영어는 중국에서부터 미국까지, 스웨덴에서 그리스까지 사용되는 현대판 라틴어가 되었다.

이러한 방향(세계화)은 또한 미국이 세계화의 선봉을 대표한다는 사실(논쟁의 여지가 있는) 때문에, 이 과정이 더욱 발전하면 모든 것을 획일화하고 특정 가치와 전통을 사라지게 할 것이라는 두려움을 가진 사람들로부터 강한 반감을 불러일으켰다. 하지만 역설적이게도, 이러한 반감은 패자가 될 가능성이 있는 나라들(라틴아메리카, 아프리카 또는 아시아)보다 '특권'을 가진 나라들(서유럽과 미국) 사이에서 더 강하게 일고 있다.

그러나 세계화가 모든 문제의 답이라고 믿는 사람들은 몇 가지 핵심적 사실들을 잊고 있다. 적어도 지구상에 존재하는 국가의 4분의 3, 전 세계 인구의 80퍼센트(라틴아메리카, 아프리카, 아시아)는 이 과정의 바깥에 놓여 있다는 것이다. 인구를 가장 많이 가진 나라(중국)와 영토의 면적이 가장 넓은 나라(러시아연방)는 세계화의 일부로 볼 수 없다. 비록 중국은 이 과정을 가장 잘 이용하는 나라이며 러시아는 최소한 에너지 공급국가라는 측면에서 세계 경제에서 매우 큰 비중을 차지함에도 상황은 그러하다. 1990년 르완다에서 벌어진 경악스러운 학살은 아프리카가 서방의 선진국과는 얼마나 거리가 있으며, 전체적인 인구 동태는 가장 역동적임에도 강대국들의 전략 지정학적인 게임에서 얼마나 취약한 대륙인지를 똑똑하게 보여주었다. 무엇보다도, 우리는 세계화의 찬반 논쟁이 '특권층 클럽', 즉 세계 인구의 20퍼센트를 차지하고 평균 이상의 라이프스타일을 향유하는 나라들 사이에서만 이루어진다는 사실을 간과해서는 안 된다.

커뮤니케이션과 매스미디어의 발달 역시 무시할 수 없는 왜곡 효과를 갖고 있다. 로마제국 시대에도 소수만이 사치와 호사를 누리며 살았을 뿐, 절대다수는 사회의 변방에서 비참하게 살았다. 그 소수가 절대다수가 생산하는 자원을 소비했다. 이러한 상황이 이루어지고 유지될 수 있었던 것은 제국이 보유한 막대한 군사 체제의 잠재적 위협과 특권을 빼앗긴 다수에게 그에 대한 설명 대신 주어진 뿌리 깊은 윤리적, 도덕적 패러다임이 있었기 때문이었다. 로마의 경계 너머에 존재하는 사회적 불안과 잔인성은 사람들이 그 상태 그대로의 로마에서라도 살기를 소망하게 했다. 로마가 아닌 여타의 대안은 더 끔찍했다. 당시에는 로마의 힘이 신비롭게, 또 당연하게 받아들여졌으므로 특권을 빼앗긴 다수의 사람들도 전혀 문제를 제기하지 않았다. 상징권력(사제)은 군사권력(경제권력에 지배당하는)과 밀접한 동맹을 맺었다.

오늘날 특권층에 속한 사람들은 특권은 물론 더 나은 미래에 대한 기대나 희망마저 빼앗겨버린 수십억의 사람들이 코를 바짝 들이대고 바라보는 앞에서 사치를 부렸음이 분명하다. 점점 작아지는 세상 덕분에 거리는 줄어들었고, 총체적인 삶의 모습은 낱낱이 그 속살을 드러내 보이게 되었다. 페루, 나이지리아, 인도의 빈곤층 사람들도 서구 사람들의 장밋빛 삶이 어떤 것인지 잘 안다.

역설적으로 인권과 기회의 평등, 공동의 미래를 말하는 사람들은 이러한 서구 사람들이다. 특권을 가진 사람들은 이제 더는 가난한 이들이 그들의 자리를 벗어나는 것을 막기 위해 무기를 휘두르지 않는다. 오히려 민주주의 체계에 대한 송가를 소리 높여 불러댄다. 이러한 유형의 담론은 민주주의, 의회주의, 자유시장이 어디서나 어떤 국가 참여자에게나 적용 가능한 (매우 독특한) 모델로 인식됐던 세월 동안 점점 더 체계화되었다. 군국주의 국가의 표본이었으나, 초고속으로 성장한 경제를 바탕으로 2차 세계대전 이후

의회 민주주의를 도입한 일본을 그 증거로 들 수 있다. 아시아의 호랑이들은 성공의 또 다른 표본이며 성공에는 공식이 있다는 것과 그 레시피는 아주 훌륭하게 작동한다는 것을 보여주는 증거였다. 하산 2세의 모로코 개혁, 아르헨티나 또는 브라질(독재적 성향에도 불구하고, 모스크바의 지원을 받은 극좌파의 정부 전복 음모를 반대하기 위해 서구 각국이 정당성을 인정해주었던)에 대해서도 같은 이야기를 할 수 있다.

그러나 그 이후 이어진 수십 년 동안에는 수도 없는 의문들이 꼬리를 물고 일어났다. 진정한 의미의 민주주의가 그것을 잉태한 패러다임의 지리적 경계를 어느 정도나 초월할 수 있느냐 하는 것은 논쟁거리다. 철의 장막이 걷힌 후, 과거 모스크바의 위성국가였던 나라들이 서구를 향해, 민주주의와 자유시장 경제를 향해 돌아선 것은 당연한 듯 보였다. 동유럽 국가는 2차 세계대전 이전의 경험을 되새겼고, 1950년대에 베를린이나 부다페스트에서 시작되어 공산주의를 흔들어 놓았던 시위의 물결은 단순히 반공주의를 외치기만 한 것이 아니라 친서방 성향을 띠고 있었다. 세밀한 분석으로 민주주의의 우월성을 보여주는 역사적 증거를 찾으려는 시도는, 종종 환상만을 불러일으키는 기만적 행동이 될 수도 있다.

오스트리아-헝가리 제국 시대(더 깊은 역사로까지 거슬러 올라가지는 않겠다)의 헝가리는 민주주의 국가와는 분명 거리가 멀었다. 1차 세계대전과 제국의 붕괴 이후, 헝가리는 베르사유 조약에 따라 옛 영토 대부분을 잃었고, 벨라 쿤의 볼셰비키 쿠데타와 해군 제독 호르티의 극우 정권을 겪었다. 1945년 이후, 헝가리의 정치적 스펙트럼은 공산당 인민주의에 의해 독점되다시피 하였고 이러한 상황은 1989년까지 유지되었다. 우리는 무엇을 헝가리의 민주주의 경험이라고 말하고 있을까? 루마니아도 마찬가지였다. 루마니아는 1차 세계대전으로 끔찍한 희생을 겪기 전까지만 해도 군사적으로나 정치적으로 절정기에 있었다. 1916년 당시 루마니아에서 징집된 인원은 80만 명이었는데, 그 후 2년 만에 그중 70만 명이 사망하거나 부상당했다. 부쿠레슈티의 의회민주주의는 극우 집단(반유대주의, 국수주의적 재향군인), 무모하고 부패한 국왕(카롤 2세와 1937년에 시작된 독재왕정), 나라를 나치 독일과의 동맹으로 끌고 들어간 정치 감각이라고는 눈곱만큼도 없는 군장교(이온 안투네스쿠 장군의 정권)에 금방 굴복할 정도로 나약했다. 1945년의 이 두 나라는 모두 농업 의존도가 높았고(루마니아 인구의 80퍼센트, 헝가리 인구의 70퍼센트가 농촌에 거주했다), 보수적이었으며 가부장적이었다.

앞서 언급했던 나라들보다 도시화와 산업화 측면에서 앞서 있던 체코슬로바키아에서는 극좌파 볼셰비키의 기원이 느린 속도지만 확실하게 바탕을 다지기 시작했다. 잿더미 위에서 이제 막 다시 일어서는 나라를 다스리기 시작한 폴란드의 국수주의적이고 반유대적 군사정권은 진정한 민주주의 체제를 가졌다고 말하기 어려웠다. 따라서 이 나라들이 볼셰비키화하기 이전에 가졌던 민주주의의 경험은 전혀 없었다고 단정할 수는 없어도 상대적으로 미약했다.

모스크바의 감시에서 벗어나려는 움직임(체코슬로바키아를 예외로 하더라도)은 표면상으로는 민주주의, 의회주의, 시장경제 등을 내걸었지만, 사실은 다시 태어난 국가주의, 종교적 저항, 삶의 질에 대한 분노 등이 혼합되어 있었다. 1956년 헝가리 혁명은 그 방향이 불분명(이른바 노동인민당의 개혁파 지도자들이 주장하기로는 다소 이상하게도 반공주의, 국가주의, 보복주의 등이 뒤섞여 있었다)했다. 1968년 체코슬로바키아는 수정 공산주의가 미래의 해법이라고 보았다. 1977년 루마니아의 광산 노동자 파업은 전적으로 경제적 저항이었으므로 이념적 비전과는 거리가 있었다. 폴란드 정부뿐 아니라 공산 정권 전체에 강력한 타격일 수도 있었던 폴란드의 연대자유노조는 노동자 계급의 좌익주의와 국가주의 그리고 가톨릭 신앙이 묘하게 조합되어 있었다.

공산주의와 철의 장막 뒤에 도사린 상황을 진정으로 혐오하면서 국가주의를 부르짖으며 1989년 부다페스트, 프라하, 부쿠레슈티 또는 소피아의 거리를 누비던 사람 중에서 의회주의와 시장경제를 제대로 이해했던 사람은 극소수였다. 이 방향은 대중들의 의지가 반영되었다기보다는 급조된 엘리트 지도층들의 선택에 의한 것이었다.

NATO와 EU 가입국이 된 이들 나라에서 진행된 여론조사를 보면, 친서방적인 융합주의에 대한 선호도가 점점 떨어졌다는 것을 알 수 있다. 국민이 정치 부패와 빈곤 문제를 실감하기 시작했고, 과거 암담한 공산주의 세계에서 무덤덤하게 살던 사람들이 막상 눈을 떠보니 불확실성으로 가득 찬 유럽에서 2류시민으로 전락해 있는 자신을 발견했기 때문이었다.

조지 W. 부시 행정부가 뒷받침했던 '위대한 민주주의의 동반구(東半球)'라는 억지스러운 야망 덕분에 세계만방에서 민주주의가 승리할 것이라는 꿈은 나락으로 떨어져버렸다. 2003년 후세인의 이라크를 공격하고, 2008년 아프가니스탄의 온건 탈레반을 공격한 것은 이념적 실패를 불러왔을 뿐 아니라 정치적, 군사적으로도 대재앙이었다. 이 두 번의 전쟁으로 인해 지구상의 다양한 지역에서 서구의 민주주의를 단순한 외세로 보고 거부하는 경향이 더욱 드세졌다.

이러한 상황에서, 세계화는 선전 수단을 잃어버린 것으로 보인다. 2001년에 이미 우리는 가상국가에서 적어도 세 개의 주요 지역이 세계화를 단호히 거부했음을 분명히 보았다. 그중 하나가 중국으로, 중국은 지금도 전체주의적 정권이 유지되고 있지만, 경제적으로는 효율적이다. 두 번째가 이슬람(이슬람은 다양한 형태로 존재하나 모두가 글로벌 모델과는 어딘가 잘 어울리지 않는다)이고, 마지막 세 번째는 바로 부유한 국가의 심장부에 있는, '인터내셔널가'가 가엾게 여길 만한 빈곤계층이다. 오늘날 그들은 더 이상 공산당 타입의 이념에 묶여 있지 않지만, '반감' 때문에 서로 뭉치고 있다.

세 번째 방향은 분자화의 경향으로, 위에서 언급한 두 가지 변형들을 모두 거부한다. 세계화의 수단들이 '옛날' 상태로부터 보존하고자 하는 것이 의회 민주주의와 시장경제인데, 세계화의 물결은 이 두 가지 모두를 정도는 서로 다를지언정 국제적 수준으로 변화시키고자 한다. 미래를 위해 이러한 모델을 옹호하는 사람들은 국가 참여자들이 더 큰 블록으로 연합해 똑같은 원칙에 따라 움직여야 한다고 본다. 이러한 블록들 간의 협력은 점점 더 공고해져서 정치, 경제, 사회 분야에서 국제 협력 기구들의 설립으로 이끌 것이다.

이러한 옹호자들은 인류와 관계된 문제 중에는 여러 나라가 함께 협력해야만 해결할 수 있으며 각 나라가 독자적으로는 해결할 수 없는 문제가 있다는 데 동의한다. 일각에서는 우스갯소리로 치부하겠지만, 이미 코미디 영화에서 호러 영화까지 대중문화를 통해 널리 퍼져 있는 외계인의 위협 같은 문제조차도 인류의 운명에서 인류 전체가 일치단결해야 살아남을 수 있는 절체절명의 순간을 강조한다. 지구 종족 전체를 파괴하라는 임무를 띠고 온 적대적인 작은 생명체들을 향해 비행편대를 이끌고 돌진하는 미국 대통령(종종 세상에서 가장 강력한 권력을 가진 사람으로 불리는)의 모습은 이러한 전투는 한 국가만의 문제가 아니라 지구 전체가 싸워야 하는 전투라는 사실에 주목하게 한다.

지구 온난화 때문에 인간들이 푹 익어버릴지도 모른다는 위협은 어떤 한 나라만 각성해야 할 문제가 아니라 지구 전체가 각성하고 대응해야 할 문제다. 예를 들어 인류 전체의 멸종을 부를 수도 있는 지구 온난화의 문제 앞에서 헝가리라는 나라가 혼자 할 수 있는 일이 무엇이겠는가? 단연코 아무것도 없다.

국민국가 찬미론자들은 18세기 역사의 무대에서 부르주아의 승리의 기초를 닦았던 사람들이다. 그들은 법의 힘과 기본적인 인권과 국제법을 준수하는 국가들 사이의 공정한 관계를 신봉했다. 세계화의 관점에서 보면 이들은 현대 시대의 '보수주의자'들로 보일 수 있다. 150여 년 동안 잠잠한 물도 거친 물도 헤엄쳐 건너고, 맑은 물도 흙탕물도 헤엄쳐 건넜던 그들은 공통의 이념을 (때로는 공격적으로) 선전하고자 하지 않았다. 다만 공통의 가치를 추구했을 뿐이다. 이슬람이든 공산주의든, 그들을 위협하거나 그들의 전략적인 우호 세력을 위협하지만 않는다면, 극단적으로 다른 이념을 가진 정권이라 하더라도 협력해 주거나 적어도 그 존재를 용인해줄 수 있다.

이러한 비전이 유럽의 정치적 스펙트럼을 지배하기 시작한 것은 전통적 담론과 고전적 가치(가족, 요리, 조국, 교회)를 찬양하며 옛날처럼 종교의 상징권력을 되살리고자 하는 기독-민주 인민당원들이 떠오르면서부터였다. 이러한 경향은 연이어진 경제적, 사회적 위기(외부의 침략자들에 대한 공포를 다시 일깨우고 EU의 통합 기조를 되살려낸 대량 이주)에 의해 더욱 힘을 얻었다. 이 모델은 어찌 보면 라틴 아메리카나 아시아 또는 아프리카의 비민주적 정권들에 더 편리하다. '내정'이 자국의 시민들을 공포에 떨게 하거나(베네수엘라, 한국), 중세의 관습을 되살리는(몇몇 이슬람 국가들 또는 아프리카의 몇몇 정권들) 것을 의미한다 하더라도, 이 모델이야말로 진정한 의미의 내정불간섭주의의 국제적 모델이기 때문이다.

세 번째 방향(분자화)으로 일컬었던 것은 앞선 두 가지와는 달리 그 자체만으로는 어떤 모델이라 할 수 없다. 오히려 그 두 모델의 실패와 약점에 대한 자연적인 반작용에 더 가깝다. 이 방향이야말로 어떤 무대에서든 전통적인 참여자들이 떠나고 난 빈자리를 채울 기회를 호시탐탐 노리는 개별 참여자(비국가행위자)들의 영역이다. 현대의 용병들은 갈등의 여파로 군사력이 미약해지거나 무력화되어버린 곳에서 기꺼이 안전을 약속한다.

종파들은 지배적인 교회들이 기반을 잃은 곳, 또는 그들의 이념이나 매개체(정당 또는 정치집단)들이 내리막길을 걷는 곳에서 '영적' 메시지를 책임지려고 열성이다.

원자화의 과정을 일반 대중은 체계화된 이념이나 체제라기보다 감성적인 것으로 받아들였다. 영화 〈매드 맥스〉의 비전이 이와 같다. 원인도 피아도 불투명한 국제 갈등으로 전통적인 권력은 궤멸되고, 중세의 이미지를 흉내 내면서 현대적인 차를 몰고 다니는 도적떼들이 사방으로 활개 치고 다니며 자기들끼리 영역 다툼을 일삼는 상황은 19세기 극좌파 지성인들이 꿈꾸던 무정부주의의 직계후손은 아니다. 오히려 중세적인 개별 참여자들의 독재에 가깝다.

우리는 이러한 방향의 기초가 된 것이 처음 위의 두 방향이 막후에서 서로 대치했던 것뿐 아니라 결국 둘 다 실패했던 데서 비롯되었다는 것을 이미 언급했다. 그러나 그와 동시에, 이 세 번째 방향 자체가 가진 매개의 요소 중 일부로부터 간접적인 영향을 받았다. 국민국가의 모델은 고도의 지방 자치(국경 내부에서)가 필수적이라는 것을 인정한다. EU에 속한 나라 대부분에서 자치제도가 현실이다. 자치제도는 문화, 인종, 언어에 따른 이유에서도 그렇지만 지리적 측면에서도 장려되고 있다. 그러나 아무리 국민국가라 하더라도, 이러한 모델의 앞으로 더 발전된 형태는 군사적, 경제적, 상징적으로 중앙 권력의 힘과 일관성을 약화시킬 것이 분명한데, 이에 대해 어떻게 대처할지는 아무도 확실하게 말할 수 없다.

세계화 모델은 태생적으로(가능한 한 신속하게) 전통적인 권력의 중심축들을 와해시킬 것을 암시한다. 이러한 상황이 만성적으로 되풀이된다면 어떻게 되겠는가? 개별 참여자들은 기존의 참여자들 또는 그들의 일부분을 혼란에 빠뜨릴 격변이 일어난다면 언제든(때로는 미리 계획할 필요조차 없이 거의 무의식적으로) 그것을 기회로 삼을 수 있을 만큼 강하다. 가장 중요한 시기에 미약한 국가의 권위마저 붕괴하는, 탈식민지화한 아프리카의 일부 국가에서는 지금도 이러한 '분자화의 모델'이 목격되어왔다. 준군사집단과 준비 없이 등장한 지도자들이 과거 한 나라에서 서로 쪼개져 나와 여러 개의 나라로 갈라지면서 새로 생기거나 재건된 신생국가의 공공생활 전반에 걸쳐 매우 빠른 속도로 통제권을 장악하기 시작한 옛 유고슬라비아에서도 한동안 이런 형상을 볼 수 있었다.

결국 낙관적인 세계화주의자도, 신자유주의의 옹호자들도 (적어도 현재로서는) 심판도 없고 명확한 규칙도 없고 제대로 된 형식도 갖추지 못한 게임에서 누가 앞서갈 것인가를 일관되게 설명하지 못하는 상황이다. 만에 하나라도 있을지 모를 약자에 대한 강자의 폭력을 누가 나서서 막아줄 것인가? 헌법이라는, 일단의 합의된 규칙이 없는 상황에서 사회적 질서는 어떻게 유지될 것인가?

아마도 가까운 미래까지는 경제적, 정치적, 지리적 경향에 따라 정도는 달라도 이 세 가지 방향으로 진화가 계속될 것이다. 아시아 지역은 특히 중국이나 일본 같은 나라가 국가로서의 강한 사명이 있기 때문에, 의심할 바 없이 강력한 나라의 개념이 유지될 것이다. 러시아가 패권주의적 성향을 포기할 것이라고 믿기는 힘들다. 특히 지역적인 패권에서는 더더욱 그렇지만, 이 나라도 가까운 미래를 건설할 때 중심이 될 중추는 남겨둘 것이다. 헌법 조약과 경제위기가 외부로의 확장과 내부의 개혁을 가로막았지만, EU는 국가적이거나 초국가적인 대안(온건 통합주의)의 시험대로 남아 있을 것이다. 미국은 여전히 스스로 짊어진 세계 패권국으로서의 사명에 갇혀 있지만, 부시 행정부 이후 부숴버린 자물쇠를 쳐다보지 말고 근동으로 통하는 새로운 문의 열쇠를 찾아 나서야 할 것이다. (가장 폭발적인 출생률을 보이는) 아프리카는 식민지 시대 이후의 와해와 붕괴가 지속될 것이며, 다양한 강대국(중국, 프랑스, 영국, 이스라엘, 미국)과 아프리카 자체의 민족적, 경제적 갈등 사이에 끼어 있는 상태를 벗어나지 못할 것이다.

'마녀의 가마솥'이라 불리는 코카서스 지역은 21세기의 플랑드르가 될지도 모른다. 파워게임의 무대에 선 힘 센 배우들이 코카서스의 막대한 에너지 자원에 눈독을 들일 것이기 때문이다. 소련의 붕괴 이후 이 지역에서 우리는 인종적, 종교적, 문화적으로 혼합된 독특한 국가 혹은 부족 형태의 정부를 만났다고 말할 수 있다.

개별 참여자들의 역할은 끊임없이 성장할 것이며, 이러한 현상이 정착되면 원래의 힘을 계속 유지하고자 하는 국가의 반작용도 점점 분명하게 드러날 것이다. 현재의 정세가 시사하듯이, 우리는 앞으로 다가올 가장 중요한 도전과제들을 국제적 안정이라는 측면에서 체계화해야 할 것이다.

유럽 건설의 미래

지난 70년 동안 유럽은 역사상 처음으로 총체적인 평화의 시기를 누렸다. 유고슬라비아 내전을 제외하면 치열한 전쟁이든 일방적인 전쟁이든 유럽의 한 나라가 다른 나라와 맞서 싸운 적이 없었다. 특히 프랑스와 독일 간의 역사적 화해 이후로 형제간의 살육이나 다름없는 유럽 국가 간의 전쟁은 불가능해 보였다.

그러나 이러한 안정 상태를 확고하게 굳히기 위해서는 유럽 전체의 재건이 (아마도 유일한) 대안일 것이다. 이 과정을 지연시키는 (또는 후퇴시키는) 모든 상황은 유럽 대륙 전체를 세계대전 이전으로 돌려놓을 것이며 또다시 헤게모니의 게임판으로 돌려놓을 것이다. 그러한 변화는 유럽에 대한 미국의 정책에 의문을 불러일으킬 것이고 유럽의 권력 지도를 심히 복잡하게 만들어놓을 것이다. 국민국가들도 경제권력을 대가로 지불하더라도 다시 군국주의를 쳐다보며 입맛을 다실 수도 있다. 또한 국가주의의 부활이 밀어닥칠 조짐이 보이면 자치주의의 움직임 역시 금방 위축될 것이다.

미국과 EU

미국과 EU(특히 EU의 핵심이자 가장 무뚝뚝한 국가인 독일과 프랑스)의 관계는 여전히, 적어도 중기적으로는 워싱턴의 최우선 과제로 유지될 것이다. 그 반대 방향의 관계는 어느 정도나 비슷할지 매우 불투명하고, 러시아의 군사적 위협(이 드넓은 나라에 대한 에너지 의존까지 겹쳐서)이 사라진 만큼 파리와 베를린에서는 반미 감정이 되살아날 수도 있다. 전후 유럽과 미국의 밀월 관계는 상황 논리에 의한 것이었고, 대부분이 공산주의의 위협 앞에서 전쟁으로 피폐해진 대부분의 유럽 국가들이 군사적 여유가 없었기 때문이다. EU와 미국은 공통의 가치를 깊이 공유하고 있었고, 미국의 패권은 유럽의 파트너들이 압박으로 느끼지 않을 만큼 유연하고 관대했다. 그러나 유럽 국가들은 미국의 이익이 급박한 위기에 처한 순간에도 국경을 침범하는 모험(이라크)에 선뜻 나서려고 하지 않았다. 부시 행정부가 서유럽 국가들을 지칭하는 의미로 만들어낸, 동유럽의 신생국가들을 띄워주기 위해 약간의 경멸적인 뉘앙스를 풍기는 '올드 유럽'이라는 용어는 일정 정도 이상의 압력이 가해지면 그간 유지되어온 미국과 EU의 관계에 금이 갈 수도 있음을 보여준다.

중국의 발전

중국은 특히 경제 분야에서 미국의 합리적 파트너다. 서방의 기술과 투자의 유입에 의존해왔던 중국은 비록 미국의 패권에 대한 두려움이 모든 정책에 늘 드리워져 있음에도 아직 미국이나 유럽의 이익에 기본적으로 상충하지 않는다. 그러나 (실질적으로는 여러 파벌이 있지만) 이념적으로 단 하나의 정당만이 존재하는 상황에 극적인 변화가 온다면 중국도 아시아를 넘어 세계의 권력 지도를 재편할 수 있는 시한폭탄 같은 존재가 될 수 있다. 이는 동아시아의 일본과 아시아의 다른 소국들에게도 큰 압박이 될 것이다.

이슬람 극단주의의
진화

현재의 이슬람은 서방의 분석가는 읽어내기 어려울 만큼 극도로 복잡한 역학 관계를 가진 펄펄 끓는 가마솥이다. 이슬람의 지도는 '합리적인' 편과 '바람직하지 못한' 편을 일관되게 판가름하려는 미국과 그 우방들의 거의 모든 시도를 무산시킨다. 아프가니스탄에서 탈레반은 서방의 동맹군이었지만 오늘날에는 가장 큰 적으로 변해버렸다. 알카에다는 테러분자의 공식을 초월해 스스로 (사우디아라비아나 쿠웨이트처럼 서방의 공범으로 전락했다고 간주되는 이슬람 정권을 대신하는) 하나의 종파로 자처한다. 그러나 사우디아라비아나 쿠웨이트도 사실은 (알카에다가 적으로 간주하는) 미국이 주장하는 여러 가지 가치 중 일부와 양립할 수 없다. 사우디아라비아에서는 대략 매월 20건의 처형이 이루어진다. 그들은 (서방이 가진 개념의) 인권을 심각하게 바라보는 것 자체를 세상 이치에 어울리지 않는다고 생각한다.

이러한 정권들과 서방의 어색한 협력관계는 어떻게 보면 분열적 요소를 안고 있거나 모래 위에 지은 성과 비슷해서, 미국과 그 우방들이 근동에 제공하고자 하는 대안적인 상징적 힘을 오히려 감소시킨다. 터키에서는 빈곤이 증가하자 모스크가 언제부턴가 빈곤층의 만남의 장소가 되었고, 정부는 사회적 혼란(설상가상으로 이스탄불, 앙카라, 이즈미르 등지에서 알카에다가 세력을 확장하고 있다)을 방지하기 위해 살얼음판 위에서 복잡하고 섬세한 춤을 춰야만 하게 되었다. 막대한 경제력과 함께 무궁무진한 상징권력을 가진 이슬람 극단주의는 사실상 서방 전체, 특히 미국이 결코 가볍게 볼 수 없는 적수다.

러시아의 미래

러시아는 국가주의를 선택할 가능성이 높으며, 제국의 야망(군사적, 경제적, 상징적 형태로)을 다시 꺼내들지도 모른다. 1990년대 모스크바의 붕괴가 워싱턴을 전율하게 했다면, 푸틴 행정부의 빠른 개발 속도와 외교 문제에 대한 투박한 대응 방식은 냉전의 공포를 되살려 놓았다.

러시아가 역사의 패자부활전에서 다시 살아나는 모습을 목격하리라고 믿기는 힘들다. 러시아가 그 힘을 회복하기 위해 어떤 수단을 동원할지 우리는 아직 확실히 알지 못한다. 그러나 군사적, 경제적 관점에서 강력한 나라이며 강한 구세주적 성향을 가진 이 거대한 나라의 반사신경이 국제 관계에 엄청난 재앙을 몰고 올 수도 있다.

경제위기

멕시코(1995년), 동남아시아(1997년), 터키(1999년), 미국의 닷컴 버블(2001년), 2008~2011년 세계 경제위기로 번졌던 부동산 사태 등의 경제위기와 식량, 에너지 위기는 가까운 미래에 또다시 닥치리라는 것을 부정할 수 없는 크나쁜 위협이다. 이 위기들은 정치가들의 공식적인 담론을 뒤집을 수도 있고, 각 경제의 분리주의적 사고방식이 (재화와 용역의 국제적 흐름에 영향을 주면서) 되살아날 수도 있고, 국가주의의 스펙트럼을 동요시킬 수도 있고, 특히 유럽에서는 통합주의를 찬성하는 분위기에 찬물을 끼얹을 수도 있다. 지난 수십 년 동안 가장 심각했던 위기는 주로 미국에서 시작되었으므로, 미국의 우방국(서방의 핵심 국가들)에서조차도 반미 담론이 거세질 가능성도 있다. 이러한 타격은 상징권력에까지 미친다. 서방에서 장려한 시장경제와 작은 정부의 경제 모델이 더 이상 쓸모없어졌다는 것이 증명되었고, 따라서 떠오르는 신생국가들로부터 더 이상 관심을 받지 못하게 되었기 때문이다.

21세기 갈등의 근원

지난 세기의 마지막 시기(냉전 이후)에 우리는 새로운 유형의 갈등을 정의하기 위해 새로운 용어('잠복한' '불균형적인' 등)를 만들어야 했다. 새로운 시대가 시작되고 있다는 것도, 2차 세계대전 이후에 유용하게 쓰였던 도구들에서는 더 이상 효율성을 기대할 수도 없고 국제적 현실에 모두 적용하거나 척도로 사용할 수 없다는 것도 분명해졌다. 새로운 세기와 새천년의 첫 10년 동안, 세계에 산재해 있던 분쟁은 약 90개였는데, 그중 23개는 언제든 불이 붙을 수 있는 '잠복한' 분쟁(2008년 러시아와 그루지야의 분쟁을 예로 들 수 있다. 이 분쟁은 '잠복' 상태에 있다가 '격렬한' 분쟁으로 변했다)이었고, 25개는 분석에 포함된 요소들의 다양성 때문에 '불균형적' 분쟁으로 규정되었다. 예를 들어 1970년대와 비교하면 분쟁의 숫자는 세 배로 뛰었다. 그 당시에 분쟁을 평가하고 분석하기 위해 쓰였던 이념의 척도는 더 이상 효력이 없었다.

그렇다면 그루지야 분쟁의 원인은 무엇이었을까? 카스피해 근처와 흑해의 풍부한 자원과 에너지는 러시아와 서방에 있는 그루지야의 우방국 모두에게 중요했으므로 경제적 문제가 근원일 수도 있었다.

아니면 군사적 문제였을까? NATO(100퍼센트 미국과 연계된 동맹들)가 러시아의 턱밑까지 확장될 경우 러시아의 신경을 건드릴 것은 불을 보듯 뻔하다. 크렘린의 지도자 중 그루지야나 우크라이나가 NATO에 가입할 경우 격분하지 않을 사람은 없다.

상징권력의 문제일까? 그럴 수도 있다. 러시아는 여러 민족으로 구성된 나라이며, 소련이 붕괴한 1991년 이후 소수 민족의 공화국으로 재탄생되었기 때문이다. 오세티야도 그 중 하나다. 그러나 카자흐스탄 인구의 거의 40퍼센트는 러시아 민족이고 러시아 정교를 종교로 갖고 있다. 러시아연방은 러시아 국경 밖에 있는 러시아 민족을 포기하지 않는다는 의지를 보여주고 싶어 하므로, 그들의 권리가 침해된다면 이 문제는 군사적 개입의 단초가 될 수도 있다. 소수 민족을 보호하는 것은 EU 정책의 초석이 아닌가?

무적의 군사력을 가진 미국과 NATO 동맹군이 분쟁이 있는 곳이면 지역적 분쟁이든 국제적 분쟁이든 단 몇 시간 안에 세계 어디든 달려가 개입할 것이라고 믿기 쉽다. 그러나 현실은 매우 다르다. 이런 식의 믿음은 B급 영화에나 어울리는 상상이다. 소련이 아프가니스탄의 사막에서 군사력에 대한 신뢰를 잃었듯이, 미국은 분쟁이 끝난 후의 관리 능력이 부족함을 이라크에서 똑똑히 보여주었다. 소련은 탈레반이 역사의 무대로 등장하는 길을 닦아주었다. 미국은 이라크를 잘 포장해서 시아파를 등에 업은 이란에 선물로 줌으로써 동방을 두 조각으로 갈라놓은 이슬람 원리주의의 전략적 요충지를 만들어놓았다. 미국의 군사권력은 전쟁에서 승리의 보증수표이며, 경제권력은 분쟁을 제거하기 위한 노력을 지원하기에 부족함이 없다는 것을 보여주었지만, 미국의 상징권력은 바그다드에서 축복 받는 정권을 수립하는 데 실패했다.

2차 세계대전 중 일본과 미국의 대결은 극도로 폭력적이었다. 아마도 태평양은 2차 세계대전에서 동부전선 다음으로 가장 잔혹한 전쟁터였을 것이다. 일본은 무력에서도 살벌했지만, 상징권력 역시 무시무시했다. 미국은 비열한 변절자들의 무리일 뿐이지만, 일본은 본래부터 세계를 지배할 나라라는 믿음으로 정신무장이 되어 있었다. 태평양의 여러 섬에서 격렬한 전투를 벌였던 미국은, 만약 미군이 일본 본토에 상륙한다면 극렬하게 맞서 싸울 것이라는 일본 정부의 결정에 대한 대응으로 일본에 원자 폭탄을 투하했다. 핏물이 급류를 이루며 흘렀고 끔찍한 범죄가 저질러졌다. 수백만 명의 사람들이 죽고 또 다른 수백만 명의 사람들이 불구가 되었다.

이러한 참혹한 비극에도 불구하고, 평화를 위한 협정이 조인되자 일본은 민주 헌법을 받아들이고, 안보에서는 미국과 협력 관계(미일안보협정은 현재도 유효하다)를 구축하면서 경제발전을 최우선으로 두는 요시다 독트린을 구상했다. 미일 관계는 일회적인 것이 아니었다. 미국의 함대에 자국의 안보를 온전히 의존하는 나라의 취약성에 대해 지적하는 외교상의 목소리가 컸다. 그러나 이러한 관계는 계속

이어져오고 있으며(경제적으로는 심각한 대결 양상을 보임에도 불구하고), 일본은 서방의 가치를 일정 부분 진지하게 받아들였다.

이라크의 경우는 크게 달랐다. 부족 간의 불화가 잦고, 빈곤에 찌들어 있으며 후세인의 장기 독재에 시달려온 이라크는 산업화, 문명화되었으며 지난 세기 중반 이후 국가 의식을 다져온 일본과는 크게 달랐다. 그러나 이러한 차이에도 불구하고 이라크에서의 실패는 상징권력을 들여다보지 않는 한 명쾌하게 설명되지 않는다.

미국은 이라크와의 갈등에서 자국의 (민주주의와 자유의 중요한 담보이자 공급요소인) 상징적 매개체를 상실했다. 민간인 고문을 정당화하고 일부 사건에서는 유죄를 추정하고, 바그다드 중심부에서 후세인의 동상이 파괴될 때 환호하던 이라크 시민들을 학대하고 그들에게 오로지 굴욕감과 공포만을 심어주었다. 이 모든 것들이 미국의 상징적 힘에 결정적인 일격을 가했다.

미일안보협정은 일본이 미국을 합리적 파트너로 굳게 믿었기 때문에 성사될 수 있었고, 지속해서 유지될 수 있었다. 2차대전 이후에도 국왕이 존재하는 체제는 보호되었고, 전범은 체포되어 일본 법정에서 재판을 거쳐 형을 선고받았다. 미국은 막대한 경제 원조로 극심한 경제위기에 있었던 일본 국민이 절박한 상황을 극복하는 데 도움을 주었다. 새로운 헌법은 일본 정부의 기본적 토대는 건드리지 않았지만, 군사정권에 의해 오랜 세월 억압되었던 정치적 자유를 촉진했기 때문에 일본의 일반 대중들로부터 큰 환영을 받았다. 미국은 공공복지에 관심을 가졌으며 대중들로부터 인정받는 유능한 정치인들을 은밀하게 도왔다. 경제개혁은 신속하게 긍정적인 효과를 나타냈으며, 과거를 그리워하거나 현재의 상태에 굴욕을 느낄 이유를 가진 사람은 아무도 없었다. 이 모든 점이 이라크의 전후 관리에서는 무시되었다.

민주적인 동방 프로젝트가 실패한 결과로 빚어진 이슬람의 과격화는 결국 동방을 21세기의 가장 뜨거운 감자로 만들어버렸다. 알카에다는 빙산의 일각에 불과하다. 무스타파 알-아와드 같은 사상학자들, 사우디아라비아 같은 믿을 수 없는 우방들, 아프가니스탄의 탈레반과 파리 외곽에 거주하며 불만을 품고 사는 북아프리카 출신 이민자들, 소말리족 급진주의자들, 인도네시아의 군벌, 이렇게 다양한 형태의 이슬람 과격파들이 세 개의 대륙에 걸쳐 있으면서 일종의 '그린 인터내셔널'을 형성하고 있다. 이들이 가진 상징적 힘의 동력은 서방의 시스템에 대항하는 새로운 전투를 모색할 것이다.

중국이 아프리카 대륙, 심지어 중동까지 등장했다는 사

실은, 이 나라가 미래에는 국제무대에서도 중요한 역할을 하려 했음을 분명하게 보여준다. 서방에게는 시련이지만 베이징에서는 역사적 복수를 꿈꿀 수 있는 상황의 압력이 가해질 경우, 국제무대라는 맥락에서 중국이 마주하는 이중적 현실(국제무역과 비즈니스 파트너일 뿐 아니라 아시아 대륙의 안정을 위한 한 요소로서의 중국과, 지역은 물론 국제적인 패권 싸움에서 한 요소로 역할하는 중국)에도 변화가 올 가능성이 있다. 중국은 굳이 자신을 낮추려 하지 않을 것이며 두려워하지도 않을 것이다. 서방 국가들에게는 중국과의 관계에 대한 정확한 보정이 필수적이다.

우리는 지난 2000년 동안 권력의 축이 어떻게 동쪽에서 서쪽으로, 남쪽에서 북쪽으로 꾸준히 이동해왔는지를 보았다. 이러한 이동의 씨앗은 이미 기원전 6세기부터 등장했으며, 힘의 중심을 유럽 대륙으로 가져온 로마의 번성과 함께 심어졌고, 식민지시대와 산업혁명기를 거치면서 성숙하였다. 20세기 초반을 지배했던 강력한 힘들, 대영제국, 프랑스, 제2 독일제국, 오스트리아-헝가리 제국, 그리고 미국은 경제적·군사적으로 중단 없는 확장의 시절을 구가했다. 서방에 속하지 않은 유일하고도 의미 있는 참여자는 메이지 유신으로부터 50년 후에 역동적인 힘을 발휘하던 일본뿐이었다. 힘을 위한 다툼이 서방에서만 있었던 것도 이 때문이고, 균형의 붕괴 현상이 플랑드르 주변에서 일어났던 것도 바로 이 때문이었다. 대륙과 세계의 패권(유럽의 패권이 곧 세계의 패권이었다)을 둘러싼 긴장은 바로 여기서 비롯되었다.

두 번의 세계대전(두 개의 서로 다른 무대에서 벌어진 힘과 힘의 충돌이었지만 똑같은 엔진으로 추진되었던)은 사실상 일부 참여자들에게는 유리하지만 다른 참여자들에게는 그렇지 않았던 권력의 지도를 극적으로 재편하려는 시도였다. 참혹한 세계대전의 결과는 오래갔다. 승자도 패자도 새로운 현실과 마주해야 했다. 여기서 우리는 이념적 냉전만이 아니라 식민지의 붕괴, 새로운 국가의 출현까지 말하지 않을 수 없다. 뒤의 두 가지로 인해 전통적인 힘의 중심이 약화되었고, 힘의 축이 반대로(서에서 동, 북에서 남으로) 이동했기 때문이다. 막대한 에너지원을 품고 있는 카스피해는 다음 세기의 새로운 플랑드르, 다시 말해 파워게임의 다양한 참여자들이 힘을 겨루는 무대가 될 공산이 크다.

2차 세계대전이 끝날 무렵 세계 금 보유량의 3분의 2는 포트 녹스에 보관되어 있었다. 그로부터 정확히 반세기 후 가장 큰 달러 저장고는 동쪽에 있었고, 미국은 국제 채권국에서 채무국으로 지위가 바뀌었다. 러시아와 동방에 대한 서방의 의존은 깊은 우려를 낳을 만하다. 군사적 관점에서 보자면 미국의 패권은 '고전적 분쟁'의 측면에서 심각한 도전에 직면해 있지만 '새로운 참여자들'은 경제적 관점과 군사적 관점에서 짧은 시간에 놀랍도록 많은 것을 달성했다.

중국의 부상, 그리고 이라크에서의 실패 외에도 서방의 상징적 매개체(자유경제와 의회 민주주의를 중심으로 한)는 호소력도 떨어진다. 새뮤얼 헌팅턴[2]의 예견처럼 이렇게 긴장이 고조된 상황에서 이슬람의 게릴라전이 종교적 충돌로 이어질 수 있을까? 어쩌면 그럴 수도 있다. 그러나 현재 서방이 가진 상징적 매개체가 과거의 매개체, 즉 그리스도교를 대체할 수 없을 만큼 형편없다고 여겨질 때나 그럴 것이다. 그렇게 될 가능성도 완전히 배제할 수는 없다. 미국이나 EU 같은 사회 내부에서 중대한 변혁이 있지 않는 한 다문화, 다종교 사회에서 '존재론적인 재개종'이 일어날 가능성은 없다.

이슬람은 경제, 정치, 군사 등 삶의 다른 요소들과도 밀접

---

2. Samuel Huntington. 1927년 미국 태생으로 예일대학교, 시카고대학교, 하버드대학교에서 공부했고 정치학자로서 명성을 쌓았다. 1993년 정치경제 평론지 《포린 어페어스(Foreign Affairs)》에 기고한 글들의 논제를 발전시켜 『문명의 충돌』을 출간했다. 이 책에서 그는 『역사의 종말』에 나타난 프랜시스 후쿠야마의 논제를 부정하는 주장을 펼치며 긴장의 원인으로서 이념이 사라져버린 인류의 미래에 일어날 갈등의 원인은 인종, 종교 등이 될 것이라고 강조했다. 이 책이 출간되고 15년 후 그의 이론이 옳은 것으로 증명되었다.

하게 연결되어 있다. 본질적으로 세속적인 서방사회가 지난 두 세기 동안 튼튼하게 다져온 그리스도교는 다른 요소들과는 섞이기 힘든 요소다. 그러나 빈 라덴은 '십자군'에 대해서 말했고, 바티칸은 그리스도교의 뿌리가 EU에 있음을 강소하며 헌법 조약에 그것이 언급되어야 한다고 주장(서고트족에 정복된 스페인에 오스만제국의 영향 아래 수백 년 동안 무어인의 문화가 존재했다는 사실은 무시하고)하는 상황에서 우리는 다가오는 거대한 종교적 갈등의 첫 싹을 보고 있다. 이러한 갈등은 이라크와 아프가니스탄의 현재 상황이나 더 넓은 의미의 테러와의 전쟁에서 그 원인을 찾아서는 안 될 것이다.

이러한 갈등은 본질적으로 '새로운 참여자'들에 의해 시작된 힘의 지도를 재편하기 위한 싸움의 결과다. 우리도 오스만제국이 신성동맹의 동맹국들에 의해 빈의 성문 앞에서 멈춰섰던 그 시대를 다시 살 것인가? 재앙과 다름없는 시나리오가 쓰이는 듯하다. 서방의 권력 상실이라는 배경 앞에서 충돌을 완전히 배제할 수는 없다.

또 하나의 충돌 지점은 공산주의 유토피아가 파산을 맞은 직후 '유산자'와 '무산자' 사이에서 일어난 역사적 충돌이다. 인류의 역사는 그 전체가 불평등의 역사였다. 그러나 또한 로버트 홈스의 말을 인용하자면 '정의를 향한 갈증'의 역사이기도 하다. 경제적 관점에서 언제나 소수가 다수보다 훨씬 많은 자원을 소비해왔다. 그와 동시에 심하게 불평등한 모델이 제국에서도, 사람들 사이에서도, 나라들 사이에서도 이상하리만치 오래 살아남았다. 진정 인간은 인도주의자들이 말하는 것처럼 정의와 평등에 대한 갈증을 가진 존재일까? 휴머니즘은 하나의 교의인가, 아니면 마술적 사고처럼 인간의 정신세계 깊숙한 곳에 내재한 확신인가?

폭정을 극악무도한 짓이라고 생각하는 사람들은 옳은가? 아니면 그들은 단지 르네상스기에 형성되고 계몽시대에 발전했으며, 혁명의 시대와 함께 정부의 정책으로 변모한 확신의 포로들인가? 길게 보면 최근 두 세기의 인류 역사가 잔악함과 흉포함의 총합과 같았던 메로빙거 시대보다 훨씬 전형적인 인류의 역사일까? 어떤 이들은 확실히 그렇다고 대답할 것이다. 메로빙거 시대는 〈니벨룽겐의 반지〉를 탄생시켰다는 문화적 성과를 제외하면 정치, 경제, 군사적 측면에서 정체 상태를 면하지 못했기 때문이다. 반면에 과학의 시대는 인간을 우주로 날려 보냈고, 이전에는 상상조차 하지 못했던 기술적 진보를 이루어냈기 때문이다.

그러나 좀 더 자세히 들여다보면 사뭇 다른 그림이 보이기 시작한다. 메로빙거 시대는 무자비한 모험의 시대이기도 했지만 극도로 활기찬 시대이기도 했다. 최초로 교황청과의 장기적 동맹관계가 형성되었고, 유럽의 이교도 지역을 그리스도교로 개종시켰으며, 로마의 몰락 이후 혼돈의 시대에 법률적 질서가 등장했고(살리카 법은 당시 최고의 법이었다), 켈트, 로마, 게르만이 상호작용한 세련된 문화가 형성되기 시작했으며, 중세의 무적 기병을 탄생시킨 전투 기술이 탄생했고, 그보다 앞선 300년의 세월 동안 야만인의 침략으로 매우 위험했던 교역로가 다시 개통되었으며, 새로운 농업 기술이 도입되었다.

그러나 당시의 '불의'와 지금의 '불의' 사이에는 두 가지 커다란 차이가 존재한다. 이제는 아무리 '귀족'이라 하더라도 마음에 들지 않는다고 아무나 잡아다가 지하 감옥에 처넣을 수 없다. 사람을 수레에 묶어 찢어 죽인다거나 피를 보고 흥분한 군중들의 함성 속에서 누군가가 말뚝에 묶여 불태워지는 일은 일어나지 않는다. 지금은 아무리 흉악한 범죄자일지라도 변호사를 선임할 권리가 있다. 정신적 '소프트웨어' '유산자'의 힘을 시사하고 '무산자'들의 체념을 낳는 상징적 매개체는 더 이상 존재하지 않는다.

앞서 언급했던 상징적 매개체는 대개 종교, 특히 그리스도교였다. 그리스도교는 물질적 소유의 가치를 떨어뜨렸다. 개인적으로도 집단적으로도 중요한 것은 황금이 아니라 구원이었다(전자는 후자를 얻는 데 방해가 되었다). 파문이라는 극심한 형벌은 부자, 빈자, 귀족, 부르주아, 농부, 누구나 똑같이 두려워했다. 훗날 부르주아의 시대에 이르자 벼락부자의 자부심을 폄훼하는 이러한 자기절제의 소프트웨어는 비난의 대상이 되었다. 빅토리아 시대가 오기 전까지 문학 작품이나 공적 담론에서 벼락부자는 혐오와 조소의 대상이었다.

오늘날 '유산자'들의 (종종 부도덕하게 쌓아 올린) 부를 공유하지 못한 사람들은 인터넷을 통해 투명해진 상점 유리창 너머로 그 부를 들여다본다. 그 유리창 너머에서는 잔치가 벌어지고 있다. 그 유리창에 코를 납작해지도록 들이대고 안을 들여다보는 사람들은 순진하고 비참하고 나이 어린 성냥팔이 소녀가 아니다. 이를 갈며 마음속으로 극단적인 슬로건을 곱씹는 사람들이다. 말로는 표현할 수 없는 이러한 상황의 불의를 해소할 수 있는 소프트웨어는 없다.

다른 한편으로 언제든 일어날 수도 있는 폭동은 메로빙거 시대의 폭동이 그랬던 것처럼 삼지창이나 낫을 동원하지 않는다. 페루의 마오쩌둥주의 좌익 게릴라 조직 '빛나는 길'에서 프랑스나 영국의 무슬림까지, 다양한 유형의 테러리스트 집단은 재난이나 재앙이라는 말로도 부족할 결과를 빚을 끔찍한 무기를 손에 넣었다.

부유한 나라를 대표하는 유산자들은 외부의 적뿐 아니라

내부의 적과도 마주해야 한다. 내부의 적은 그들이 속한 사회에 의해 기득권을 빼앗긴 사람들인데, 여기서 말하는 사회는 그들이 살고 있고, 소속한 국민국가의 은밀한 조직에 느슨하게 연결되어 있으면서 패러다임에서는 다른 문화, 다른 종교, 다른 언어군에 속해 있다. 프랑스에 사는 북아프리카인들은 아마도 투르 푸아티에 전투[3]나 태양왕보다 이슬람의 발전을 더 자랑스러워할 것이다. 점점 복잡해지는 세상(구직 요건을 포함해서)에서 교육의 기회를 잡기 힘든 그들은 세상에서 배척당하고 내몰린 느낌을 받을 것이고, 그러한 감정을 악이용하려는 지도자들은 그들에게 이러한 상황이 그들을 반노예 상태로 묶어두려는 '부유한 자들의 음모'라고 속삭인다.

사실상 이러한 메시지는 마르크스의 메시지와 별반 다르지 않다. 통합적이고 상대적으로 일관된 과거 마르크스주의 좌파들의 메시지(만물을 설명하는 데 경제적 요소로 이용된)는 종교적, 또는 민족적 틈새를 파고들고 있다. 누군가 '박탈'당했다면 그것은 그가 '프롤레타리아 폭도'의 자식이

---

3. Battle of Tours-Poitier, 732년 8월 피레네산맥을 넘어 스페인 지역을 침입한 이슬람군을 프랑크군이 격파한 전투. 유럽의 그리스도교 세계를 이슬람화의 위기에서 구해낸 역사적인 전투로 평가받고 있다.

기 때문이 아니라 아랍인, 흑인, 무슬림이기 때문이거나 워싱턴DC의 시온주의 정부의 희생양이기 때문이라는 것이다 (이러한 메시지의 호소력이 미치는 범위가 극좌파에서 극우파까지, 이슬람 원리주의 집단으로부터 백인 민병대에 이르기까지 폭넓은 사회적 스펙트럼에 걸쳐 있다는 사실은 매우 흥미롭고 특이하다). 미국은 2001년 9월 11일 알카에다의 공격을 받았지만, 오클라호마 폭파 사건은 미국의 '중심'이 외부의 폭도뿐 아니라 내부의 폭도에 의해서 공격을 받았다는 점에서 9·11 사태 못지않게 의미심장하다.

'외부의 적'들은 현재 상황이 참을 수 없으며 누구든 책임이 있다고 생각되는 사람들을 공격하려 하는 사람들이다. 20세기의 마르크스주의처럼 (현재의 정의에 따르면 점점 불투명한 단계로 가는) 연약한 '제3세계'는 전쟁의 위협을 선호하는 국가가 되었다. 사우디아라비아는 아프리카에 모스크를 짓는데, 이 때문에 이슬람화하는 것을 반대하는 급진적인 집단들이 동요한다. 새롭고 견실한 정치적 동맹을 공고히 하기 위한 중국의 발 빠른 행보 역시 이와 크게 다르지 않다. 자원이 풍부한 코카서스 지역에 자리한 과거 소련 공화국들의 이면에서도 이와 비슷한 정치적·경제적 게임이 벌어지고 있다.

미국의 패권에 대항하는 힘들의 보이지 않는 연합은 문

제의 일부일 뿐, 반드시 가장 해로운 것이라고 할 수는 없다. 민주주의와 자본주의 모델을 파괴하는 것은 중장기적으로 최악의 결과를 가져올 것이다. 이 모델이 실패하거나 실패하도록 조작되는 곳(지리적 위치)이 곧 민족적·종교적 극단주의자들의 대결무대, 혹은 조직범죄와 정치적 테러집단의 대결무대가 되기 때문이다. 의회주의와 자본주의의 모델이 만들어지고 200년 이상의 세월이 흐른 지금도 여전히 이 두 모델은 서방과 연계되어 있으며, 서방과 함께 공격받고 있다.

다수 시민을 빈곤의 나락으로 떨어뜨리며 중산층을 몰락시킬 조짐이 보이는 연쇄적인 경제위기 때문에 복지의 민주화가 실패한다면, 두 세기 동안 진화의 필터로 걸러진 부르주아는 18세기 귀족사회의 경험을 되풀이할 위험이 있다. 그러한 불만이 어떤 이념적 형태로 연합할지는 아직 불투명하다. 그러나 이러한 떠돌이 전자들은 일정 시점에 이르면 경제적 힘과 군사적 힘을 저항의 상징적 힘에 결합해 힘 있는 원자를 만들어낼 강력한 국제적 원자핵 주변으로 몰려들지도 모른다.

조직범죄에 대해서는 국제적으로도 많은 이야기가 있지만, 비조직범죄(이렇게 불러도 된다면)에 대해서는 관심이 너무나 적다. 조직범죄는 점점 부유해지고 위험해진다. 그러나 과거, 예를 들면 1970년에 비해 천정부지로 급상승한 것은 후자다. 일부 대도시에서는 지난 수십 년 동안 심각한 범죄의 수가 두세 배나 증가하였고, 많은 지역이 21세기라 기보다는 석기 시대의 집단 주거지처럼 변해버렸다. 이들이 저지른 범죄행위들을 나열하는 것만으로도 등골을 오싹하게 하기엔 충분하다. 리우데자네이루의 달동네에서 자동 소총을 든 12세 소년에서 푸에르토리코의 갱단과 미국의 감옥을 쥐락펴락하는 니카라과의 치카노[4]까지, 국제 범죄의 낭인이 되어버린 소련 특수 부대의 '고아'들로부터 1990년대 LA 거리에서 폭동을 일으켰던 갱단에 이르기까지, 우리는 봉건시대의 잔인함과 원초적인 분노의 파도가 새로운 천 년으로 넘어오는 고비에서 인류의 문명을 어떻게 덮쳤는지 볼 수 있다.

세계 도처에서 수억의 사람들의 삶을 현재진행형의 악몽으로 바꿔놓은 이러한 현상들의 원인은 무엇인가? 이 책의 서두에서 우리는 인간은 극도로 폭력적인 존재이며, 그러한 기질이 우리를 지구상의 다른 존재들과 구분해주는 것이라

---

4. Chicano 또는 Xicano, 미국에 거주하는 멕시코계 사람 중 특정 정치의식을 가지고 정체성을 공유하는 이들을 일컫는 표현

고 언급했다. 오늘날 생태학자들은 일부 동물들의 운명을 걱정한다. 인간은 지구상에 탄생한 이래 절멸시킬 수 있는 모든 것들을 절멸시켜왔다(먹기 위해 꼭 필요한 것이 아님에도). 진화의 사슬에서 인간보다 조금 불운했던 인간의 '친척들'도 예외가 아니었다.

역사에서 가장 먼저 정련된 세력이 군사력이었으며 상징권력이 군사권력과 자주 충돌했던 이유도 바로 여기에 있다. 계몽의 시대는 고대와 중세가 군사권력의 잔인함과 본연의 목적을 포기한 성직자들의 기만성 사이에서 투쟁을 겪으면서 지주들의 동맹으로 발전했다고 주장했다. 그러면서 이 시대들이 다른 시대들에 비해 원만했다는 사상을(종종 지적 기만에 의지해) 내놓았다.

(중앙 권력이 세상을 통제하는 방식과 관련하여) 시대에 따라 흥하기도 하고 쇠하기도 했던 진짜 잔인함 뒤의 '구세계'는 오늘날 우리가 일반적으로 아는 것보다는 폭력에 덜 노출된 편이었다. 공포는 현실의 폭력보다 초자연적 현상이나 특정 신앙에 더 깊이 관련되어 있었다. 예를 들어 특정 형벌의 가혹함은 대중의 필요를 반영했을 뿐, 정책결정자의 봉건적 폭력에 의한 것이 아니었다. 형벌은 윤리적 성격을 유지하면서 잠재적인 폭력을 교정하려는 의도였다.

그러나 유고슬라비아에서 벌어진 일들은 전혀 그렇지 않

았다. 사람들은 말로 표현할 수 없이 참혹하게 서로를 살상했다. 대량 이주, 전원생활의 감소와 도시의 성장, 매스미디어와 대중문화의 폭력적 성향, 점점 허물어져가는 정상적인 양친 가족의 취약한 구조, 무너져가는 교육 시스템, 연령대가 낮아져가는 마약사범('가난한 자'의 코카인으로 불리는 메탐페타민은 상황을 더욱 악화시켰다), 이 모든 문제가 사회학자, 역사학자, 인류학자들에 의해 이미 규명된 원인이다. 그러나 우리는 이보다 한층 더 깊은 곳에 숨겨진 원인이 있다고 믿는다. 상징적 힘의 타락이 바로 그것이다. 이념은 극적인 실패를 겪은 것으로 보인다.

　중세 사람들은 교수형 집행인의 밧줄이 무섭다는 이유만으로 암살자가 되기를 거부했다. 그들은 또한 자신의 영혼과 내세를 잃는 것을 '제2의 죽음'으로 간주하고 두려워했다. 이 시대의 패러다임은 미신에 사로잡힌 인간, 폐쇄적 사고방식, 지적 야망이 결여된 보수주의를 낳았다. 그러나 그와 동시에 이념이 만들어낸 시대에 비하면 훨씬 겸손하고 덜 폭력적인 사회를 만들었다. 단 40년 동안 두 번의 전쟁이 수억 명의 사람들을 암살자로 만들었다. 역사상 전례 없는 규모로 치러진 두 번의 세계대전과 그 후에 치러진 한국 전쟁, 베트남 전쟁(과거 식민지들과 아시아, 아프리카의 패권국들 사이의 전쟁)은 모두 수억 명의 인간들을 피해자,

가해자 또는 그 모두로 만드는 여러 전쟁과 갈등의 기제를 낳았다. 그 결과 범죄는 다양한 형태로 제도화되었고, 전장뿐 아니라 도시의 정글에서도 전염병처럼 번져나갔다.

극심한 사회적 스트레스, 광범위한 도시 노이로제의 극단적 형태로서 범죄 행위는 현재 세계가 안고 있는 불치의 암이며 미래에도 여전히 커다란 문제로 남아 있을 것이다. 경찰 조직은 점점 피로가 쌓이고 행동 수단의 측면에서 시대에 뒤떨어져 있기 때문이다. 범죄 행위는 '기존의' 권력에 대한 위협을 의미한다. 기존 권력을 형성하는 모든 형태가 새롭게 부상하는 현상 앞에서는 속수무책이기 때문이다.

군사권력(경찰력)은 행동의 형태(예방, 개입)를 연마해왔고, 경제권력은 다양한 교육 프로그램을 통해 범죄자 교화에 막대한 예산을 투입해왔으며, 상징권력 역시 같은 일을 해왔다. 도시 곳곳에서 인간은 다른 인간을 학살하기를 멈추지 않고 있다.

- 역사를 통틀어 항상 존재했던 세 가지 형태의 권력이 있
  다. 상징권력(종교, 이념), 군사권력, 경제권력이다. 이 세
  가지의 권력은 개인이나 집단, 국가 또는 국가의 집단에
  의해 통제된다. 이 세 가지 형태의 권력을 동시에 통제
  하는 것만이 영속성을 보장할 수 있다. 어느 한 가지라도
  약화되면 조만간 나머지 두 가지도 기반이 흔들리게 된
  다.

- 지리적으로 보면 권력은 동에서 서로, 남에서 북으로 영
  구히 이동한 것을 알 수 있다. 이러한 이동은 1700년경
  (베스트팔렌 조약과 산업화의 시대가 시작된 이후)에 안
  정적으로 자리 잡았다. 모든 권력은 3000년 전 '비옥한
  초승달 지역'에 집중되어 있었다. 모든 유일신 신앙(상징

권력의 표현 형식)이 탄생한 지역이었다. 고대 이집트와 중국 이후 로마제국이 부상했고(북과 서로의 이동), 우리가 서방 세계라고 부르는 이 지역에는 그리스도교라는 상징의 매개체가 나타났다. 거의 1000년 동안 권력을 두고 벌어진 투쟁은 서방 세계, 좀 더 정확히 말하자면 유럽에서 벌어졌으며, '긴장의 중심점'은 네덜란드·플랑드르 지역이었다.

- 기술혁명(경제권력), 총기의 발명(군사권력), 이념의 출현(상징권력) 덕분에 이 지역에는 전례없는 권력의 집중이 일어났다. 지구상에 현존하는 200개 이상의 국가 중에서 단 7개 나라가 세계의 총 국내생산량 중 50퍼센트(캘리포니아 주의 경제력은 193개 나라의 경제력보다도 월등하다)를 차지한다. 미국은 지구상에 존재하는 군사력의 50퍼센트 이상을 갖고 있다. 그러나 그러한 미국도 절정기의 로마제국에 집중되었던 군사력에 비하면 현재의 군사력을 자랑할 수 없으며, 부에 접근할 수 있는 능력을 지리적으로 독점할 수 있던 시대 역시 오래전에 끝났다.

- 권력의 세 가지 주요 형태는 역사를 거쳐오며 중요한 변

화를 겪었다. 가장 최근의 예는 군사권력이 '고전적' 갈등의 형태에서 테러리즘으로 대표되는 변칙적 갈등으로 변화를 겪었다는 것이다. 미국은 (고전적인 형태의 전투였던) 두 번의 세계대전을 겪으면서 한 번도 적들로부터 본토를 공격당한 적이 없었다(일본이 미국의 영토를 공격했다는 상징적 의미에도 불구하고 진주만은 본토에서 너무 멀리 떨어져 있었기 때문에 미국 본토를 공격한 것과 같은 충격은 없었던 반면, 1917년의 뉴욕항 공격은 매우 중요한 공격이었다). 그래서 9·11 테러는 모두를 경악하게 했다. 상징권력은 이념의 퇴보와 함께 휘청거리며 종교라는 상징의 매개체로 돌아가고 있다. 통신수단의 발달로 말미암아, 지난 20년간 몇몇 심각한 경제위기가 인류 역사를 통틀어 우리가 겪었던 경제위기들보다도 훨씬 큰 충격을 주자 경제권력은 '속도병'을 앓고 있다.

● 세 번째 천 년의 시작은 두 개의 거대한 국제적 참여자(미국과 EU)로 특징지어진다. 사실상 지난 수십 년간 권력의 이동은 이중으로 이루어졌다. 첫째는 내부에서의 이동으로, '전통적 참여자들(전통적 기구를 갖춘 국민국가)'로부터 '개별 참여자들(기업, 시민사회, 범죄조직 등

의 비국적행위자)'로의 이동이다. 두 번째는 외부에서의 이동으로, 상징권력, 군사권력, 경제권력이 새로운 중심을 향해 이동한 것인데, 가장 중요한 것이 이슬람과 중국, 러시아다. 카스피해는 미래의 '새로운 플랑드르'가 될 확률이 높고, 아마도 이 지역이 권력의 가늠자가 될 것이다.

- 미래의 모델에 관해서는 세 가지 중요한 경향이 있다. 첫째는 계속해서 '국민국가'를 중추로 삼는 모델이고, 두 번째는 글로벌리스트 모델이다. 이 모델은 여러 나라가 힘을 합쳐야만 해결할 수 있는 문제(예를 들면 지구 온난화)의 압박이 있을 때 특히 중요하다. 세 번째는 분자화 모델로, 앞서 설명한 두 모델(국민국가는 계속해서 퇴보하고 있고, 글로벌리스트 모델은 아직 토대를 굳건히 하지 못하고 있다)의 실패가 가져온 결과다. 결국 '개별 참여자'의 역할은 임계점까지 커져서 국가 간, 이념·상징 간의 미심쩍은 '봉신제도'에 기반을 둔 신봉건제도가 나타나게 될 것이다. 국제기구(UN, IMF, IBRD)의 사실상의 붕괴, 국제법의 위기(코소보나 그루지야 사태) 등과 맞물려 국가 기구의 권위가 허물어지면서 '개별 참여자' 들이 현대 역사의 무대에 화려하게 등장할 수 있었다. 이

러한 '개별 참여자'들은 허약해진 국민국가로부터 세 가지 형태의 권력 모두를 탈취했다. 최근 경제위기는 강력한 국가가 필요하다는 이념적·상징적 논의에 다시 불을 붙였으며, 경제 분야 역시 상징권력의 중요성을 뒷받침한다. 그러나 이념의 위기(일관된 상징적 특질을 가진 이념의 쇄신)는 여전히 진행 중이다.

- 권력의 중심을 정의하고 그 범위를 측정하기 위한 '고전적' 용어는 최근 수십 년 동안에 구시대의 유물이 되어버린 듯하다. 빈 라덴이 '서방의 십자군들'이라는 표현을 쓰는 마당에 헌팅턴은 자신의 저서 제목에 여전히 '국가'가 아닌 '문명'이라는 용어를 쓴다. 군사적 관점에서 어떤 진단을 내리려는 시도로 쓰는 '불균형적인' 또는 '잠복한' 갈등이라는 말은 대부분 잘못된 것으로 판명되었다. 오래전에 잊힌 용어가 되살아나거나 새로운 용어가 만들어지고 있다. 관찰자들은 새로운 현실을 측정하는 데 구식 도구를 쓰고 있다. 이들이 어떤 대의를 가졌는지, 어떤 방향으로 발전해갈지는 당분간 미지수로 남아있을 것이다.

현대의 거대권력

스페인

유럽 최초의 패권은 1474년 '가톨릭 국왕 부처(카스티야의 이사벨라와 아라곤의 페르디난드)'의 결합으로부터 탄생했다. 1492년에 레콘키스타(아랍·무어인들로부터 영토를 회복하기 위한 운동)가 끝났다. 100년 전쟁이 끝난 뒤, 프랑스와 잉글랜드가 모두 기진맥진한 틈을 타 교황청의 권력과 제휴한 스페인은 역사상 가장 넓은 식민지를 정복하고 제국을 이루었다. 남아메리카, 카리브 해, 필리핀과 사하라 이남까지 그들의 땅이 되었다. 16세기가 끝날 무렵, 스페인은 세 가지의 권력을 모두 거머쥐었다. 교황청과 맺은 동맹으로 상징권력을, 바다를 장악한 무적함대로 군사권력을, 광대한 식민지에 대한 착취로 경제권력을 장악했다. 모든 교역은 왕실이 독점했다.

그 끝은 영국을 침략하려는 시도의 실패(1588년), 그리고 왕위 계승을 둘러싼 전쟁에서의 패배와 함께 찾아왔다.
1704년 지브롤터를 잃음으로써 스페인은 영국, 프랑스, 네
덜란드에 거대권력의 자리를 내주었다. 라틴아메리카 여러
나라와의 독립전쟁(1810~1824년)에서도 패함으로써 아메
리카 대륙에 남아 있던 식민지마저 잃었다.

프랑스

중세부터 19세기까지 프랑스는 유럽의 최강국이었다.
패권의 시작은 존엄왕이라 불리던 필리프 2세의 치세라고
볼 수 있다. 프랑스의 가장 큰 라이벌이었던 잉글랜드가 헨
리 2세 이후 내리막을 걷는 동안 필리프 2세는 보빈 전투
(1214년)에서 승리했고, 권력을 중앙으로 집중시키는 데 성
공했다.

프랑스가 역사에서 첫 번째로 절정의 시기에 올랐던 것
은 태양왕 루이 14세(1659~1714년) 시대였고, 그다음은
나폴레옹 1세(1792~1815년) 시대였다. 프랑스-프로이센
전쟁(1870~1871년)은 새로운 중앙 권력 프로이센(독일)의
등장과 함께 패권주의의 종말이 시작되었음을 알렸다. 프랑
스는 잉글랜드가 그랬던 것처럼 상징권력을 쟁취하기 위해
'문명화의 임무'라는 사상을 도입했다. 프랑스군이 2차 세
계대전에서 궤멸하고 1945년 이후 식민지를 모두 잃으면

서 패권주의적인 성향은 완전히 사라졌다. 프랑스는 EU 내부에서 범유럽 관계망을 확장하는 데 주력할 것이다. 프랑스는 파워게임의 세계무대를 노리는 유럽 무대의 참여자다.

영연방

잉글랜드는 인류 역사상 처음으로 의회제도를 도입한 나라이며, 또한 처음으로 '고전적' 상징권력인 종교를 이념(헨리 8세의 개혁)으로 바꿔놓은 나라다. 패권주의적 단계에 진입하기 시작한 것은 엘리자베스 1세의 치세에 해상에서 스페인의 함대를 격파하면서였고, 이는 스코틀랜드 합병(처음에는 1603년 왕위를 합병했고, 그다음에는 1707년 의회를 합병했다), 아일랜드 합병(1801)으로 이어졌다. 영국은 빅토리아 여왕의 치세에 ('해가 지지 않는 나라'로 불리며) 절정에 이르렀다. 프랑스(1689~1815년 사이에 여러 번의 충돌이 있었다), 러시아(1815~1907년), 독일(1914~1945년)과 전쟁을 치렀다. 사실상 영국은 유럽의 강국으로 부상했던 다른 나라들과는 달리, 거의 4세기 동안이나 군부가 패권주의적 성향에 반대하면서 유럽에서 반패권주의적 균형을 유지하던 나라였다. 영국은 최초로 산업권력(산업혁명은 잉글랜드 북부와 스코틀랜드 남부에서 시작되었다)이 등장했던 나라다.

20세기 들어 식민지를 잃은 영국은 자국의 지정학적 프로젝트에 대해 스스로 냉소적 관점을 드러내면서 1974년 유럽 공동체에 가입했다.

오스트리아

오스트리아는 바바리아의 동쪽 변방에서 오스만제국의 군대를 물리치고(1526~1918년) 중앙 유럽을 지배하는 제국으로 서서히 성장했다. 빈 전투(1683년)와 카를로비츠 조약(1699년)[1]을 통해 오스트리아는 초강대국의 반열에 올랐다. 1867년 프란츠 요제프 황제는 '오스트리아-헝가리 이원체제'를 구축했다. 제국은 이탈리아와 유럽 동남쪽으로 확장해갔고, 250년에 걸쳐 오스만제국과 여덟 번의 전쟁을 치렀다(1526~1791년). 오스트리아는 점차 프로이센·독일에 밀려나다가 1차 세계대전 직후인 1918년 무너졌다.

러시아

러시아의 부상은 몽골의 감시에서 벗어나고 이반 뇌제

---

1. Treaty of Karlowitz, 오스만제국과 신성동맹(오스트리아, 폴란드, 베네치아, 러시아) 사이의 전쟁(1683~1699)을 마무리 지은 평화조약. 1699년 1월 26일 도나우 강변의 카를로비츠에서 체결된 이 조약에 따라 오스만제국은 헝가리 영토 대부분과 트란실바니아를 오스트리아에 이양했다. 그럼으로써 동부 중유럽에 대한 영향력이 현저히 위축되었다. 반면 오스트리아는 이 지역의 지배적인 강대국으로 부상했다.

가 통치하면서 시작되었다. 이반 뇌제는 1547년 차르('카이사르'에서 따온 말)로 즉위한 최초의 모스크바 대공이었다. 그는 범슬라브주의와 정교를 상징권력의 매개체로 삼았다. 러시아는 비잔티움 제국이 튀르크족에 의해 정복당했던 1453년부터 정교의 본고장이 되었다.

표트르 대제(한편으로는 독재체제를 강화하고 공고히 한)의 치세에 현대화된 러시아는 제국으로 성장했고, 유럽과 중앙아시아(1700~1721년, 니스타드 조약[2]으로 마무리된 북방전쟁의 결과)의 강국이 되었다. 그리고 1815년 신성동맹에 가입했다. 볼셰비키 혁명으로 뼛속까지 흔들리고, 1차 세계대전으로 고통받던 러시아(이후 소련)는 세계를 지탱하는 두 기둥(나머지 하나는 미국) 중 하나였던 1945~1990년에 절정을 누렸다. 1980년대에 러시아는 군사권력(재앙으로 끝난 1979~1989년의 아프가니스탄 전쟁), 경제권력(1970년대 말부터 만성적으로 굳어버린 경제위기), 상징권력(세계의 좌익을 대표하는 지도자로서의 이

---

2. Treaty of Nystad. 1721년 8월 30일 핀란드 니스타드에서 북방전쟁을 종결시키기 위해 러시아와 스웨덴 사이에 체결된 평화조약. 이 조약으로 러시아는 점령 중인 핀란드를 반환하고 배상금을 지불하는 대신 리보니아, 에스토니아, 인그리아, 카렐리아의 일부를 얻음으로써 발트해안으로 진출하려는 숙망을 이루었다. 반면 스웨덴은 30년전쟁 이래 줄곧 지켜온 북유럽 패권을 상실하게 되었다.

미지에 손상을 입고 위성국가들에 대한 실질적인 영향력을 잃어버렸다) 모두에서 심각한 타격을 입었다.

독일

1701년 왕국이 된 프로이센에서 다시 태어난 제국의 '모 래채취장'이자 '게르만 민족의 신성로마제국'의 후예로서, 카롤링거 제국의 분열로 탄생한 독일은 '30년전쟁(1463 년)'과 제1차 폴란드 분할(1871년) 이후 강대국의 반열에 진입했다. 독일제국은 1871년 프로이센이 프랑스를 패배 시킨 후 태어났다. 독일은 석탄과 금속 광산을 중심으로 한 엄청난 경제적 역동성을 보여주었으며 중앙 유럽을 넘어 동유럽까지 세력을 확장하였다. 두 번에 걸친 세계대전의 패배로 영토를 잃은 후 경제발전의 리듬을 꾸준히 지켰다 (군사 분야나 상징 분야에서는 그렇지 못했다). 독일은 베 를린 장벽을 무너뜨리고 통일을 이룬 뒤, EU 안에서 유럽 뿐 아니라 전 세계에 영향을 미치는 강력한 권력을 가진 나 라(특히 경제적 관점에서)로 부상했다.

일본

1868년 메이지 유신 이후 일본은 타의 추종을 불허할 만 큼 역동적인 현대화 과정에 돌입했고, 그러면서 아시아 패권 쟁탈전의 한 참여자로 떠올랐다. 일본은 아시아 지역의 숙적 중국과 첫 현대전(1894~1895년의 청일전쟁)을 치렀고, 만주, 한국, 중국과 동남아시아까지 세력을 뻗쳤다(1904~1905년의 러일전쟁).

2차 세계대전에서 패전한 뒤 미일조약(현재에도 유효한)에 따라 안보를 미국의 손에 맡겨놓고 경제개발에만 집중했다(요시다 독트린).

미국

미국은 개입을 선언한 순간 전쟁의 결과에 큰 영향을 미쳤던 1차 세계대전 이후, 세계 최고의 경제권력이자 군사권력으로 자리매김했다. 그러나 미국은 이미 스페인 전쟁(1898년)에서 승리함으로써 만만치 않은 군사력을 보여주었고, 19세기 중반부터는 경제력 역시 세계적 수준에 올라 있었다. 상징적 이미지는 베트남 전쟁(1965~1973년)으로 큰 타격을 입었지만, 미국은 여전히 공산주의와의 대결에서는 가장 강력한 지도자였으며 소련과 그 동맹국들을 냉전의 패배자로 만든 결정적 요소였다.

20세기 들어서 미국은 권력 '시장'을 확실하게 지배했다. 미국은 경제적으로나 군사적으로 가장 큰 권력이었으며 민주세계의 주요 지도자였다. 그러나 또한 현대 역사에서 '세계화' 현상의 첨병으로 인식되면서 반패권주의자들에게는 가장 큰 공포였다. 많은 사람이 세계화는 세계경찰로서의 미국의 위치를 더욱 공고히 해주는 것이라고 보았기 때문이다. 테러와의 전쟁은 지지부진하고, 2008년에는 미국으로부터 경제위기가 시작되면서 미국에 대한 비판은 상승작용을 일으켰다.

상징권력의 진화

기원전 3만~600년, 종교의 시작

풍요의 신에 대한 의식이나 숭배 문화(유럽, 아랍, 페르시아, 인도) 또는 조상 숭배 문화(중국)를 중심으로 의식을 갖춘 체계적인 종교의 징후가 중동과 지중해 주변에서 나타났다. 장례 의식, '내세'와 영혼의 불멸성에 대한 믿음이 생겨났다. 신성과 특별한 관계가 있음을 인정받은 성직자, 또는 상징권력을 가진 사람이 나타났다. 샤머니즘, 마술적 믿음, 다신교 등이 태동하였다.

기원전 600~500년, 종교적 상징의 폭발적 증가

단 한 세기 만에 전 세계에서 종교적 상징이 폭발적으로 증가했다. 그리스의 신비주의적 숭배가 체계화되었고, 이오니아의 철학자들이 무대에 등장했다. 유대 지방에서는 에즈라와 느헤미야의 개혁이 모세 신앙에 불을 댕겼다. 페르시

아에서 조로아스터교가 일어났으며, 브라만교의 개혁이 불
교를 낳았다. 중국에서는 도교사상과 유교사상이 나타났다.

루마니아 부쿠레슈티의 의회민주주의는 극우 집단(반유
대주의, 국수주의적 재향군인), 무모하고 부패한 국왕(카
롤 2세와 1937년에 시작된 독재왕정), 나라를 나치 독일과
의 동맹으로 끌고 들어간 정치 감각 없는 군장교(이온 안
투네스쿠 장군의 정권)에게 금방 굴복할 정도로 나약했다.
1945년의 이 두 나라는 모두 농업 의존도가 높았고(루마니
아 인구의 80퍼센트, 헝가리 인구의 70퍼센트가 농촌에 거
주했다), 보수적이었으며 가부장적이었다.

종교의 체계화

유대의 땅에서 그리스도교가 나타났고, 영지주의가 발전
하기 시작했다. 근동에서는 미트라와 마니교가 탄생했다.
서기 70년 유대교가 전 세계로 퍼져나갔다. 391년 그리스
도교가 로마제국의 공식적인 국교로 선포되었다. 인도에서
는 힌두교가 체계화되었고, 아시아에서는 불교가 확산되었
다. 니케아 공의회는 도나투스파, 아리우스파와의 싸움에서
이기고 그리스도교의 토대를 놓았다.

마지막 유일신교 이슬람교의 출현

633년 무함마드가 계시를 받아 시작된 이슬람의 교리는 『쿠란』이라는 경전으로 체계화되었다. 657~658년 사이에 수니파와 시아파의 분열이 일어났다. 시아파의 급진 세력들이 이스마일파를 만들었는데, 이스마일파는 페르시아와 시리아의 '하사신(암살단)'을 포함하고 있었다(1258년까지). 스페인 침공(서고트족부터 정복) 이후 피레네까지 진격한 무슬림들은 유럽에 전선을 형성했고, 이 전선은 1000년 이상 유지되었다. 1979년 아야툴라 호메이니에 의해 이란에 최초의 이슬람 공화국이 탄생했다.

그리스도교의 대분열

수백 년을 이어오던 비잔티움 제국(패권을 주장하는)과 로마 혹은 바티칸('성 베드로의 후계자'임을 자처하는 교황) 사이의 긴장이 결국 1054년 '가톨릭'과 '정교(정통 신앙)'의 분열을 가져왔다. 1453년 비잔티움 제국이 함락되자 정교의 무게중심은 새로운 권력으로 부상하던 러시아로 옮겨갔다. 로마는 카롤링거 제국과 동맹을 맺고 영향력의 중심을 서쪽으로 이동시켰다.

가톨릭교회의 위기

가톨릭교회는 중세 내내 여러 번의 분열과 정통성 시비에 시달리며 혼란을 겪었다. 카타리파, 알비파, 발도파 또는 롤라르드 이단(1000~1380년)에서 개신교의 태동(1525년)에 이르기까지 가톨릭은 계속해서 논쟁에 휩싸였으며, 결국 유럽의 절반을 잃었다. 떠오르는 종교인 이슬람은 아랍 권력의 몰락 이후 다가오는 800년간 유럽을 위협하게 될 셀주크제국에서 새로운 매개체를 발견했다. 1차 십자군 전쟁(1096~1099년) 이후 건국된 그리스도교 왕국의 흔적으로 1291년까지 동쪽에 남아 있던 그리스도교 최후의 점령지 아크라마저 이슬람의 손에 넘어갔다. 게르만 제국과 프랑스의 패권 다툼(아비뇽 유수) 속에서 교회의 지위에 금이 가기 시작했다. 이 시기는 또한 마녀사냥의 시대이기도 하다(15세기 말 시작되어 100년 후 최고조에 달한 마녀사냥은 18세기에 마지막 재판을 끝으로 사라졌다).

개신교

얀 후스와 마르틴 루터에 의해 창시된 개신교는 300년 동안 루터파, 칼뱅파, 침례교, 영국성공회, 장로교, 유니테리언파, 복음교, 예수재림파, 감리교, 퀘이커, 메노파, 미국성공회 등 매우 이질적인 여러 종파로 나뉘었다. 이러한 개신교 신도들은 북아메리카의 영국 식민지에서 새로운 고향을 찾았다.

이념권력의 새벽

14~15세기에 일어난 대중, 노동자, 부르주아의 폭동은 '신권'에 대한 저항의 물결을 몰고 왔으며 결국 잉글랜드의 찰스 1세를 형장의 이슬로 사라지게 하고 '호민관 정치'를 불러왔다. 베스트팔렌 조약이 국가의 탄생을 공고하게 했듯이, 1789년 프랑스 혁명은 세속의 지도자라는 비전을 확립시켰다. 정부에 대한 이론이 발달했고, 주요한 정치적 독트린이 나타났으며, '인권'의 개념이 싹트기 시작했다. 바야흐로 현대 세계가 열리기 시작한 것이다. 폭발적인 과학의 발전(산업혁명과 함께)은 종교적 도그마에 대한 논쟁을 불러왔고, 사법 체계와 법전(나폴레옹 법전)의 등장으로 법은 완전히 민간의 손으로 넘어왔다. 차르 체제 말기였던 1906년 두마를 설치함으로써 의회와 유사한 제도를 갖춘 러시아를 제외한 대부분 나라에서 다양한 형태의 의회제도가 채택되었다.

이념권력의 탄생

마르크스주의, 아나키즘, 독일 행정부, 볼셰비키가 두서

없이 뒤엉킨 이념이 러시아의 반 차르 혁명(1918년)을 무력화했고, 즉시 '혁명의 수출'에 나섰다. 1차 세계대전으로 초토화되고, 대공황(1929~1933년)으로 큰 영향을 받고, 자존심에 상처를 입은(독일은 스스로를 떠오르는 거대권력이라 여겼다) 독일은 급진적 극우이념을 표방하는 나치즘의 중심축이 되었다. 나치즘은 2차 세계대전이 끝나면서 거의 절멸되다시피 했지만, 공산주의는 소련의 붕괴(1991년) 후에도 중국에서 살아남았다(덩샤오핑의 비전에 따라 약간 수정된 형태이기는 하지만).

2차 바티칸 공의회

2차 바티칸 공의회(1962~1965년)는 가톨릭교회의 대대적인 개혁을 시도했다. '보수적' 인사들은 이러한 시도에 격분하기도 했다. 오늘날에는 2차 바티칸 공의회를 시끄럽게 했던 시도들도 완전히, 특히 라칭거 추기경이 교황으로 선출(2005년, 교황 베네딕토 16세)된 이후 잊힌 것으로 보인다.

이념의 위기

'역사의 종말'(민주주의와 시장경제의 최후의 승리) 같은 비전에서 '문명의 충돌' 같은 비관주의까지, 관찰자들은 20

세기 이후 이념의 퇴보를 이구동성으로 인정한다. 비전의 부재, 결정적 신조의 부재, 명확하지 않은 중심을 향해 달려가는 정당들, 거대한 사회적 변화에 대한 대응력 부재 등이 모두 이념의 퇴보로부터 일어난 현상들이다. 앙드레 말로는 종교적 상징의 매개체로 회귀할 것임을 예고하면서 21세기는 종교적인 사회가 되거나 존재하지 않게 될 것이라고 말했다.

이슬람 테러리즘의 등장

세 번째 밀레니엄은 막대한 에너지 자원을 가진 무슬림 정권의 지원에 힘입은 경제권력과 지하드 옹호론자들의 자각 등, 이슬람 세력의 놀라운 확장과 함께 시작되었다. 이라크와 아프가니스탄은 군사적 충돌의 주요 무대이고, 이란은 핵 프로그램을 들고 서방 세계에 저항하고 있다. 서방의 지도자들은 연설할 때마다 종교적 요소들을 포함시켰으며, 교황청 기구들은 유럽이 '그리스도교의 기원'임을 EU 조약 초안에 명기할 것을 요구하고 있다.

경제권력의 발달

수렵과 채집 시대

기원전 3만~1000년, 마지막 빙하기가 끝날 때까지. 부
족 안에서 필요한 모든 것들을 직접 생산했기 때문에 다른
부족과 교환하는 경우는 거의 없는 소규모 공동체의 자립
경제체체였다. 이 시대의 경제를 표현할 수 있는 핵심 단어
는 야생 동물과 과일이 풍부한 땅, 그릇을 구울 수 있는 흙,
깨끗한 물, 소금 등이다. 부는 공평하게 분배되었다.

농업혁명

빙하기가 끝나가자 역사가들이 '농업혁명'(수렵채집인
에서 농부로의 변화)이라고 부르는 변화가 점차 일어났다.
(수천 년 동안 영양의 기본이었던 육류를 대체한) 곡물이
재배되었고, 최초로 동물을 가축화(염소와 양)하는 데 성공
했다. 한 곳에 대량으로 정착하는 정착민들이 나타났고, 수

메르와 메소포타미아 지역에 최초의 도시가 형성되었다. 이 시기의 핵심적 자원은 농업과 목축이 가능한 땅, 귀금속, (돌, 나무, 뼈 대신 도구와 청동무기 제작에 쓰인) 구리와 주석, 그리고 소금이었다. 가장 중요한 경제권력은 '비옥한 초승달'을 중심으로 집중되었다. 지중해 연안에서 교역이 시작되었고, 바다와 육지에서 상업적 교환이 이루어졌다. 농업 다음으로 공예와 기술이 경제적으로 중요해졌다. 다양한 형태의 인간 사회에서 처음으로 경제적 분배의 불평등이 나타났고, 경제권력이 군사권력의 성장을 이끌었다. 경제는 여전히 교환에 치중했지만, 최초의 화폐가 등장했다. 당시까지 수세기 동안 인류 역사상 가장 큰 권력을 쥔 로마제국의 절정기도 아마 이때였을 것이다.

야만인의 침략

수백 년에 걸친 인류의 대이동은 로마제국을 붕괴하고 유럽의 지도를 새로 그렸다. 또한 경제적으로 내리막길에 들어섰음을 의미했다. 경제는 거의 전적으로 물물교환 체제로 돌아갔고, 많은 경작물이 파괴되었으며 인구학적 위기가 등장했다. 프랑크족 클로비스의 왕국(500년에 그리스도교로 개종)과 함께 서방은 융성기에 접어들었다. 샤를마뉴 대제는 재건을 마무리 지었고, 800년 12월에 거행된 그의 대관식은 신성로마제국의 출발을 공식적으로 알렸다. 그러나 경제 수준은 로마제국에 비하면 한참 뒤떨어진 수준이었다.

서기 1000년

서기 1000년은 봉건적 경제권력의 초석이 놓인 해였다. 농작물의 작황이 좋으면 인구가 증가했고, 요새화된 자치도시가 생겼으며, 상업이 다시 일어났다(1차 십자군 전쟁으로 동방으로 가는 교역로가 열렸다). 이탈리아의 요새 도시들(베네치아, 제노바, 피렌체 등)이 융성하면서 체계적인 화폐 발행이 재개되었다. 중국이 1600년대까지 세계적으로 중요한 산업권력 중 하나로 남아 있었지만, 경제권력은 동에서 서로 이동했다.

식민지

마젤란이 세계일주를 통해 지구는 둥글고 세상은 유한하다는 것을 증명한 후, 식민지 경쟁이 시작되었다. 스페인(포르투갈 다음으로)이 교황청과의 전략적 동맹관계를 등에 업고 그 선봉에 섰다. 기하급수적인 부의 증가, 특히 금과 은의 유입은 식민지를 야만적으로 착취한 결과였다. 아프리카 노예무역, 식민지로부터의 생필품 무역이 점점 늘어났다. 총기와 화약이 군대의 무기고를 채웠고, 전쟁은 점점 파괴적인 양상을 띠었다. 서방 세계는 세계의 나머지 지역에는 편파적일 정도로 군사권력과 경제권력을 강화시켰고, 향후 수백 년 동안 권력의 기둥을 안정시켰다. 산업혁명의 전조가 나타났고, 최초의 대규모 노동력 이동(식민지를 향해)이 일어났다.

산업혁명

산업혁명은 17세기 전반에 잉글랜드 북부와 스코틀랜드 남부에서 시작되었지만, 그 씨앗은 이미 프랑스와 독일의 여러 공국에 존재했다. 가장 발전적인 경제 형태는 이후로도 100년 이상 농경 중심이었지만, 그다음 세기의 끝 무렵 서방 세계는 이미 산업화되었다. 핵심적인 자원은 광물과 석탄이었다. 철도와 전신으로 통신수단이 전례 없는 속도로 발전했고 교역과 노동력의 이동에도 가속도가 붙었다. 현대적인 회계 시스템이 도입되었으며, 경제는 금융이 주도하기 시작했다. 산업 단계는 2차 세계대전과 그 후 첫 10년 동안 절정에 도달했다. 식민지 시대의 종말에 이르면서 '제3세계'라는 말이 처음으로 쓰였다. 소련의 위성국가에서는 (5개년계획에 바탕을 둔) 계획경제가, 라틴아메리카에서는 조합주의가 등장했다. IMF와 세계은행그룹이 설립되었다(1944년). 에너지는 가장 중요한 자원이 되었다.

산업화 이후, 신경제 시대

1950년대 미국(세계에서 가장 발전된 경제)에서 서비스 부문 근로자의 수는 '블루칼라'(대부분 육체노동에 종사하는) 근로자의 수를 추월했다. 부유한 주는 산업화 이후의 시대, 즉 서비스 산업과 지식 산업에 기반을 둔 경제체제로 이동했다. 연속적인 오일쇼크, 1980~2000년대에 벌어진 경제위기로 1960년대의 호기로운 열정은 사그라졌다. 서방 세계(지구상에서 가장 부유한 지역)가 가장 결정적인 에너지 자원인 석유를 통제하지 못한 것은 처음이었다. 권력의 무대(경제권력을 포함하여)에 등장한 새로운 참여자는 아랍, 중국, 러시아 등이었다. EU의 프로젝트는 참여국 간에도 주장, 전략, 전술상의 차이를 보이며 논쟁을 불러일으켰다. 그리고 2008~2013년 심각한 경제위기가 찾아왔다.

옮긴이 **김은영**

이화여자대학교를 졸업했으며, 편하게 읽을 수 있는 교양도서를 주로 번역하고 있다. 옮긴 책으로 『1%의 희망』『대지의 아이들 Ⅰ, Ⅱ, Ⅲ』『우주비행, 골드핀을 향한 도전』『헬스의 거짓말』『희망의 밥상』『테크놀로지의 걸작들』『만물해독』『지구, 그 후』『먹지마세요, GMO』 등이 있다.

무엇이 권력을 만드는가

신, 무기, 돈

초판 1쇄 발행 2017년 7월 28일
초판 2쇄 발행 2017년 8월 23일

지은이 에우젠 키로비치 | **옮긴이** 김은영
펴낸이 신경렬
펴낸곳 (주)더난콘텐츠그룹

기획편집부 송상미 · 허승 · 이성빈 · 현미나 | **디자인** 박현정
마케팅 장현기 · 정우연 · 정혜민 | **관리** 김태희 | **제작** 유수경
책임편집 이성빈

출판등록 2011년 6월 2일 제2011-000158호
주소 04043 서울특별시 마포구 양화로 12길 16, 더난빌딩 7층
전화 (02)325-2525 | **팩스** (02)325-9007
이메일 book@thenanbiz.com | **홈페이지** http://www.thenanbiz.com

ISBN 978-89-8405-890-3 03340